Vorwort

*«Bei Medjugorje besteht nur die eine Gefahr,
daß man daran vorbeigeht.»*
Kardinal Hans Urs von Balthasar

Sie hatte uns an jenem Abend auf dem Berg aufgefordert: «Ich bitte euch, liebe Kinder, bittet jetzt besonders für den Frieden»; mehr als fünfzehntausend Menschen umdrängten die kleine Gruppe um Ivan.

Dann hatte sie selbst während der Erscheinung lange mit Ivan in diesem Anliegen gebetet. Einige zeigten sich von dieser Botschaft ein wenig enttäuscht; denn so wie sie sie zunächst verstanden, sagten sie sich: «Friede, Friede — sie sagt doch oft dasselbe!» Sie brauchten etwas Neues, Ursprüngliches, eine Art «allerneueste Nachricht». Betend stiegen wir den Berg wieder herunter, und ich fragte mich währenddessen, was sie wohl sehe, die Gottesmutter...

Zuhause werde ich von meinem kroatischen Gastgeber buchstäblich festgehalten, der mir verkündigt: «Unglaublich! Sie haben gegen 22.30 Uhr zu den Waffen gegriffen — den ganzen Nachmittag hatte sich die Sache zwischen den Serben und Kroaten aufgeheizt, und der Krieg wurde erklärt. Die Straße nach Knin war schon von den Aufständischen gesperrt. Sie haben es im Fernsehen gesagt. Und dann um 23 Uhr ist wieder alles zur Ruhe gekommen, man weiß nicht warum, sie haben beschlossen, daß der Krieg nicht losgehen soll, es ist wieder ruhig geworden, niemand hat geschossen, aber es ging um Haaresbreite...»

Da hatte ich meine Antwort. Es war genau diese halbe Stunde des **«Bittet jetzt besonders für den Frieden»**. Sie hatte an diesem Abend wieder einmal das rechte Wort getroffen, und sie hatte die Schlacht gewonnen...

So ist sie, unsere Mutter. Sie sieht alles, sie erforscht und prüft jedes Herz auf dieser Welt. Sie kennt die Gedanken und Pläne eines jeden, auch die verborgenen Leiden und die Sünden... Sie kennt uns besser als wir selbst.

Darum weiß sie, was sie sagt, sie weiß, wovon sie spricht, wenn sie spricht, wenn sie eine Botschaft gibt. Es kommt aus weiter

Ferne. Es hat nichts zu tun mit faden frommen Wünschen, die nur zum Gähnen reizen. Das Herz Gottes und seine Wünsche? Sie kennt sie zuerst.

Satans machtlüsterne Pläne, um uns zu zerstören? Sie sieht sie im vollen Licht. Die zukünftigen Ereignisse? Sie kennt sie nicht nur, sondern dank der Gebete, die sie sehr sorgfältig bei uns einsammelt, kann sie sie sogar verändern.

So belehrt sie, warnt und deckt das Böse auf; sie ermahnt, bittet inständig und tröstet. Wer wird auf ihre Stimme hören?

Sie ist eine wunderschöne Heilung für den Westen, der auf der Suche nach der wahren, reinen, kristallklaren Wahrheit in den Medien erstickt: Wahrheit, die Leben bringt, statt es zu verderben, die Wahrheit einer Mutter, die genau weiß, wie wir zu retten sind, und es uns mit den unergründlichen Worten ihrer Liebe sagt.

Sr. Emmanuel
Gemeinschaft der Seligpreisungen

TEIL I

Marias Plan zur Rettung der Welt

*«Ich für meinen Teil bin zutiefst von der Echtheit
der Erscheinungen in Medjugorje überzeugt...
Wir müssen die Botschaften ab sofort
mit Freude aufnehmen und in die Tat umsetzen.»*
Kardinal Tomaschek, Prag

Die Gottesmutter erscheint seit dem 24. Juni 1981 in dem Dorf Medjugorje in Jugoslawien. Sie erscheint täglich.

Heute stehen wir im Oktober 1990; vier Seher sehen die Mutter Gottes jeden Tag. Jedesmal spricht sie zu ihnen und betet mit ihnen für den Frieden in der Welt und die Pilger, die nach Medjugorje kommen.

Bis jetzt sind über vierzehn Millionen Pilger zum Beten in diese franziskanische Gemeinde in der Herzegowina gekommen. Es haben sich an diesem Ort sehr viele Bekehrungen und zahlreiche körperliche Heilungen ereignet (mehr als dreihundertachtzig Heilungsakten).

Zwischen Juni 1981 und März 1984 gab die Gottesmutter die großen Linien ihrer Botschaften bekannt. In dieser Zeit hat sie oftmals die Fragen der Seher zu zahlreichen Themen beantwortet. Am 1. März 1984 begann Maria mit wöchentlichen Unterweisungen.

Jeden Donnerstag gab sie eine Botschaft zum geistlichen Wachstum der Gemeinde von Medjugorje. Diese Botschaft richtete sich zugleich an «jeden, der auf dem Weg der Heiligkeit vorangehen will» (von der Seherin Marija übermittelte Worte der Gottesmutter). Vom 25. Januar 1987 bis heute erhalten wir nur noch eine Botschaft im Monat, die an die ganze Welt gerichtet ist und von uns veröffentlicht wird.

Diese erst wöchentlichen, dann monatlichen Botschaften bekommt stets die Seherin Marija Pavlovic. Weitere Botschaften ergehen an die Gebetsgruppen, werden zurzeit aber nicht veröffentlicht.

Die sechs Seher vom Juni 1981 haben «Erscheinungen» der heiligen Gottesmutter, das heißt sie sehen dreidimensional eine wirkliche Person, die tatsächlich vor ihnen steht und die sie anfassen können.

Diese Seher sind Marija, Vicka, Ivan, Jakov, Ivanka und Mirjana.

Im Jahre 1982 kamen zwei weitere Seher hinzu, Jelena und Marijana, die innere Ansprachen und innere Schauungen haben. Sie sehen auf andere Art und Weise. Es sind Schauungen «wie im Kino», sagen sie. Sie erhalten Botschaften für das geistliche Wachstum einer Gebetsgruppe in Medjugorje. Durch Jelena und Marijana erteilt die Gottesmutter auch Ratschläge an die Gemeinde.

Wir haben also seit 1981 sehr viele Botschaften in Medjugorje erhalten. Was beinhalten sie? Das wollen wir jetzt miteinander entdecken.

1. Die Dauer der Erscheinungen: um uns zur Heiligkeit zu führen

Warum erscheint die Gottesmutter seit so langer Zeit?

Jetzt, Ende 1990, sind es neuneinhalb Jahre mit täglichen Erscheinungen. Die Mutter Gottes gibt uns darauf Antwort. Lesen wir ihre Botschaften:

> **«Liebe Kinder! Ihr wißt, daß ich euretwegen so lange geblieben bin, um euch zu lehren, wie ihr auf dem Weg der Heiligkeit fortschreiten sollt»** (1. Januar 1987).

Wir können die Heiligkeit nicht in einigen Wochen oder Monaten erlernen, dazu sind viele Jahre nötig. Wir sollen Maria Schritt für Schritt, oder wie sie so oft sagt, «Tag für Tag» folgen.

Sie will uns «laufen lehren». Dazu brauchen wir ihre behutsame, mütterliche Erziehung, Tag für Tag und lange Zeit.

Sie ist aber nicht nur gekommen, um zu festigen, zu ermahnen und den Weg zu weisen. Sie ist gekommen, um uns zu begleiten und bei jedem Schritt zu führen. Um uns zu unterweisen. Maria möchte lange bei den Menschen sein.

> **«Liebe Kinder! Auch heute danke ich dem Herrn für alles, was Er mir ermöglicht, besonders für das Geschenk, daß ich auch heute mit euch sein kann. (...) Mein Herz begleitet behutsam jeden eurer Schritte»** (25. Dezember 1986).

Maria ist gekommen, um uns laufen zu lehren, und sie will uns bei jedem Schritt zur Seite stehen wie eine Mutter, die liebevoll die Fortschritte ihres Kindes verfolgt. Uns zur Heiligkeit zu führen ist ein langwieriger Vorgang. Wir können diese Gnade nicht erhoffen, ohne eine Schule zu durchlaufen. Maria hat in Medjugorje eine solche «Schule der Heiligkeit» eröffnet, in der sie jeden Tag unermüdlich Unterricht gibt. Darum spricht die Gottesmutter so viel zu ihren Kindern. Wie eine Mutter bei ihrem Baby wiederholt sie ganz einfache Dinge.

Maria gibt in Medjugorje Botschaft wie nie zuvor.

«Ich möchte Botschaften geben, wie es sie noch nie und nirgendwo in der Geschichte seit dem Beginn der Welt gegeben hat» (4. April 1985).

Maria benötigt Zeit, um uns dabei zu helfen, Heilige zu werden. Sagt sie nicht nach achteinhalb Jahren der Erscheinungen:

«... Euch wie unsichere Kinder bei den ersten Schritten führen» (25. Dezember 1989).

Und:

«Ich lade euch stets ein, aber ihr seid noch fern» (25. Oktober 1989).

Noch genauer:

«Ihr seid schon seit Jahren zur Heiligkeit berufen, aber ihr seid noch fern» (25. März 1989).

Selbst wenn Maria da ist und uns die Hand hält, benötigt die Heiligkeit eine lange Reifezeit. Besonders in einer Welt, die vom Geist Christi manchmal sehr weit entfernt ist. Es ist das Ziel dieser Erscheinungen, zur Erneuerung des Glaubens an Christus auf dieser Erde Heilige heranzubilden.

«Ich bin eure Mutter und möchte alle zur vollkommenen Heiligkeit führen. Ich wünsche, daß jeder von euch hier auf Erden glücklich sei und daß jeder von euch mit mir im Himmel sein möge.

Dies ist, liebe Kinder, das Ziel meines Kommens und meine Sehnsucht» (25. Mai 1987).

Der Ruf zur Heiligkeit bildet die Grundlage von Marias Werk in Medjugorje. Gott hat der Welt nie anders helfen können als durch Heiligkeit. Ohne sie und ohne das Gebet ist kein ewiges Heil und keine tiefgreifende Wandlung in der Geschichte möglich. Das galt zur Zeit des heiligen Franziskus, das gilt genauso am Ende des zwanzigsten Jahrhunderts. Es wird immer gelten. Heiligkeit aber, das ist etwas ganz Einfaches, es heißt: den Heiligen Geist in sich haben. Gott in sich haben, der die *Liebe* ist!

Nur die Liebe der Heiligen kann eine Welt wieder in Gang bringen, die sich wie die unsere in der Sünde verstrickt hat.

Hierin bestehen Programm, Plan und Ziel der Erscheinungen von Medjugorje. Wir können auf die Heiligkeit unter keinen Umständen verzichten. Ohne sie können wir gar nicht leben, und darum dauert Medjugorje mit Maria als Führerin auch noch an. Sie muß heilen und retten durch die Heiligkeit.

Die Mutter Gottes will die Welt durch die Heiligkeit erheben. Ohne Heilige würde das Christentum verschwinden, und alles auf der Welt würde verdorren.

> **«Liebe Kinder! Heute lade ich euch zur Heiligkeit ein. Ohne Heiligkeit könnt ihr nicht leben»** (10. Juli 1986).

2. Was ist Heiligkeit?

Heiligkeit, das ist Liebe. So erklärt es Maria.

Aus diesem Grund kann keiner Angst vor der Heiligkeit haben und sagen, dieser Ruf sei zu hoch für ihn. Keiner kann sich vor der Liebe fürchten, und keiner soll sich vor der Vollendung der Liebe, der Heiligkeit, fürchten. Wer würde es aber wagen, zu Maria zu sagen: «Nein, das ist zu viel für mich?» Fürchtet euch nicht, denn mit ihr geschieht alles ganz behutsam! Wie Kinder, die sie durch und durch kennt, führt die Gottesmutter uns ins göttliche Licht. Sie geht mit uns und weiß, wie sie uns mit dem Evangelium ernähren muß, Häppchen für Häppchen, Botschaft für Botschaft, damit wir schließlich Früchte der Heiligkeit hervorbringen; dies aber nicht durch einen Willensakt, sozusagen mit «hochgekrämpelten Ärmeln», sondern ganz behutsam, wie eine Gnade, die uns ins Herz gelegt wird. Trotzdem hat die Gottesmutter aber Großes mit uns vor! Ihr Ruf ist von gewaltigem Ausmaß:

> **«Vor allem, liebe Kinder, möchte ich, daß ihr zu Jesu Widerschein werdet, der in dieser ungläubigen Welt, die in der Finsternis wandelt, scheinen wird. Ich will, daß ihr im Licht für alle Zeugnis ablegt»** (5. Juni 1986).

Es ist Marias schlichter Wunsch, uns mit dem Evangelium zu ernähren. So sagte sie zu Marija:

> **«Alles was ich euch in meinen Botschaften sage, steht schon in der Bibel geschrieben.»**

In den ersten Jahren sagte die Gottesmutter oft:

«Ihr könnt das alles im Evangelium finden.»

Oder:

«Warum so viele Fragen stellen? Die Antwort steht im Evangelium.»

Oder auch:

«Sucht nicht auf außergewöhnlichen Wegen zu gehen, sondern nehmt das Evangelium und leset es: Dort ist alles klar.»

Darum ist sie gekommen: Um uns ihren Sohn Jesus zu geben und damit wir sein Evangelium in die Tat umsetzen. Wir müssen uns von seinem Evangelium durchdringen lassen, müssen sein Evangelium sein, wenn wir Jesus ähnlich werden wollen, so wie Maria es von uns verlangt.

Daher stellt uns der Ruf von Medjugorje ein hohes Ziel vor Augen: Widerschein Jesu zu sein, ein Heiliger zu sein. Wie aber Mutter Teresa von Kalkutta sagte: «Heiligkeit ist die Pflicht eines jeden Christen.» Die Gottesmutter gibt uns in Medjugorje eine sehr einfache Erklärung für Heiligkeit: Liebe.

«Liebe Kinder! Heute lade ich euch zur Heiligkeit ein. Ohne Heiligkeit könnt ihr nicht leben. Deshalb besiegt mit Liebe jede Sünde. Durch Liebe könnt ihr alle Schwierigkeiten überwinden. Liebe Kinder, ich bitte euch, lebt die Liebe in eurem Herzen» (10. Juli 1986).

Ein Heiliger ist jemand, der mit der Liebe gegen das Böse und die Sünde kämpft. Die Liebe ist seine Heeresmacht. Die Liebe ist die Erklärung für sein Wesen und das Mittel für sein Tun.

«Besonders, liebe Kinder, wirkt mit Liebe dort, wo ihr lebt!
Das Wichtigste sei euch immer Liebe» (31. Juli 1986).

Heiligkeit, das ist Liebe, die sich in einem Menschen verkörpert. Im Dienste Gottes ist die Liebe allmächtig.

«Die Liebe vollbringt Großes» (12. April 1987).

Ohne Liebe keine Heiligkeit und kein Heil. Der Mangel an Liebe ist tödlich, er lähmt alles und ist ein Hindernis für die Gnade und das Wirken des Geistes.

Ohne Liebe ist der Mensch durch und durch hinfällig; denn Gott hat ihn zur Liebe geschaffen.

«... Aber ohne Liebe werdet ihr nichts erreichen» (13. Dezember 1984).

«Ohne Liebe könnt ihr, liebe Kinder, nichts tun» (29. Mai 1986).

Damit erteilt uns die heilige Gottesmutter eine große Lehre.

Glaubten wir etwa, die Welt durch Wissenschaft, Intelligenz, Kunst, Politik oder Macht retten zu können?

Nein, entgegnet uns Maria, wir sollen die Welt durch die Liebe retten. Denn daran fehlt es der Welt am meisten: an Liebe. Die Liebe heilt, verwandelt, rettet und schenkt Frieden. Medjugorje ist eine erhabene Hymne an die Liebe.

3. Sich für die Liebe entscheiden

Alles hängt von uns und unserer Entscheidung ab.

Die heilige Gottesmutter ist nur Liebe. Wenn wir die Seher um eine Beschreibung der Erscheinung bitten, erklären sie: «Das übersteigt alle Worte. Die Freude und Liebe, die die *Gospa* (so heißt die Gottesmutter auf kroatisch) schenkt, wenn sie erscheint, ist unbeschreiblich.»

Das Wort, das die Gospa am besten beschreibt, ist das Wort *Liebe*.

Maria sagt uns über ihre Liebe zu uns:

«Ihr wißt, daß ich euch liebe und daß ich vor Liebe zu euch brenne. Deshalb, liebe Kinder, entscheidet auch ihr euch für die Liebe, damit auch ihr brennt und Tag für Tag die Liebe Gottes erkennt. Liebe Kinder, entscheidet euch für die Liebe, damit sie in euch vorherrscht, aber nicht die menschliche Liebe, sondern die Liebe Gottes» (20. November 1986).

So sehen wir, wie sich das Lebensprogramm der Gottesmutter schon von Anfang an abzeichnet. Noch bevor wir uns mit dem Beginn der Erscheinungen beschäftigen, sind wir sofort in das Herz der Botschaft vorgedrungen: sich für die Liebe entscheiden, um ein Heiliger zu werden.

Sich entscheiden heißt hier, daß die Liebe den Vorrang in unserem Leben hat, daß man sich stets an sie halten muß und die Dinge in seinem Leben klar erkennt: Außerhalb der Liebe und da, wo sie fehlt, verliert alles seine Bedeutung.

Unser einziges Ziel: lieben. Unsere Liebe muß jeden Tag größer werden.

«Ich möchte euch einladen, in der Liebe zu wachsen» (10. April 1986).

4. Der Anfang

Nach der alten Bibelauslegung ist alles schon in seinem Anfang enthalten. So ist es auch in Medjugorje. Ganz Medjugorje ist in den ersten Augenblicken und Worten enthalten. Die ersten Tage der Erscheinungen enthalten bereits alles Wesentliche des Plans der Gottesmutter. Am ersten Tag, dem 24. Juni 1981, waren die Seherkinder davongelaufen, und Maria hat nicht gesprochen. Am zweiten Tag hatte sich die Gruppe der Seher zusammengefunden: Ivanka, Mirjana, Marija, Ivan, Jakov und Vicka. Diese sechs Seher sollten dann täglich Erscheinungen haben.

An jenem Tag sprach die Gottesmutter zum ersten Mal.

Was hat sie als erstes gesagt? Sie sprach zu den Sehern und durch sie zu der ganzen Welt:

«Gelobt sei Jesus!»

Das ist der übliche Gruß bei den Kroaten, der täglich und stündlich schon seit Jahrhunderten in den katholischen Dörfern der Herzegowina erklingt. Die Antwort auf diesen Gruß lautet: «Jesus allezeit!» So antworteten auch die sechs Seher.

«Gelobt sei Jesus!», das ist in der Tat die Botschaft der Gottesmutter. Das erste Wort ist zugleich das Wichtigste. So grüßt die Mutter Gottes ausnahmslos bei jeder Erscheinung: **«Gelobt sei Jesus!»**

Sie sagt uns gewissermaßen: «Ich bin Jesu wegen gekommen, daß wir ihn miteinander loben, ich, ihr und die ganze Welt. Das ist meine erste Botschaft. Jesus wird nicht mehr gelobt; die Welt meint, ohne ihn glücklich sein zu können, und darum bin ich, seine Mutter, gekommen und sage euch: "**Gelobt sei Jesus!**" Das Heil liegt in ihm und nur in ihm, das könnt ihr doch nicht vergessen. Kehrt um zu ihm!» Das ist Marias grundlegende Botschaft in Medjugorje. Einige Jahre später erläuterte sie dann:

> **«Das Licht wird in der Welt nur vorherrschen, wenn die Menschen Jesus annehmen, seine Worte in die Tat umsetzen und nach den Worten des Evangeliums leben.**
> **Liebe Kinder, aus diesem Grund bin ich schon so lange bei euch.**
> **Ich will euch auf den Weg Jesu führen!**
> **Ich will euch retten, und durch euch die ganze Welt.**
> **Viele Leute leben heute ohne Glauben. Einige wollen nicht einmal über Jesus sprechen hören, und dennoch wollen sie Frieden und Zufriedenheit»** (30. Juli 1987).

Als die Gottesmutter zum zweiten Mal erschien und sprach, am 26. Juni 1981, sagte sie einen weiteren grundlegenden Satz, und auch er enthält ihren Plan, ihre Anliegen, indem er uns den Grund ihres Kommens nach Medjugorje erklärt:

Ivanka fragte die Gospa: «Warum bist du gekommen? Was möchtest du?»

Die Antwort lautete:

> **«Ich bin gekommen, weil es hier viele wahrhaft Gläubige gibt. Ich wünsche bei euch zu sein, um die ganze Welt zu bekehren und zu versöhnen»** (26. Juni 1981).

So ist die heilige Gottesmutter gekommen, um die ganze Welt zu bekehren!

Der Anfang von Medjugorje und sein letztes Ziel: Jesus zu loben, um die Welt zu Jesus zu bekehren.

5. Jeder ist berufen, die ganze Welt zu bekehren

Mehrere Botschaften zeigen, daß Maria tatsächlich die gesamte Welt erreichen möchte. Jeder ist von ihr dazu erwählt, an ihrem großen Heilsplan teilzunehmen.

Sie will uns die Gabe der Heiligkeit machen, damit die Welt durch die Heiligkeit gerettet wird. Die Gottesmutter sagte bei der ersten Erscheinung auf dem Berg Podbro zu den Sehern:

«Ich habe euch erwählt. Ich brauche euch. Ihr seid sehr wichtig.»

Dieselben Worte richten sich an jeden Pilger, der nach Medjugorje kommt.

Jeder Pilger ist persönlich von Maria erwählt. Jeder Pilger ist für ihren Plan wichtig. Wir müssen darum beten, daß wir all das begreifen, was Gott durch jeden von uns vollbringen will. Wir sind in den Augen der Gottesmutter wirklich wichtig, ja sie sagt sogar:

«Ohne euch kann ich der Welt nicht helfen» (28. August 1986).

Zur Erlösung des Menschengeschlechts ist unser «Ja» zu Gott und den Plänen seiner Mutter unabdingbar nötig. Jeder Mensch ist dazu eingeladen, ein Vorkämpfer für den Frieden zu werden, um mit der heiligen Gottesmutter an ihrem Erlösungsplan zusammenzuarbeiten.

«Ich wünsche, daß ihr in allem, sogar in den kleinsten Dingen, mit mir zusammenwirkt» (28. August 1986).

Wobei zusammenarbeiten? Am Heil der Welt, und dazu ist jeder auserwählt, dazu ist jeder wichtig. Jede aufrichtige Seele, die «ja» sagt, wird dann zusammen mit der Gottesmutter ein Vorkämpfer des Friedens zum Heil der Welt. Dafür müssen wir beten und unser Leben verändern.

«Liebe Kinder! Seht, heute möchte ich euch einladen, daß ihr alle von heute an das neue Leben zu leben beginnt. Liebe Kinder, ich möchte, daß ihr begreift, daß Gott jeden von euch auserwählt hat, um ihn für den großen Erlösungsplan der Menschheit zu verwenden» (25. Januar 1987).

Wirklich jeden von uns. Nicht nur die Seher oder die Einwohner von Medjugorje. Es handelt sich um jeden «Menschen guten Willens». Gott und Maria haben dich erwählt, dich! Dich einzigartiges Wesen, mit dem Gott Großes vollbringen will. Das ist dir nicht bekannt, du kannst es nur schwer glauben? Gott bittet dich, es zu begreifen. «Begreift, daß Gott jeden von euch auserwählt hat.» Gott gibt dir auch das Mittel, um es zu begreifen. Dieses Mittel ist das Gebet.

Es ist normal, wenn wir uns unwillkürlich fragen: «Wieso bin ich auserwählt? Warum?» In innigem Gebet begreifen wir dann aber, daß wir auserwählt sind und in Gottes Augen viel bedeuten.

Im Gebet offenbart sich unsere Rolle in Gottes Plan.

> **«Ihr könnt nicht erkennen, wie groß eure Rolle im Plan Gottes ist. Deshalb betet, liebe Kinder, damit ihr den Plan Gottes verstehen könnt. Ich bin mit euch, daß ihr ihn vollkommen verwirklichen könnt»** (25. Januar 1987).

Wir müssen Gott und seinen Plan im Gebet erforschen. Die Gottesmutter erhält viele Gnaden; wir müssen sie verstehen, aus ihnen leben und sie in die Welt tragen.

> **«Sucht und betet, daß ihr all das erkennen könnt, was ich euch hier gebe. (...) Ohne das Gebet könnt ihr nicht erkennen, was Gott mit jedem einzelnen von euch plant»** (25. April 1987).

Diese Seite der Botschaft ist sehr bezeichnend für Medjugorje.

Es ist ein Aufruf zur Rettung der Welt an jeden, der in dieser Welt verstanden hat, daß Gott seinen Blick auf ihn geworfen hat und zu ihm sagt: «Ich habe dich auserwählt, komm und wirke mit am Heil der Welt.» Wer das begriffen hat, kommt im geistlichen Leben einen großen Schritt voran. Das ist das Besondere an den Erscheinungen in Bosinien-Herzegowina.

Medjugorje ist in vielerlei Hinsichten einzigartig.

Vicka sagt oft: «Was die Gospa in Medjugorje tut, ist zuvor noch nirgendwo getan worden und wird auch nie wieder getan werden. Es ist einmalig in der Geschichte.»

6. Die Bedeutung von Medjugorje

Am Ende ihrer täglichen Erscheinungen bei Ivanka sagte ihr die Gottesmutter:

> **«Niemand auf dieser Welt hat jemals solche Gnaden empfangen wie du selbst und deine Brüder und Schwestern (die Seher)»** (7. Mai 1985).

Daher ist das, was Gott in Medjugorje tut, einmalig in der Geschichte. Das wird von anderen Botschaften bestätigt, und Maria sagt es auf vielerlei Weise.

«Ich möchte euch Botschaften geben, wie es sie noch nie und nirgendwo in der Geschichte seit dem Beginn der Welt gegeben hat» (4. April 1985).

Andererseits hat die Gottesmutter gesagt, wir erlebten in Medjugorje die letzten Erscheinungen auf der Welt, und das wird von verschiedenen Botschaften bestätigt.

«Ich bin gekommen, um die Welt zum letzten Mal zur Umkehr aufzurufen. Danach werde ich nicht mehr in der Welt erscheinen» (2. Mai 1982).

Das will jedoch nicht besagen, daß es nach Medjugorje keine weiteren marialen Gnadengaben mehr geben wird. Die Seherin Marija erklärte 1990 vor Pilgern: «Bestimmte Personen werden mit Sicherheit noch Schauungen Marias und andere Gnadengaben von ihr erhalten. Es wird jedoch keine Erscheinungen mehr geben, wie wir sie hier haben, das heißt die wirkliche Gegenwart einer Person, die wir dreidimensional sehen. Eine Person, die wir anfassen können und die so vor uns steht, wie Sie jetzt vor mir stehen. Die Gospa besucht uns wirklich leibhaftig.» Genau das ist eine «Erscheinung». Es wird also nach Medjugorje keine Erscheinungen mehr geben.

Das heißt jedoch ebensowenig, daß es zur Stunde, wo sich diese Ereignisse in Medjugorje abspielen, nicht noch andere Erscheinungen auf der Welt gäbe.

Die Gottesmutter sagt uns im Gegenteil, daß wir in einer Gnadenzeit leben, in der Gott wirkt, um die Menschen zu sich zurückzuholen. Doch nach dem Ende der Erscheinungen in Medjugorje wird es auf der Welt keine echten Erscheinungen mehr geben, sondern «nur noch einige falsche», wie uns die Gottesmutter sagt.

Wir erhalten viele Botschaften, die die große Bedeutung erkennen lassen, die Medjugorje in den Augen der Gottesmutter hat. Sie will aus Medjugorje ein Beispiel für alle anderen Pfarreien der Kirche machen, denn diese Pfarrei ist einzigartig, und sie wurde auf ganz besondere Weise ausgewählt:

«Diese Pfarrei, die ich auserwählt habe, ist eine besondere und unterscheidet sich von allen anderen. (...) Liebe Kinder, ich gebe diese Botschaften zuerst den Bewohnern der Pfarrei und dann den anderen» (6. Februar 1986).

So wäre denn diesem Dorf und seinen Bewohnern ein besonderer Vorzug gewährt. Sagt die Mutter Gottes nicht:

«Liebe Kinder! Ihr seid ein erwähltes Volk, und Gott hat euch große Gnaden gegeben» (15. November 1984).

Und weiter:

«Ich habe diese Pfarrei auf eine besondere Weise auserwählt. Diese Pfarrei ist mir lieber als alle anderen, wo ich auch gern weilte, als mich der Allmächtige schickte» (21. März 1983).

Wir machen uns die Bedeutung dieser Auserwählung und der Gnaden, die Maria in diesem Dorf schenkt, nicht immer klar. Als ein französischer Theologe Marija gefragt hatte, warum man nach Medjugorje kommen müsse, wo die Gottesmutter doch an allen Orten zugegen sei, an denen gebetet wird, antwortete sie: «In Medjugorje schenkt die Gospa ganz besondere Gnaden.»

Die Gospa wirft uns oft vor, daß wir die Bedeutung von Medjugorje und der uns dort von ihr gewährten Gnaden nicht erkennen:

«Nein, es ist euch nicht bewußt, welche Gnaden Gott euch schenkt» (9. Mai 1985).

Wir müssen im Gebet den Sinn der Gegenwart der Gospa und die Bedeutung der Gnaden erkennen, die sie denen schenkt, die sich dafür öffnen. Große, sehr große Gaben werden in Medjugorje empfangen: körperliche und seelische Heilungen, Versöhnung, neue Freundschaften und vor allem die unermeßliche Freude der persönlichen Begegnung mit Gott, die unser Leben verwandelt. All das erkennt und empfängt man im Gebet, besonders in einem einfachen Herzensaufschwung zu Gott.

«Betet — ihr werdet es nicht bereuen! Gott will euch Gnaden geben, für die ihr Ihn bis ans Ende eures irdischen Lebens preisen werdet» (2. Juni 1984).

Doch müssen wir die Gnade an einem auf der Welt einzigartigen Ort schöpfen: im Dorf Medjugorje, in der Dorfkirche, in der die heilige Gottesmutter so oft erschienen ist, auf dem Berg der ersten Erscheinungen oder auf dem Kreuzberg, wo sie so viele Wunderzeichen vollbrachte.

«In Medjugorje ist die Quelle der Gnaden», sagt die Gospa.

Kommen und trinken wir ausgiebig an dieser Quelle. Maria nennt Medjugorje auch «Oase des Friedens», und die Welt wird immer mehr zu einer Wüste, in der Gott von dem Menschen nicht mehr gefunden wird. Kommen wir also an die Stätte der Quelle, um Gott zu trinken und seinen Frieden zu kosten.

7. Der Wert des Gebets

Die Gottesmutter ruft uns ständig zum Gebet auf. Es ergeht selten eine Botschaft in Medjugorje, ohne daß darin vom Gebet die Rede wäre. Maria bittet uns, viel zu beten und unser Leben dem Gebet zu widmen. Unsere große Schwierigkeit in der heutigen Welt besteht darin, daß wir den Geschmack am Beten verloren haben, man könnte sagen, schon seit Jahrhunderten... Wir erkennen den Wert des Gebets nicht mehr an. Es erscheint uns unwillkürlich als etwas recht Merkwürdiges und Überflüssiges. Doch die Gottesmutter sagt uns: **«Es gibt viele Christen, die den Glauben verloren haben, weil sie das Gebet verloren haben.»**

Wenn der Mensch das Gebet verliert, verliert er sehr schnell auch die Beziehung zu Gott und demzufolge den Glauben. Das Christentum muß durch das Gebet wiederhergestellt werden, ohne das alles leer und öde ist. Der erste Schritt dazu ist, daß wir den Wert des Gebets anerkennen.

«Ihr begreift den Wert des Gebets nicht!»
(2. Oktober 1986).

Wenn man lernen will, den Geist des Gebets zu entdecken, muß man sich entschließen zu beten. In gewisser Weise müssen wir den Rhythmus unseres rastlosen modernen Lebens einen Augenblick unterbrechen, in dem uns so vieles anzieht, um uns von Gott zu entfernen.

Ein neuer Geist muß von Gott her zu uns kommen und in uns wohnen, damit wir das Gebet entdecken können. Dazu müssen wir uns ein wenig anstrengen und die Ratschläge der Gottesmutter befolgen. Wir werden den Wert des Gebets nicht begreifen, solange wir uns nicht sagen:

«Jetzt ist mir nichts anders wichtig, jetzt ist niemand für mich wichtig außer Gott» (2. Oktober 1986).

Maria bittet uns, daß wir uns zum Gebet entschließen und dazu, daß es «das Leben» für uns ist.

«Liebe Kinder, weiht euch dem Gebet mit besonderer
Liebe, denn so wird Gott euch mit Gnaden beschenken
können» (2. Oktober 1986).

Wir haben auch die Kraft des Gebets vergessen. Das Gebet kann
die Welt verändern. Es kann alles verwandeln, uns und die Welt.
«Durch das Gebet», sagt uns die Gottesmutter, «können Kriege
beendet oder vermieden werden. Durch das Gebet können die
Naturgesetze verwandelt werden.»

Maria, die sich in Medjugorje als Königin des Friedens und der
Versöhnung vorgestellt hat, bittet besonders darum, daß wir um
den Frieden beten. «Ohne Gebet gibt es keinen Frieden», sagt sie.
Der Friede ist zweifellos das wichtigste Gebetsanliegen der Gottesmutter in Medjugorje.

«Betet um Frieden in eurem Herzen, danach um Frieden in
euren Familien, und dann könnt ihr diesen Frieden, den ihr von
Gott empfangen habt, in die ganze Welt tragen, um meine Vorkämpfer für den Frieden in der Welt zu sein» (Zitat von Vicka).

Welche Gebete empfiehlt die Gottesmutter in Medjugorje?

Zunächst einmal sieben *Vaterunser*, *Gegrüßet seist du, Maria*,
sowie *Ehre sei dem Vater*, dann das Glaubensbekenntnis. Das wird
üblicherweise in Medjugorje gebetet. In den ersten Tagen ihres Er-
scheinens hat die Gospa den Seher-Kindern gesagt, das Glaubensbekenntnis sei ihr Lieblingsgebet.

1984 bat sie uns dann, täglich die drei Teile des Rosenkranzes
hinzuzunehmen. Maria bittet auch um die Gebete zum Heiligen
Geist: Vor der Messe und vor der Erscheinung wird das *Komm,
Schöpfer Geist*» gebetet. Und endlich:

«Ich lade euch, liebe Kinder, heute ein, euch meinem lieben Sohn zu weihen, damit jedes eurer Herzen Ihm gehöre» (25. Oktober 1988).

Sich Jesus zu weihen ist eine ernste Verpflichtung, die niemand
leicht nehmen kann. Es bedeutet, ganz und gar Jesus zu gehören
und ebenso auch Maria:

«Und dann lade ich euch auch zur Weihe an mein Unbeflecktes Herz ein» (25. Oktober 1988).

Maria sähe gerne die Weihe aller Familien und Pfarreien an Jesus
und ihr Unbeflecktes Herz.

«Ich wünsche, daß ihr euch persönlich weiht, als Familie und als Pfarrei, damit alles durch meine Hände Gott gehöre. Liebe Kinder, betet, damit ihr die Größe dieser Botschaft, die ich euch gebe, versteht» (25. Oktober 1988).

Der Aufruf zum Gebet ist etwas Grundlegendes, denn alles kommt vom Gebet: Bekehrung, Gnaden, Freude, Gotteserkenntnis, Unterscheidung, Kraft, Ausdauer, Liebe sowie alle Geistesgaben. Durch das Gebet können wir das Band wiederherstellen, das durch das Böse zerrissen wurde, und wir können das Licht empfangen. Das Gebet ist eine Streitwaffe gegen Satan. Die Gottesmutter sagt uns, daß wir den Kampf gegen die Macht der Finsternis aufnehmen müssen, das heißt gegen diese Macht, die bewirkt, daß die Menschen töten, hassen, zerstören und alles verkehren...

«Ich lade euch ein, daß ihr besonders jetzt mit dem Gebet dem Satan entgegentretet. (...) Legt euch die Waffenrüstung an und besiegt ihn mit dem Rosenkranz in der Hand» (8. August 1985).

Die Waffenrüstung, das ist unser Wille zum Kampf gegen das Böse in uns, das ist aber auch der Rosenkranz als Waffe zum Sieg über die Kräfte des Todes und der Zerstörung. Der Rosenkranz, den man betet und den man in der Hand hält als «Zeichen für Satan, daß wir der heiligen Gottesmutter gehören, und nicht dem Satan».

Zwischen dem Guten und dem Bösen herrscht Krieg. Das Gebet heilt das Böse, hindert es an seiner Tätigkeit und macht uns stark. Gibt uns den Sieg.

Die Gospa bittet uns, daß wir zutiefst Geschmack am Gebet finden, es muß uns eine Freude sein. Wenn wir im Gebet Trockenheit empfinden, müssen wir weitermachen und um Freude im Gebet bitten.

Gott schenkt durch Maria in Medjugorje viel Freude im Gebet.

Das Gebet ist eine Begegnung mit einer unsichtbaren, aber lebendigen, wirklichen Person. Das wollen wir nicht vergessen. Diese Person ist der lebendige Gott. Die Seher bemerken, welche Freude das Gebet der Gottesmutter macht.

Könnten auch wir diese Freude Marias sehen, dann wären wir sofort von der unermeßlichen Bedeutung und der Notwendigkeit des Gebets überzeugt. Wir, die wir keine Seher sind, können hingegen die Früchte des Gebets bei unserem Nächsten und den Sehern selbst erkennen.

Wir sehen, wie das Gebet eine Kraft geistiger Gesundheit und der Verklärung ist. **«Das Gebet ist eine Medizin, die heilt»**, sagt Maria. Im Gebet öffnen wir unser Herz, denn Gott will zu uns sprechen; halten wir das Ohr auf ihn gerichtet, halten wir ihm unser ganzes Wesen hin. Denn das Gebet ist ein Gespräch mit Gott, und so sollen wir auch eine Antwort von ihm erwarten.

«Beten heißt mit Gott sprechen» (20. Oktober 1984).

«Das Gebet ist ein Gespräch mit Gott. Ihr müßt in jedem Gebet auf Gottes Stimme hören» (10. September 1984).

Durch das Gebet kann ich Schwierigkeiten lösen, Gott wird mir den Schlüssel zum Verstehen geben. Man muß sich der wirklich vorhandenen Möglichkeit einer Antwort Gottes im Gebet bewußt sein. Man muß darauf vertrauen und hoffen, daß Gott sprechen wird, denn er will das Gute für uns und möchte uns leiten.

Er läßt uns nicht ohne Antwort und findet ein Mittel, um zu uns zu sprechen und uns Gewißheit ins Herz zu geben. Durch das Gebet klärt er unser Denken und reinigt unser Herz.

Wir brauchen keine «inneren Stimmen» zu hören, um den Willen Gottes und sein Wort zu unterscheiden. Er ist ein Gott, der sich dem Menschen auf verschiedene Weise offenbart. Gott spricht zum Herzen durch die Stimme unseres durch das Gebet erneuerten Gewissens und auf manche andere Weise.

«Beten heißt auf Gott hören. Das Gebet ist nützlich, denn nach dem Gebet ist alles klar.
Durch das Gebet lernen wir das Glück kennen»
(20. Oktober 1984).

Das Gebet erleuchtet unser Gewissen, damit wir die Wahrheit erkennen.

Gott will uns erleuchten und führen, er will uns aus unseren Sackgassen herausholen.

«Im Gebet werdet ihr aus jeder unausweichlichen Situation einen Ausweg finden» (28. März 1985).

Aber wir müssen Vertrauen haben. Vertrauen, daß Gott da ist, gegenwärtig und ganz nah. Vertrauen, daß er alles vermag. Dieser Glaube ist wichtig, damit unsere Verbindung zu Gott tiefer und ständig reicher wird. Die Königin des Himmels und Gott selbst werden uns führen, wenn wir Glauben und Vertrauen haben.

Vicka sagt immer wieder, das wichtigste sei es, einen festen Glauben zu haben.

«Liebe Kinder! Heute lade ich euch ein, daß ihr mit lebendigem Glauben den Rosenkranz zu beten beginnt. So werde ich euch helfen können. Ihr, liebe Kinder, wollt viele Gnaden erhalten, betet aber nicht. Ich kann euch nicht helfen, wenn ihr nicht aufbrechen wollt»
(12. Juni 1986).

Mehr noch als eine «Schule der Heiligkeit» ist Medjugorje eine «Schule des Gebets». Die Gottesmutter lehrt zunächst die Seher beten. Diese geben uns dann weiter, was sie gelernt und in der Nähe der Königin empfunden haben, die nicht nur durch ihre Botschaften, sondern hauptsächlich durch ihr so vollkommenes Beispiel anleitet. Das kann von menschlichen Wesen auf dieser Erde täglich beobachtet werden. Welches Wunder! So erhielt der Schleier, der das Sichtbare vom Unsichtbaren trennt, ein Fenster unmittelbar zur göttlichen Wirklichkeit und zum Gebet.

Die Seher sehen das Unsichtbare und dessen paradoxe, aber vollkommene und unendliche Wirklichkeit. Sie geben einen Teil des Unsichtbaren an uns weiter. So lehrt Maria uns durch die Vermittlung von Sehern die göttlichen Wirklichkeiten, besonders das Gebet. Das ist ihr Wunsch:

«Ich will euch beten lehren» (12. Juni 1986).

8. Mit dem Herzen beten oder Heilung durch das Gebet zur Rettung der Welt

Sehr wichtig ist die Beschaffenheit des Gebets. Es geht nicht nur darum, Rosenkranz an Rosenkranz zu reihen. Gebet muß immer eine Bewegung der Seele hin zu Gott sein. Es muß eine Begegnung mit Gott sein, den wir aber nur in der Tiefe aufspüren können. Ein Beten, das nichts anderes als eine geistige, oberflächlich bleibende Wiederholung von Wörtern wäre, ein solches Beten bliebe unfruchtbar.

Wir sind im Gegenteil zu einem tiefen Gebet aufgerufen.

«Betet, betet, betet», wiederholt Maria unermüdlich in Medjugorje. Das will besagen: Betet viel.

Das will auch besagen: Laßt euch auf ein tiefes Beten ein. Wie wenn das Gebet drei Treppenabsätze besäße, die hinabzusteigen wären: «Betet, betet.» Es gilt, ins Gebet einzudringen.

«Viele kommen zum Beten, gelangen aber nicht ins Gebet hinein», sagt uns die Gottesmutter.

Unser Gebet ist oberflächlich, weil wir oft eine falsche Auffassung davon haben. Es ist eine Tat der Liebe; wenn wir das begreifen, würden wir dem wahren Geist des Gebet einen gewaltigen Schritt näherkommen.

Das Gebet muß eine Begegnung mit der Liebe sein. Es muß Sehnsucht und Freude beim Gebet sein. «Das Gebet muß höchste Freude in Gott, Erblühen in Gott sein. Beten, das bedeutet, voller Frieden und Freude zu sein.»

Daher ist eines der Schlüsselworte von Medjugorje: mit dem Herzen beten. Mit dem Herzen beten heißt, mit Liebe beten. Das Herz ist das Sinnbild der Liebe. Das heißt auch, aus Herzensgrund beten. Es will besagen, sich Gott gegenüber in einem aus dem tiefsten Inneren kommenden Antrieb ausdrücken.

Ja, die Beschaffenheit des Gebets ist wesentlich. Tatsächlich ist das Gebet nicht nur Gespräch mit Gott, sondern auch Verbindung mit Gott.

«Heute lade ich euch zum Gebet mit dem Herzen ein. Ich wünsche, daß in dieser Zeit der Gnade jeder von euch eins werde mit Jesus. Aber ohne das immerwährende Gebet könnt ihr nicht die Schönheit und Größe der Gnade begreifen, die Gott euch anbietet» (25. Februar 1989).

Das immerwährende Gebet ist ein Gebet, das während des ganzen Tages in uns kommt. Es ist jener «Geist Gottes, der in uns betet».

Dieses Gebet, das in unserer Seele wohnt, ohne daß wir ausdrücklich beten, ist eine Frucht des Gebets mit Liebe, und wir nennen es: Gebet des Herzens. Es ist eine Gottesgabe. Dann bleibt das Gebet in uns lebendig. Die Seherin Marija sagt: «Die Gospa erklärt, wenn unser Herz zu beten verstehe, bete es unaufhörlich — tagsüber beim Arbeiten, Lachen oder Lesen. Dieser Geist des Gebets ist auch dann in uns lebendig, wenn wir kein Wort sagen. Auf diese Weise beten wir sogar noch im Schlaf unaufhörlich.»

So wird das Gebet zur Quelle des Lebens in uns.

Dank der Liebe Gottes, die in uns wirkt, ist alles Gute und Schöne an uns in unserem Herzen wirksam. Ein solches immerwährendes Gebet, um das es sich hier handelt, ist wirklich in jedem Augenblick das Liebeswerk Gottes in unserem Herzen. So ist das Gebet für uns eine Quelle des Lebens und der Liebe.

> «Liebe Kinder, ich rufe euch zum Gebet auf. Im Gebet, meine lieben Kinder, gewinnt ihr Freude und Frieden. Durch das Gebet werdet ihr reicher an Gottes Gnade. Deshalb, meine lieben Kinder, soll das Gebet für jeden von euch das Leben sein. (...) Deshalb, meine lieben Kinder, betet, betet, betet! Das Gebet soll in der ganzen Welt zu herrschen beginnen!» (25. August 1989).

Marias Aufruf in Medjugorje ist gewissermaßen eine Gebetsrevolution.

> «Das Gebet soll in der ganzen Welt zu herrschen beginnen!» (25. August 1989).

Das sagt uns die Königin des Friedens ganz klar, und dies ist ihr Ruf in der Wüste, ein Ruf, den wir vollkommen und mit allen Folgen annehmen müssen:

> «Kinder! Darum brauche ich eure Gebete so sehr: Das Gebet ist das einzige Mittel zur Rettung des Menschengeschlechts!» (30. Juli 1987).

Doch nur ein Gebet der Liebe, ein Herzensgebet wird die Welt retten können. Das Gebet bemüht sich um Heilung, um Verwandlung der Welt: Durch das Gebet und seine sühnende Kraft kommt mehr Liebe in die Welt. Das Herzensgebet heilt, baut auf und erneuert.

9. Die Freude am Gebet

Wer mit dem Herzen betet, empfindet dabei Freude, tiefe Freude.

> «Liebe Kinder! Heute möchte ich euch einladen: Betet, betet, betet! Im Gebet werdet ihr die größte Freude erfahren» (28. März 1985).

Wiederum ruft uns der Ausdruck «Betet, betet, betet!» nicht nur zu einem verstärkten, sondern auch zu einem vertieften Gebet. Etwas, das die Pilger in Medjugorje oft entdecken, ist, daß das Beten sie nicht langweilt. Diese Gnade wird ihnen unmittelbar von der

Gottesmutter geschenkt (im Gebet). Sie entdecken sie, wenn sie die Einwohner von Medjugorje beten sehen — Tausende und Abertausende von Pilgern lernen schließlich, daß Beten eine unermeßliche Freude sein kann. Wenn wir Gott wirklich im Gebet suchen, schenkt er uns in Medjugorje eine Vertrautheit mit seiner Liebe, die das Herz froh macht.

«Etwas Grundlegendes im Gebet», sagt uns die Königin des Friedens, **«ist eine große Sehnsucht nach Gott und danach, die Seelen zu retten.»** Die Gottesliebe und die Nächstenliebe sind selbstverständlich das Allerwichtigste. Wir müssen in unserem Herzen beim Beten diese beiden Seiten der Liebe, die in Wirklichkeit eine einzige Liebe ist, wiedergewinnen.

Die Freude am Gebet ist eine der Bitten Marias in Medjugorje, und diese Freude muß gesucht werden. Wenn sie fehlt, sagt Maria, dann **«kann ich euch nicht führen»**.

> **«Liebe Kinder, ich rufe euch auf, den Rosenkranz so zu beten, daß euch dieses Gebet, das ihr mit Freude betet, zur Verpflichtung wird»** (12. Juni 1986).

Beten heißt Gott bitten, aber auch, ihn zu verherrlichen. Ihn in Freude und Liebe verherrlichen.

> **«Verherrlicht Gott, meine lieben Kinder, mit dem Loblied der Liebe, damit die Liebe in euch von Tag zu Tag bis zur Vollkommenheit wachsen kann»** (25. Juni 1988).

Wenn wir das Beten schwierig finden — was normal ist, denn Satan ist durchaus nicht damit einverstanden, daß wir beten —, dann müssen wir beharrlich sein und Gott unsere Schwierigkeiten und Zerstreutheit aufopfern.

Wir müssen ihn bitten, uns die Gnade des Herzensgebets mit Liebe und Hingabe zu gewähren. Das ist ein Geschenk, um das Maria den Vater oft für uns bittet und das oft gewährt wird. Dazu benötigen wir aber **«Mut»**, wie die Gospa sagt; denn die Ablenkung kann manchmal so groß sein, daß sie uns vollkommen mutlos werden läßt. Das wahre Gebet muß (wie die Liebe) aus einem Entschluß unsererseits hervorgehen.

> **«Liebe Kinder, auch heute lade ich euch zum Gebet ein. Ich lade euch stets ein, aber ihr seid noch fern. Deshalb entscheidet euch, von heute an ernsthaft die Zeit Gott zu widmen»** (25. Oktober 1989).

Beten heißt, eine bestimmte Zeit des Tages einer göttlichen Handlung zu widmen: Gott selbst zu begegnen. Nur ein Gebet in Stille und Frieden kann uns die Sammlung geben, die nötig ist, damit wir ihm wirklich begegnen können:

«Bestimmt am Tag eine Zeit, in der ihr in Frieden und Demut beten und Gott, dem Schöpfer, begegnen könnt» (25. November 1988).

Wir müssen uns nach dieser Freude des Betens sehnen und sie erbitten. Es ist eine Gabe, die wie eine Gnade der Heilung von Gott kommt. Man bittet darum, und schon ist die Freude da! Ich bitte Gott im Gebet um Liebe und Freude. Ich bitte Gott um meine Heilung. Und sofort gewährt er sie!

«Deshalb wacht, damit jede Begegnung im Gebet eine freudige Begegnung mit Gott sei» (25. November 1988).

Wir sollen immer vertrauen, selbst nach jahrelangem Beten in Trockenheit. In Medjugorje schenkt Maria diese Gnade der Freude am Gebet. Darum ist sie mit uns und lehrt uns das Gebet mit dem Herzen, das Gebet in Freude.

«Ich bin mit euch und möchte euch lehren, mit dem Herzen zu beten. Im Gebet mit dem Herzen werdet ihr Gott begegnen. Deshalb, meine lieben Kinder, betet, betet, betet!» (25. Oktober 1989).

Es steht übrigens fest, daß die Gospa in Medjugorje hauptsächlich deswegen schon so lange gegenwärtig ist, um uns zu lehren, mit Freude zu beten:

«Liebe Kinder, ich rufe euch auf, den Rosenkranz so zu beten, daß euch dieses Gebet, das ihr mit Freude betet, zur Verpflichtung wird. So werdet ihr erkennen, warum ich so lange mit euch bin. Ich will euch beten lehren!» (12. Juni 1986).

Wenn wir inständig beten, verspricht die Gottesmutter, uns die Freude zu schenken.

«Betet ohne Unterlaß. So werde ich euch jene Freude geben, die mir vom Herrn gegeben wird» (19. Juni 1986).

Das Wort Freude kommt in Marias Botschaften in Medjugorje sehr oft vor. Ein geistliches Leben ohne Freude ist ein vollständig mißglücktes geistliches Leben. Man muß nur den Sehern von Medjugorje oder den Mitgliedern einer Gebetsgruppe begegnen, um zu erkennen, wie lebendig die Freude im Herzen derer ist, die in Verbindung mit der Königin des Friedens stehen. In Medjugorje ist überall Freude: in den Herzen, im Gebet, in den Gesängen und in der Liturgie.

Es ist in erster Linie das Gebet, das eine Freude für uns sein soll. Das Gebet soll eine Bewegung der Seele hin zu Gott sein, und so wird es zu einer wirklichen Freude:

> **«Heute lade ich euch ein, aktiv zu beten. (...) Das Gebet soll euch zur Freude werden. Wenn ihr beginnt zu beten, wird es euch nicht langweilig sein, denn dann werdet ihr aus Freude beten»** (20. März 1986).

Nochmals, was hier verlangt wird, das ist eine Entscheidung. Laßt uns mit festem Willen eine Entscheidung für das Beten treffen. Dann wird Gott uns führen und uns helfen zu beten und seine Gegenwart im Gebet zu finden. Dadurch werden wir die «größte Freude» empfangen.

10. Die drei Botschaften, in denen Maria uns den Grund ihres Kommens hier auf Erden erklärt: Gebet, Liebe, Heiligkeit

Wie bereits vermutet, gibt die heilige Gottesmutter uns sehr wichtige Hinweise darauf, wie wir den Sinn ihres Kommens zu uns und ihre grundlegenden Absichten richtig zu verstehen haben. Wir haben gesehen, daß sie aus dem Grunde schon so lange bei uns gegenwärtig ist, weil sie uns Schritt für Schritt behutsam zur Heiligkeit führen möchte. Wir wollen nochmals die entsprechende Botschaft anführen, und zwar als erste, da sie in all ihrer Klarheit die grundlegendste ist:

> **«Ihr wißt, daß ich euretwegen so lange geblieben bin, um euch zu lehren, wie ihr auf dem Weg der Heiligkeit fortschreiten sollt»** (1. Januar 1987).

Keiner sage, daß Maria sich nicht eindeutig über den Zweck ihres Kommens äußerte! Die Erscheinungen in Medjugorje sind eine Schule. Maria ist gekommen, um uns, wie sie später sagen sollte, laufen zu lehren **«wie unsichere Kinder bei den ersten Schritten»**.

Wir müssen alle ihre Botschaften lesen, um Gottes Plan in Medjugorje zu verstehen. Die Gottesmutter sagt uns, jede Botschaft sei wie ein «Mosaiksteinchen». Das heißt, um sich ein Bild machen zu können, müssen alle Steine zusammengefügt werden. Die Botschaften müssen immer wieder gelesen werden. Wir müssen sie in uns «verwurzeln» und darum beten, sie zu verstehen. Schließlich müssen wir beharrlich nach den Botschaften leben.

«Lest die Botschaften jeden Tag und verwandelt sie in Leben», fordert die Gottesmutter uns auf. So, und nur so können wir das Bild erkennen, das von all den Mosaiksteinchen geformt wird. Dieses Mosaik ist so reich; doch bei oberflächlicher Annäherung können wir es nicht erkennen. Jede oberflächliche Annäherung an Medjugorje führt zu einer Enttäuschung.

Wir müssen in dem aus verschiedenen Botschaften zusammengesetzten Bild das entdecken, was wichtig ist, was ins Auge springt. Ganz gewiß gehören die Botschaften, die das so lange Verweilen Marias auf Erden erklären, zu den Schwerpunkten, die es herauszufinden gilt.

Die heilige Gottesmutter ist gekommen, um uns die Heiligkeit zu lehren; aber dazu müssen wir vor allem beten lernen. Ohne das Gebet ist Heiligkeit gar nicht möglich, und so haben wir gesehen, daß Medjugorje ebenso eine Schule des Gebets wie eine Schule der Heiligkeit ist.

«Ich will euch beten lehren», sagt Maria. Das ist ihr grundlegender Wunsch, an dem alles hängt. Das Gebet reinigt und baut uns geistlich auf. Es verwandelt uns, um uns zur Heiligkeit zu führen. Es baut wieder auf, was die Sünde in uns zerstört hat, und läßt uns vollkommener an Gottes Wesen teilhaben. Wenn also unser letztes Ziel die Heiligkeit ist, dann ist das Gebet ein ausgezeichneter Weg dahin. Darum wundert es uns nicht, daß die Mutter Gottes uns sagt:

«Ihr werdet erkennen, warum ich so lange mit euch bin. Ich will euch beten lehren» (12. Juni 1986).

Hiermit führen wir also die zweite Botschaft an, die den Grund für die lange Dauer der Erscheinung erklärt.

In zeitlicher Reihenfolge hätten wir also zunächst das Gebet. Warum dieses? Um uns zur Heiligkeit zu führen! Wir müssen Marias Werk in Medjugorje ganz klar und deutlich in dieser Weise sehen, damit wir Fortschritte machen. Was ist nach dem Gebet und der Heiligkeit das Dritte, das uns die Mutter Gottes lehren und schenken will? Hören wir ihr zu:

«Liebe Kinder! Nein, ihr könnt nicht lieben, und ihr könnt nicht mit Liebe die Worte hören, die ich euch gebe. Seid euch bewußt, meine Lieben, daß ich eure Mutter bin und daß ich auf die Erde gekommen bin, um euch zu lehren, aus Liebe zu gehorchen, aus Liebe zu beten, und nicht weil ihr durch das Tragen eures Kreuzes dazu gezwungen werdet. Im Kreuz wird Gott durch jeden Menschen verherrlicht. Danke, daß ihr meinem Ruf gefolgt seid!» (29. November 1984).

Diese Botschaft ist tatsächlich vom Zeitpunkt her die erste — 1984 —, die uns den Grund für die Dauer der Erscheinungen angibt. Das ist nicht verwunderlich; denn die Liebe muß immer an den Anfang gestellt werden, weil «wir ohne die Liebe nichts tun können». Maria sagt uns hier, daß wir nicht zu lieben verstehen und daß sie auf die Erde gekommen ist, damit wir lernen, ihr aus Liebe zu gehorchen und zu beten. Sie ist also gekommen, um uns noch etwas zu lehren, was wir nicht können: **lieben!**

Wie ein Schrei hallt es wider: **«Nein, ihr könnt nicht lieben!»**

Von dem «Nein» am Anfang verstärkt, will dieser Satz eine furchtbare Seite unserer heutigen Welt aufdecken: den Mangel an Liebe in all ihren Formen. Sind die Hauptübel unserer Gesellschaft nicht wesentlich durch den Mangel an Liebe zu erklären? Denken wir vor allem an die Abtreibung, die Homosexualität oder die Drogen...

Wenn wir die Botschaften lesen, erkennen wir also, daß Maria gekommen ist um

— uns lieben zu lehren (29. November 1984);

— uns beten zu lehren (12. Juni 1986);

— uns die Heiligkeit zu lehren (1. Januar 1987).

Wenn wir das begreifen, verstehen wir Medjugorje. Oder wir beginnen zumindest, Medjugorje zu verstehen.

In ihrer behutsamen Erziehung gibt Maria manchmal, vor allem in den Gebetsgruppen, besondere Ratschläge, wie man beten und lieben lernt und ein Heiliger wird. Einmal sagte sie nur:

«Mögen diese sieben Tage die Woche sein, in der ihr lieben lernt!»

Sieben Tage, um lieben zu lernen! Eine schöne Übung für die Schüler... Doch wir leben in Medjugorje in einer Schule der Liebe, und zwar mit einer Lehrerin mit übernatürlichen Kräften!

11. In jeder Botschaft derselbe Satz

Am Ende jeder Botschaft wiederholt die Königin des Friedens unermüdlich:

«Danke, daß ihr meinem Ruf (Poziv) gefolgt seid!» Welchen Sinn hat dieser Satz? Im Kroatischen bedeutet das Wort «Poziv»: Ruf. Unsere Liebe Frau ist dankbar, weil wir auf ihren Ruf antworten. Ihr Ruf, das ist ihre Botschaft. Mit anderen Worten: **«Danke, daß ihr nach meinen Botschaften leben wollt.»** Die Gospa dankt zunächst den Sehern, dann der Pfarrei. Schließlich dankt sie jedem, der nach der Botschaft lebt. Ihr Ruf ist wichtig. Darum wiederholt sie ihren Dank in jeder Botschaft. Das ist natürlich kein Zufall. Die Gottesmutter will nicht einfach beweisen, daß sie wohlerzogen ist. Es will besagen: Danke, daß ihr nach meiner Botschaft lebt, weil dieser Ruf, diese Botschaft wichtig ist; ich brauche das, sagt Maria, um die Welt zu retten. Wenn ihr nach meinem Ruf lebt, wenn ihr auf meinen mütterlichen Ruf antwortet, werde ich mit euch zusammen die Welt retten. Maria erscheint, um uns zu helfen, nach den Botschaften zu leben, und das ist ein weiterer Grund für die Dauer der Erscheinungen:

> **«Liebe Kinder, auch heute lade ich euch ein, die Botschaften, die ich euch gebe, ernsthaft anzunehmen und sie zu leben. Liebe Kinder! Euretwegen bin ich so lange geblieben, damit ich euch helfe, die Botschaften, die ich euch gebe, zu verwirklichen. Deshalb, liebe Kinder, lebt aus Liebe zu mir alle Botschaften!»** (30. Oktober 1986).

«Poziv» auf Kroatisch bedeutet außerdem: Einladung. Dann hieße der Satz übersetzt: **«Danke, daß ihr meiner Einladung gefolgt seid!»**

Auch hier betrifft die Einladung, zu ihr zu kommen, wiederum zunächst die Seher selbst. Sie kommen jeden Tag zu der Erscheinung. Manchmal haben sie gleich zwei Erscheinungen an demselben Tag. Meistens lädt die Gottesmutter sie zweimal in der Woche zum abendlichen Gebet auf dem Berg ein. Die Seher nehmen diese zusätzliche Einladung an. Nachdem sie schon in der Kirche eine Erscheinung hatten, wird ihnen also eine zweite zuteil, in der Regel montags und freitags. **«Danke, daß ihr gekommen seid»**, sagt die Gottesmutter dann zu ihnen. Manchmal dehnt Maria diesen Dank ausdrücklich auf alle die Pilger aus, die sich um die Seher geschart haben, und sagt: «**Danke, daß ihr heute abend so zahlreich hierhergekommen seid!**»

Das will besagen, daß es wichtig ist, selbst dorthin zu kommen, wo Maria erscheint; denn da empfangen wir die Gnade wirklich «an der Quelle».

Durch ihr **«Danke, daß ihr gekommen seid»** zeigt Maria uns, daß Medjugorje eine Botschaft ist, nach der wir leben müssen, und sie dankt uns dafür, daß wir nach diesem Ruf, nach dieser Botschaft leben. Sie zeigt uns außerdem, daß wir an einen Ort geladen sind, und auch dort dankt sie uns für unser Kommen. Medjugorje ist ein Ruf, eine Botschaft und zugleich ein Ort. Ein Ort, an dem sich in einer «Oase des Friedens» eine «Gnadenquelle» befindet.

Dieser Friede ist in dem Namen selbst enthalten, den Maria sich in Medjugorje gegeben hat: «Königin des Friedens». Wir wollen uns ein wenig mit dem Sinn dieses Namens beschäftigen.

12. «Ich bin die Königin des Friedens und der Versöhnung»

So wie der Anfang, enthält auch der *Name* die ganze Wirklichkeit einer Sache. So erklärt Marias Name in Medjugorje uns ihren Plan und den Zweck ihres Kommens. Am 26. Juni 1981, also am dritten Tag der Erscheinungen, hatte Marija beim Abstieg vom Berg eine zweite Erscheinung, nachdem sie die Gospa zuvor schon mit den anderen Sehern zusammen erlebt hatte. Die Gottesmutter erschien ihr diesmal unter Tränen, wobei sich hinter ihr ein großes Holzkreuz abzeichnete.

Und die Gospa gab ihre erste Botschaft für die Welt:

> **«Friede, Friede, nur Friede; versöhnt euch!**
> **Macht Frieden mit Gott und macht Frieden untereinander.**
> **Dazu müßt ihr glauben, beten, fasten und beichten»**
> **26. Juni 1981).**

Später sagte die Mutter Gottes dann, ihr Name in Medjugorje sei: «Königin des Friedens und der Versöhnung».

Vergessen wir den letzten Begriff nicht: Versöhnung. Sie ist ein grundlegender Bestandteil des gesamten Werks Marias in Medjugorje. Die Versöhnung ist ein «umfassendes Programm» auf diesem Teil des Balkans, der ständig von mörderischen Bruderstreitigkeiten zwischen Völkern mit fast derselben Sprache und sehr ähnlicher Kultur, aber unterschiedlichen Religionen geschüttelt wird. Orthodoxe, Muslime und Katholiken leben seit Generationen im Streit und bekämpfen sich in regelmäßigen Abständen bis aufs Blut. Dabei war der letzte weltweite Zusammenstoß besonders blutig und tragisch. So ist Marias Ruf «Versöhnt euch!» in einer politisch wie religiös äußerst schwierigen, gespannten Lage besonders eindringlich.

Der Aufruf zur Versöhnung richtet sich so vor allem an die (katholischen) Kroaten, die Muslime und die (orthodoxen) Serben. Er richtet sich jedoch ebenso an alle Menschen und die ganze Welt.

Zu Beginn der Erscheinung hatte Maria außerdem gesagt: **«Der Weltfriede ist in Gefahr. Betet für den Frieden.»** Und später: **«Ohne Gebet gibt es keinen Frieden.»** Das ist eindeutig das ganze Medjugorje: für den Frieden beten. Oft wiederholte Maria in der Kirche, auf den Bergen und in den Gebetsgruppen: **«Betet für den Frieden in der Welt!»** Sind die außerordentlichen Veränderungen der osteuropäischen Welt in den letzten Monaten nicht ein Beweis für die Macht des Gebets, wo Maria uns sagt: **«Durch Gebet und Fasten können Auseinandersetzungen verhindert, können Kriege beendet werden»**? Das Gebet heilt die Weltgeschichte. Vor unseren Augen wurde ein «kalter Krieg» beendet. Der Seher Ivan sagte uns im November 1989: «Die Gospa bittet uns ständig, für den Frieden zu beten. Dieser Friede ist zunächst ein innerer Friede. Dann ist er etwas, das wir in die ganze Welt bringen müssen, damit die Welt in Frieden leben kann. Durch das Gebet kann der Friede überall zunehmen.»

Andererseits bittet die Gospa uns, für ihre besonderen Anliegen zu beten. Zu ihren Hauptsorgen zählt die Lage in Osteuropa. Wir haben, ohne es zu wissen, für Osteuropa gebetet, als wir in den Anliegen der Gottesmutter beteten. «Heute sehen wir die Früchte unserer Gebete.» Einmal stand das Wort «Mir», Friede, in leuchtenden Buchstaben am Himmel von Medjugorje.

Maria gibt uns eine wunderbare Erklärung für den Frieden:

«Friede ist Liebe, und Liebe ist Friede.»

Der Friede ist wirklich Liebe und Eintracht zwischen Gott und den Menschen und zwischen den Menschen untereinander. Weihnachten 1988 sagte die Gottesmutter:

«Liebe Kinder, ich lade euch zum Frieden ein. Lebt den Frieden in euren Herzen und in eurer Umgebung, damit alle den Frieden erkennen, der nicht von euch, sondern von Gott kommt» (25. Dezember 1988).

An diesem Tag der Menschwerdung ruft Maria uns zum Frieden. Das ist ganz selbstverständlich, denn die Geburt Christi stellt den Augenblick dar, in dem Gott zwischen dem Himmel und der Erde aufs neue Liebe und Eintracht schaffen will. Weihnachten ist das Friedensfest schlechthin. Gott wird aus Liebe Mensch, um den Frieden zu bringen.

«Ehre sei Gott in der Höhe und Friede auf Erden den Mensch seiner Gnade!» (Lk 2,14).

Friede auf Erden, das ist die Weihnachtsbotschaft und die Botschaft von Medjugorje. Friede, das ist die auf die Erde herabkommende Liebe. Eintracht zwischen Gott und dem Menschen: das ist der wahre Friede. Die Gottesmutter fährt in ihrer Weihnachtsbotschaft fort:

«Meine lieben Kinder, heute ist ein großer Tag. Freut euch mit mir! Feiert mit mir! Feiert die Geburt Jesu mit meinem Frieden; dem Frieden, mit dem ich gekommen bin als eure Mutter — die Königin des Friedens. Heute gebe ich euch meinen besonderen Segen. Bringt ihn zu jedem Geschöpf, damit es Frieden hat! Danke, daß ihr meinem Ruf gefolgt seid!»

13. Satans Siege auf dieser Welt

Diese Eintracht zwischen Gott, der sich uns schenkt, und dem Menschengeschlecht wird von den Mächten des Bösen angegriffen. Maria spricht in Medjugorje sehr oft vom Satan. Wir finden diesen Namen in der Bibel zur Bezeichnung des Widersachers oder Anklägers. Das ist auch der Sinn des hebräischen Wortes «Satan». Der Widersacher will uns verführen, und sein Ziel ist Zerstörung und Tod.

Maria macht uns aufmerksam:

«Meine lieben Kinder! Der Satan ist so stark und wünscht mit ganzer Kraft, meine Pläne zu durchkreuzen, die ich mit euch begonnen habe. (...) Satan wirkt stark in der Welt. Seid wachsam!» (14. Januar 1985).

Die derzeitige Welt steht unter dem Einfluß der Mächte des Bösen.

Die Gottesmutter spricht oft über die Finsternis:

**«Kinder, die Finsternis herrscht über die ganze Welt»
(30. Juli 1987).**

Eine der Seherinnen, Mirjana — die bis Weihnachten 1982 täglich Erscheinungen haben sollte —, hatte eine schreckliche Begegnung mit dem Satan selbst. Sie sah ihn, als sie auf das Erscheinen der Gottesmutter wartete. Er versuchte sie damit zu verführen, daß er ihr Glück versprach. «Du wirst mit der Gospa unglücklich», sagte er zu ihr.

Mirjana fürchtete sich, und ihr ganzes Wesen empörte sich gegen Satan.

Sie konnte nur ausrufen: «Nein! Nein! Nein!»

Darauf erschien ihr die Gottesmutter und sagte: «Verzeih mir das; doch du solltest sehen, wie der Satan vorgeht!»

Maria fügte schmerzlich hinzu:

«Es ist die Zeit des Satans» (14. April 1982).

Einer anderen Seherin, Jelena, die innere Schauungen hat, zeigte die Gottesmutter innere Bilder über das Wirken des Satans in der heutigen Welt.

Jelena sah drei Bilder:

— zunächst zeigte ihr die Gottesmutter jugendliche Drogenbenutzer;

— dann sah Jelena Kämpfe, höchstwahrscheinlich im Mittleren Osten, und Menschen, die sich gegenseitig umbrachten;

— schließlich sah die Seherin eine dunkelhäutige Mutter mit ihrem sterbenden Kind im Arm; das Kind sagte zu seiner Mutter: «Mama, sind alle so wie wir?», darauf starb es in den Armen seiner Mutter.

Die Gottesmutter erklärte Jelena, daß sie soeben drei Seiten der Sünde in unserer heutigen Welt erblickt habe, drei Seiten der Siege Satans in der Welt.

Maria will uns nicht erschrecken, und jede Art von Untergangsstimmung ist in Medjugorje völlig unbekannt. Doch die Gottesmutter will uns hellhörig machen; sie wünscht, daß wir die Lage klar erkennen, damit wir auch entsprechend helfen können.

Das Haupttheilmittel gegen Satans Tun ist das Gebet, durch das wir geschützt sind:

«... Deshalb, meine lieben Kinder, habt keine Angst! Wenn ihr betet, kann euch Satan nichts antun, denn ihr seid Kinder Gottes, und Gott wacht über euch. Betet! Der Rosenkranz sei immer in euren Händen, als Zeichen dem Satan gegenüber, daß ihr mir gehört» (25. Februar 1988).

Maria gibt uns in der Tat fünf verschiedene Waffen gegen Satans Wirken.

14. Die fünf Waffen

Maria sagt uns: «Wenn ihr nach den Botschaften lebt, lebt ihr schon ansatzweise in Heiligkeit.» So sind die Botschaften nicht nur Waffen gegen den Satan, sie haben auch heiligende Kraft. Nichts ist für den Satan gefährlicher als Liebe und Heiligkeit. Wenn wir dank der Gottesmutter in einem Leben gemäß ihren Botschaften an Heiligkeit gewinnen, wird Satans Plan für diese Welt vereitelt. Maria sagt uns, daß der Satan in Medjugorje verlorenes Spiel hat:

«Liebe Kinder! Der Plan des Satans ist gescheitert. Betet, daß sich verwirklicht, was Gott in dieser Pfarrei plant» (5. September 1985).

Es handelt sich hier um den Plan Satans für die Pfarrei Medjugorje. Dieser Plan ist gescheitert.

Die fünf Waffen für die Heiligkeit und gegen Satan sind:

— das Gebet

— das Fasten

— die Bibel

— die Beichte

— die Eucharistie

1. Das Gebet

Wir haben schon über das Gebet gesprochen. Es genügt daher, noch einmal die Worte der Gottesmutter anzuführen:

«Kinder! Darum brauche ich euer Gebet so sehr: Das Gebet ist das einzige Mittel zur Rettung des Menschengeschlechts!» (30. Juli 1987).

Durch das Gebet empfangen wir in uns den Heiligen Geist. Dieser Erwerb des Heiligen Geistes ist das Ziel unseres christlichen Lebens. Sagt Maria nicht:

«Wichtig ist es, den Heiligen Geist zu bitten, daß er auf euch herabkommt. Wenn man den Heiligen Geist hat, hat man alles» (21. Oktober 1983).

Die Gottesmutter empfiehlt auch andere Gebete als das Gebet um den Heiligen Geist; aber das Ziel allen Betens ist der Erwerb des Heiligen Geistes.

«Wenn der Heilige Geist auf die Erde herabkommt, wird alles klar, und alles verwandelt sich» (Dezember 1983).

Wie wir gesehen haben, verlangt Maria, daß wir täglich alle drei Geheimnisse des Rosenkranzes beten. Das ist wesentlich für unsere persönlichen Bemühungen um das Gebet in Medjugorje. Andere von ihr empfohlene Gebete sind die Weihegebete an Jesus und Maria, sieben *Vaterunser*, *Gegrüßet seist du, Maria,* und *Ehre sei dem Vater* sowie das Glaubensbekenntnis und natürlich die Gebete zum Heiligen Geist.

Maria erklärt dazu:

«Ihr fragt euch: Warum so viele Gebete? — Schaut euch um, liebe Kinder, und ihr werdet sehen, wie sehr die Sünde auf dieser Erde die Herrschaft an sich gerissen hat. Deswegen betet, damit Jesus siegt» (13. September 1984).

2. Das Fasten

Die zweite Waffe ist das Fasten. Maria sagt:

«In den letzten fünfundzwanzig Jahren ist das Fasten in der katholischen Kirche vergessen worden» (Mai 1984).

Medjugorje ist der Ort, an dem das Fasten wiederauflebt. Fasten ist Sühne und reinigt uns. Die Gottesmutter empfiehlt, mittwochs und freitags bei Wasser und Brot «streng zu fasten». Nur Kranke sind davon ausgenommen. Geben wir Marija das Wort: «Es ist sehr wichtig zu fasten. Man muß glauben, beten und fasten. Alles zugleich. Man muß hoffnungsvoll fasten und dabei denken, daß es von großem Wert ist. Gebet und Fasten können die Naturgesetze verändern. Fasten und beten müssen immer miteinander verbunden werden.»

Das Fasten schafft in uns einen Freiraum, in dem Gott dann wirken kann.

Hören wir, was Ivan sagt: «Unser Herz ist oft zu voll; durch das Fasten machen wir es leer und können Gott aufnehmen.

Das Fasten macht uns demütig, es macht uns den Armen gleich. Es hat auch die Aufgabe, uns auf die Kommunion vorzubereiten, und so fasten wir mittwochs, am Tag vor dem Donnerstag, dem Tag der Eucharistie. Das Mittwoch-Fasten ist ein eucharistisches Fasten, das uns hilft, Jesus in der Messe besser zu empfangen.»

Die Gottesmutter bittet, daß wir stets mit Freuden und von ganzem Herzen fasten:

> **«Liebe Kinder! Heute rufe ich euch auf: Beginnt mit ganzem Herzen zu fasten! (...) Ich bitte die Pfarrei, daß sie aus Dankbarkeit fastet, weil mir Gott erlaubt hat, so lange in dieser Pfarrei zu bleiben. Liebe Kinder, fastet und betet von Herzen» (20. September 1984).**

Das Fasten ist ein Opfer, dem wir nicht als Verpflichtung, sondern aus Liebe von Herzen zustimmen sollen.

> **«Es gibt viele Leute, die fasten; aber nur, weil alle fasten» (20. September 1984).**

So ist das Fasten bei Wasser und Brot weder Gewohnheit noch Verpflichtung, es ist ein Opfer aus Liebe zu Gott zur Heilung und Wiedergutmachung.

Das Fasten hilft uns zunächst, unsere Seele geistlich zu heilen, dann gewährt es aber auch Früchte der Heilung für die Welt, genau wie das Gebet. Das Fasten ist eine Friedenswaffe: Es hat die Aufgabe, in uns Hunger und Durst nach dem göttlichen Frieden zu wecken. Durch eine solche, manchmal mühsame Entsagung machen wir uns selbst vollkommen arm und werden körperlich schwach, um «in Gott stark» zu sein.

Wieviele Pilger berichten uns, daß sie dank des Fastens wirklich den lebendigen Gott entdeckt haben! Das Fasten ist ein wesentlicher Abschnitt unserer Bekehrung und Heiligung, besonders, wenn wir in dieser Welt des Überflusses leben, die jeden Sinn für das «einzig Notwendige» verloren hat.

Das Fasten entwickelt in uns den Geschmack an Gott, Sehnsucht nach seiner Nähe.

Es erwirkt große Gnaden und ist eine große Kraft: So ermöglicht es der Gottesmutter, in Medjugorje «alles zu vollbringen, was ich beabsichtigte», wie sie selbst sagt.

Es ist unnötig, viel über das Fasten zu reden, denn man muß es durchführen, um es zu verstehen. Aber es muß betend getan werden.

3. Die Bibel

Nach einem Ausdruck, den der Seher Ivan nach jeder Erscheinung gebraucht, erscheint Unsere Liebe Frau in Medjugorje fast immer «froh und glücklich».

Manchmal zeigt Maria sich auch traurig. In einigen, sehr seltenen Fällen hat die Gottesmutter sogar geweint. Diese Tränen waren für die Seher sehr schwer zu ertragen, und sie sind für uns alle ein großes, furchtbares Zeichen. Einmal weinte Maria und erklärte auch den Grund dafür; sie sagte: **«Ihr habt die Bibel vergessen!»** und weinte weiter.

Wir können diese Tränen verstehen. Denn, wenn wir die Bibel vergessen, vergessen wir das Wort, das göttliche Wort, das heißt Jesus selbst. Ohne das Wort Gottes sind wir in der Finsternis, kennen wir weder Gottes Denken noch sein Herz oder seine «Gesinnung». Wie sieht der Schöpfer aller Dinge seine eigene Schöpfung? Das können wir nicht wissen, wenn wir Gottes Wort nicht lesen! Allein in der Bibel ist Gottes unmittelbar gesprochenes Wort zu finden.

Alle anderen Bücher, wie gut sie auch sein mögen, kommen an die Bibel nicht heran. Sie enthalten wohl manchmal von oben eingegebene Worte, aber nur die Bibel ist ein Buch, das Gott selbst geschrieben hat. Dieses Buch enthält Aufschlüsselungen und Geheimnisse, in ihm steht endgültig und beispielhaft alles, was Gott von seinem Geheimnis preisgeben will.

Die jüdische Überlieferung sagt, jedes Wort, jeder Gedanke in der Bibel gleiche dem Schwarm von Funken, der entsteht, wenn man mit einem Hammer auf einen Feuerstein schlägt. Es gebe ebenso viele Erklärungen oder Stufen der Auslegung wie Funken. Das ist ein schönes Bild. Es zeigt uns die einzigartige Tiefe und Reichhaltigkeit des biblischen Textes. Dieses Buch sollen wir von allen anderen trennen und an einen besonderen Platz legen, sagt uns die Gottesmutter; denn das Wort Gottes ist von jedem anderen Wort abgesondert:

«Liebe Kinder! Heute lade ich euch ein, daß ihr zu Hause jeden Tag die Bibel lest. Sie soll an sichtbarer Stelle liegen, damit sie euch immer zum Lesen und zum Beten anregt. Danke, daß ihr meinem Ruf gefolgt seid!» (18. Oktober 1984).

Maria gebraucht niemals Ausdrücke, die eine Verpflichtung anzeigen könnten. Sie «lädt uns ein», «bittet», «ersucht» und «ruft» uns... Doch einmal in der Geschichte der Botschaften, als die Gottesmutter uns etwas zu tun bat, gebrauchte sie ein Wort, das im Kroatischen sehr stark ist, und zwar das Wort «müssen»:

«In jeder Familie muß miteinander gebetet und die Bibel gelesen werden» (14. Februar 1985).

Das bedeutet, daß ohne diese beiden Dinge kein christliches Leben möglich ist: beten und in der Bibel lesen. Und zwar in der Familie; denn «die Familie ist der Ort, wo Satan vorzugsweise wirken möchte. Satan will unsere Familien zerstören», wie Vicka sagt. Also müssen wir in der Familie sehr entschlossen zum «Gegenangriff» übergehen. Ohne das Wort Gottes verliert der Christ das Christliche, er ist ganz aus der Bahn geworfen und verirrt, er weiß nicht mehr, wohin er geht...

Jelena sagt: «Wir müssen den Heiligen Geist bitten, daß er Gott ersucht, durch die Bibel zu uns zu sprechen. Gott will in der Bibel zu uns sprechen und uns etwas ganz Persönliches mitteilen. Das Evangelium ist kein Buch über bestimmte Ereignisse in der Vergangenheit. Es spricht heute zu uns und will uns für heute eine Botschaft geben.»

Pater Jozo, der erste Pfarrer von Medjugorje, setzt hinzu: «Der Familienvater soll seinen Kindern und seiner Familie jeden Tag aus der Bibel vorlesen. Wenn er das tut, bringt er den lebendigen Jesus in ihre Mitte. Er hilft ihnen, nach dem Vorbild Christi zu leben.

Der Familienvater soll die Bibel stets küssen. Und wenn eins der Kinder ihn fragt: "Papa, warum küßt du die Bibel?", soll er antworten: "Mein Sohn, ich küsse Jesus!"»

Vicka teilt uns mit: «Das Evangelium ist wirklich eine lebendige Botschaft, und die Gottesmutter sagt, man soll die Bibel an einen "lebendigen" Platz legen, damit sie ununterbrochen benutzt werden kann.» «Lebendiger Platz» will bei Vicka sagen, eine Stelle, wo wir das Buch immer erreichen können, körperlich wie geistlich.

Wir sollen Gott in seiner Bibel erreichen können, denn die Bibel ist auch «Gott in unserer Reichweite».

4. Die Beichte

Die Gottesmutter legt großen Wert auf die Beichte. Sie hat in Medjugorje gebeten, man solle einmal im Monat beichten.

Wenn man schwer gesündigt hat, muß man außerdem sofort hinterher zur Beichte gehen, um dem Satan keine Zeit zu lassen, in uns zu wirken, rät uns die Gottesmutter. In den Gebetsgruppen in Medjugorje wird in einem einwöchigen Rhythmus gebeichtet. Von den ersten Tagen an sagt die Königin des Friedens uns, daß die Beichte eine Waffe für den Frieden ist:

«Macht Frieden mit Gott und miteinander. Dazu muß man glauben, beten, fasten und beichten» (26. Juni 1981).

Maria sagt, daß die Beichte ein Heilmittel für die Seele ist und **«ganze Bereiche der abendländischen Kirche geheilt»** würden, wenn die Menschen beichteten. Jeder Pilger, der in Medjugorje war, hat die Beichtwilligen vor zahllosen Priestern Schlange stehen sehen. Es ist eine große Gnade, nahe bei der Erscheinung der Gottesmutter zu beichten. Beichtvater in Medjugorje zu sein bedeutet, manchmal stundenlang in der Gluthitze zu sitzen. Zuweilen verbringt ein Priester zwei bis drei Stunden mit einem einzigen Beichtenden; denn in Medjugorje wird in der Beichte eine ganz besondere Gnade der Heilung gewährt. Beichten heißt, sich in Gottes Gegenwart stellen, um neu geboren zu werden. Hören wir Pater Jozo: «Beichten bedeutet nicht, vor dem Priester die Sünden aufzuzählen oder sein Leben zu erzählen. Es bedeutet, daß man sich aufs neue unserem Schöpfer in die Hände gibt, damit er uns neues Leben einhaucht.»

Wir müssen vor allem für den Priester beten, der uns die Beichte abnehmen wird, daß er nicht gewissermaßen zu einer Trennwand zwischen uns und Gott wird, sondern uns etwas sagen kann, was ihm eingegeben wurde.

Die Beichte stellt uns in Frage und spornt uns an, in unserem geistlichen Leben stets weiter voranzugehen, ohne je zu ermatten; denn hier gilt: «Wer nicht vorangeht, fällt zurück.»

«Beichtet nicht gewohnheitsmäßig und bleibt danach, wie ihr wart. Nein, das ist nicht gut. Die Beichte soll ein

Anstoß für euren Glauben sein. Sie soll euch anspornen und näher zu Jesus bringen» (7. November 1983).

Vicka fügt hinzu: «Die Gottesmutter möchte, daß die Beichte uns einen Anstoß dazu gibt, unser Leben zu ändern. Es ist nicht gut, die Beichte als etwas aufzufassen, das uns von unseren Sünden befreite und uns dann erlaubte, weiterhin dieselben zu bleiben. Nein, wir sollen uns ändern und dank der Beichte neue Menschen werden. Wir sollen außerdem den Priester um einen Rat für unser Leben bitten, damit wir in unserem geistlichen Leben einen Schritt weiterkommen.»

Die Königin des Friedens sagt uns, daß wir **«in der Beichte große Gnaden»** erlangen. Wir müssen nach diesen Gnaden verlangen, sie ersehnen. Die erste Gnade der Beichte soll die Gnade der Veränderung sein.

Wir können nicht dieselben bleiben. Medjugorje ist ein Aufruf, unser Leben zu verändern. Die Gottesmutter sagt es uns in allen Tonarten:

> **«Liebe Kinder! Seht, heute möchte ich euch einladen, daß ihr alle von heute an das neue Leben zu leben beginnt!»** (25. Januar 1984).

Ein neues Leben mit neuem Herzen leben:

> **«Liebe Kinder! Heute lade ich euch ein, daß ihr euer Herz erneuert»** (25. Januar 1989).

Es gibt kein neues Leben und keine Erneuerung des Herzens ohne Beichte. Darum sagt uns die Gottesmutter sehr deutlich:

> **«Wenn die Beichte euch in Wirklichkeit nichts bedeutet, könnt ihr euch nur schwer bekehren!»** (7. November 1983).

Wir sollen Gott um Vergebung bitten und dieses Sakrament nützen, damit wir uns wirklich mit Ihm und mit den Menschen versöhnen.

Genau dazu ist die Gottesmutter gekommen: für den Frieden und die Versöhnung. Daher ist es nicht verwunderlich, daß die Beichte wirklich als eine Besonderheit von Medjugorje anzusehen ist, denn Maria sagt uns:

> **«Ich bin die Königin des Friedens und der Versöhnung.»**

Und sie fügt hinzu:

«Übergebt euch Gott, damit er euch heilen und trösten kann, und daß er all das verzeihen kann, was in euch ein Hindernis auf dem Weg der Liebe ist. So kann Gott euer Leben formen, und ihr werdet in der Liebe wachsen» (25. Juni 1988).

Es ist das Wesen der Sünde, daß sie ein Hindernis für die Liebe darstellt. Gott will uns heilen, trösten und durch das Sakrament der Beichte vergeben! Er will uns, die wir seine Liebe verloren hatten, wieder aufbauen, neu formen nach seinem Bild. Durch eine solche machtvolle Reinigung, wie die Beichte, können wir den Leib Christi empfangen.

Die Eucharistie ist die fünfte Waffe gegen den Satan, und zwar die stärkste.

5. Die Eucharistie

Geben wir Pater Jozo und den Sehern Vicka und Marija das Wort:

Pater Jozo berichtet: «Einmal brachte mir ein Pilger ein Standbild, das war ein Sinnbild. Ein Standbild der Gottesmutter; sie zeigt mit der Hand auf ihr Herz. Es ist aber gar kein Herz da, sondern statt Marias Herz ist dort eine Hostie. Das Herz der Gottesmutter ist die Eucharistie! Das ist das Sinnbild von Medjugorje. Die Königin des Friedens ist nicht um ihrer selbst willen da, sondern um uns ihren Sohn vorzustellen, sie ist gekommen, um uns die Eucharistie, das Brot des Lebens, vorzustellen!»

Vicka: «Die Gospa sagt, daß der wichtigste Augenblick unseres Lebens, der heiligste und am meisten geheiligte Augenblick derjenige ist, in dem wir den lebendigen Jesus in unserem Herzen empfangen. Sie bittet, daß wir uns während der Messe darauf vorbereiten, Jesus mit aller notwendigen Ehrfurcht zu empfangen.»

Marija: «Die Gospa sagt, die heilige Messe soll der Mittelpunkt unseres Lebens sein. Sie bittet uns, möglichst täglich hinzugehen. Die Messe ist die höchste und machtvollste Form des Gebets. Dort schenkt Gott sich uns. Die Eucharistie ist die stärkste, machtvollste Begegnung, die wir mit Gott haben können.»

Wir dürfen nicht aus Gewohnheit in die Messe gehen, sondern mit dem wirklichen Wunsch, Gott zu begegnen. Wir können nicht sagen, wir wollten nicht in die Messe gehen, weil uns die Leute oder

der Priester dort nicht gefielen. Das ist keine Entschuldigung; denn in der Messe begegnen wir nicht dem Priester oder den Leuten, sondern Gott selbst. Die Messe soll eine Gotteserfahrung für uns sein. Auf diese Begegnung mit Gott müssen wir uns im Gebet vorbereiten.

Die Messe in Medjugorje ist ein Augenblick großer Gnaden. Sie ist der Mittelpunkt des ganzes Tages. Die Abendmesse auf Kroatisch gleich nach der täglichen Erscheinung ist ein Ort machtvollen Wirkens des Geistes, wo Gott Gnaden der tiefgreifenden Verwandlung schenkt, um die Schüler seiner Mutter zu heiligen. Damit der Heilige Geist kommt und in uns wohnt, um Heilige aus uns zu machen. Dort sehen wir, wie Gott sich in dem Geheimnis der Eucharistie opfert, und wir uns mit unserem Schöpfer vereinigen.

Die Eucharistie ist auch Mittelpunkt der Anbetung mittwochs, donnerstags und samstags, in der wir in Medjugorje die Liebe Gottes erleben.

Diese herzegowinische Kirche ist, wie wir meinen, das lebendige Herz der heiligen Kirche, in der Jesus sich auf ganz besondere Weise zum Opfer darbringt.

Doch ist Jesus in jeder Kirche gegenwärtig:

«Begreift, daß die Kirche der Palast Gottes ist; der Ort, wo ich euch versammle und euch den Weg zu Gott zeigen möchte. (...) Den Gotteshäusern, die geweiht sind, gebührt Ehrfurcht, denn in ihnen wohnt Tag und Nacht Gott, der Mensch geworden ist» (25. April 1988).

Die Gegenwart der Eucharistie in den Kirchen und in unserem Herzen ist eine einzigartige Kraft, die Gott dem Menschen zur Verklärung der Menschheit gegeben hat. Wir sollen kommunizieren, Gott in unserem Herzen empfangen, damit unser Leben dem Bild Gottes gleicht. Durch die Eucharistie werden wir dem auferstandenen Christus ähnlich, und wir verwandeln unsere Seele, um Jesus widerzuspiegeln, der dann in die Welt hineinstrahlt. Allein das Gebet und die Sakramente, allen voran die Eucharistie, können bewirken, daß wir wirklich ein Widerschein Jesu werden.

Maria umfaßt mit ihrem Bekehrungsplan die ganze Welt, und durch die Kraft des Gebets und der Sakramente führt sie uns zu einem neuen Leben in ihrem Sohn. Die ganze Welt soll durch die Eucharistie das Leben empfangen: *Denn das Brot Gottes ist der, welcher vom Himmel herabkommt und der Welt Leben gibt* (Joh 6,33).

In seinem Prolog sagt Johannes von dem göttlichen Wort: *In ihm ist das Leben, und das Leben ist Licht der Menschen* (vgl. Joh 1,4).

Die Verklärung ist Licht, das Leben ist Licht der Menschen; in Medjugorje lädt Maria uns ein zu einem Leben des Lichts zur Heilung und Erlösung der Welt. Wir wollen noch einmal die Botschaft über das Licht und das Leben anführen:

> **«Vor allem, liebe Kinder, möchte ich, daß ihr alle zu Jesu Widerschein werdet, der in dieser ungläubigen Welt, die in der Finsternis wandelt, scheinen wird.**
> **Ich will, daß ihr alle Licht werdet und, daß ihr im Licht Zeugnis ablegt. Liebe Kinder, ihr seid nicht zur Finsternis, sondern zum Licht berufen.**
> **Deshalb lebt das Licht in eurem Leben»** (5. Juni 1986).

Das Evangelium nach Johannes sagt: *Das Licht scheint in der Finsternis, und die Finsternis hat es nicht ergriffen* (Joh 1,5).

Damit unser Leben Licht wird, müssen wir Gemeinschaft haben mit dem Licht. Um Christus zu gleichen und ihn widerzuspiegeln, müssen wir ihn oft in unserem Herzen empfangen. Diese Friedensbotschaft gibt Maria uns in Medjugorje, und wir müssen begreifen, daß kein Friede möglich ist, solange wir unvollständig sind. Das hebräische Wort *Schalom* bedeutet Fülle, Vollständigkeit: Ohne Jesus in unserem Herzen sind wir unvollständig, und es kann kein Friede werden!

Die Gottesmutter sagt auch:

> **«Die heilige Messe soll euch das Leben sein!»**
> **(25. April 1988).**

Das ist ein Widerhall auf ihr **«Lebt euer Leben im Licht!»**; Licht und Leben, das schenkt die Eucharistie. Die heilige Messe ist Quelle des Lebens und des Lichts. Um ein Widerschein Jesu zu sein, müssen wir uns mit ihm in der Eucharistie vereinigen.

> **«Ich wünsche, daß jeder von euch eins werde mit Jesus»**
> **(25. Februar 1989).**

15. Die Kinder der Schönheit, der Freiheit, der Freude, der Liebe und des Lichts

In jeder Botschaft nennt Maria uns ihre lieben Kinder, manchmal sogar «meine Kindlein»![1]

Es ist ein ganz besonderes Leben, dieser Weg der Heiligkeit mit der Gottesmutter. Die Pfarrangehörigen von Medjugorje, die zu einer tiefen Bekehrung gefunden haben, und die Pilger, die in Marias Schule leben, sind Kinder Gottes, von denen Maria uns versichert, daß der Satan ihnen nichts Böses anhaben kann.

Die Kinder Gottes sind zu Zeugen berufen, damit die Welt den Gott der Freude kennenlernen kann.

Maria geht sehr weit, wenn sie sagt:

> **«So wird euer Zeugnis nicht nur für euch, sondern für die ganze Ewigkeit einen Wert haben» (25. März 1988).**

Die Kinder Gottes und der Gottesmutter sind aufgerufen, ständig näher zu Gott hin zu wachsen und an geistlicher Schönheit zu gewinnen.

Maria vergleicht ihre Kinder sehr oft mit Blumen:

> **«Ihr seid viel schöner, wenn ihr betet — so wie Blumen, die nach dem Schnee ihre ganze Schönheit zeigen, und alle ihre Farben werden unbeschreiblich schön. (...) Liebe Kinder, betet und öffnet euer Inneres dem Herrn, daß er aus euch eine schöne, harmonische Blume für den Himmel machen kann» (18. Dezember 1986).**

Außerdem sind Marias Kinder zur Freiheit der Kinder Gottes berufen:

> **«Daher, meine lieben Kinder, wünsche ich, daß eure Entscheidungen vor Gott frei seien, denn er hat euch die Freiheit gegeben» (25. November 1989).**

In gleicher Weise ruft Maria ihre Kinder zur Lebensfreude auf:

> **«Liebe Kinder, heute lade ich euch alle ein, daß ihr euch freut über das Leben, das Gott euch gibt. Meine lieben Kinder, freut euch über Gott, der euch so wunderbar geschaffen hat!» (25. August 1988).**

---

1 In dieser Übersetzung wiedergegeben mit «meine lieben Kinder».

Trotz Leid und Kreuz ist das Leben mit der Königin des Friedens eine unverändert strahlende Freude, und dafür sollen wir Gott danken:

> «Betet, daß euer Leben eine freudige Danksagung sei, die wie ein Fluß der Freude aus eurem Herzen strömt» (25. August 1988).

Dieser Satz drückt wirklich das aus, was wir in Medjugorje erleben, und dieser Strom der Freude ist dazu da, um die Welt mit Frieden zu erfüllen. Maria will ihren Kindern auch Liebe schenken, die schönste, reinste, erlösendste und stärkste Gabe. Die Liebe ist das Erste. Sie übertrifft alles andere. Die Liebe nimmt alles an:

> «Liebe Kinder, heute lade ich euch zur Liebe ein, die Gott treu ist und die ihm gefällt.
> Meine lieben Kinder, die Liebe nimmt alles an, auch was hart und bitter ist, um Jesu willen, der die Liebe ist! (...) Gott kann euer Leben formen, und ihr werdet in der Liebe wachsen» (25. August 1988).

Medjugorje ist dazu da, um uns zu lehren, mit wahrer Liebe zu lieben. Das Gebet läßt die Liebe bis zur Vollkommenheit wachsen:

> «Betet, denn im Gebet wird jeder von euch die vollkommene Liebe erreichen können» (25. Oktober 1987).

Nie und nimmer laßt uns die Macht der Liebe vergessen.

> «Ohne Liebe werdet ihr nichts erreichen» (13. Dezember 1984).
> «Liebe Kinder, mit Liebe werdet ihr alles erreichen, auch das, was ihr für unmöglich haltet» (28. Februar 1985).

Unsere Liebe der Kinder Gottes soll der Liebe Marias gleichen, die uns an das erste Gebot erinnert:

> «Liebe Kinder, heute lade ich euch ein, in eurem Leben die Liebe gegenüber Gott und dem Nächsten zu leben. Ohne Liebe könnt ihr, liebe Kinder, nichts tun. (...) Alle werden meine Liebe durch euch erfahren!
> Darum bitte ich euch, liebe Kinder: Fangt heute an zu lieben, mit innigster Liebe; mit derselben Liebe, mit der ich euch liebe!» (29. Mai 1986).

Wenn Jelena Maria fragt, warum sie so schön sei, dann erwidert ihr die schönste aller Frauen (wie der kleine Jakov sie eines Tages nannte):

«Ich bin schön, weil ich liebe.
Wenn ihr schön sein wollt, dann liebt!
Es gibt keinen auf Erden, der nicht gern schön wäre.»

Schließlich sollen wir natürlich auch Kinder des Lichtes sein:

«Liebe Kinder, ihr alle habt in eurem Leben Licht und Dunkelheit erfahren.
Gott läßt jeden Menschen das Gute und das Böse erkennen.
Ich fordere euch auf, das Licht zu tragen für alle Menschen, die sich in der Dunkelheit befinden.
Tagein, tagaus kommen Leute in eure Häuser, die in der Dunkelheit leben.
Gebt ihnen, liebe Kinder, das Licht!» (14. März 1985).

Medjugorje wurde dem Menschen von Gott gegeben, damit seine Mutter Maria uns lehrt, der Welt das Licht zu geben.

TEIL II

Botschaften und Antworten der Gottesmutter Maria

«Ich würde gerne nach Medjugorje gehen, um der Mutter Gottes für die empfangenen Gnaden zu danken... Ich danke dem Herrn, daß er unsere Zeit auf diese Weise leitet.»

Mutter Teresa

Kapitel 1

Die ersten Botschaften
(Juni 1981 bis Juni 1984)
und andere Botschaften
(Juni 1981 bis März 1996)

— 1981 —

Mittwoch, der 24. Juni 1981

Die erste Erscheinung findet am Nachmittag statt; die Seher stehen bei einer Eiche auf der Straße von Bijakovici und Cilici (Gemeinde Medjugorje). Über dem Gipfel des Podbro erscheint weiß und still von fern der Umriß einer Gestalt; dieser Berg wurde dann Erscheinungshügel oder Erscheinungsberg genannt.

Die zweite Erscheinung findet um 18 Uhr statt. Die Gestalt winkt ihnen, näher zu kommen, doch die Seher fürchten sich und gehen nicht zu der Erscheinung hinauf.

Donnerstag, der 25. Juni 1981

Das ist der erste Tag, an dem die sechs Seher (Mirjana, Ivanka, Vicka, Marija, Ivan und Jakov) Unsere Liebe Frau oder die «Gospa» auf dem Gipfel sehen. Die fünf Jugendlichen (14 bis 15 Jahre) und der kleine Jakov (10 Jahre) beschließen, zu der Erscheinung hinzulaufen. Nach Aussage von Zeugen fliegen sie buchstäblich über den Boden und stehen im Nu vor der Erscheinung auf dem Gipfel, und zwar an der Stelle, die heute mit vielen Kreuzen gekennzeichnet ist.

Die Gottesmutter begrüßt sie mit den Worten:

«Gelobt sei Jesus!»

Ivanka befragte sie nach ihrer vor zwei Monaten verstorbenen Mutter:

«Sie ist glücklich. Sie ist bei mir.»

Andere Fassung: «Sie ist dein Schutzengel im Himmel.»

Die Seher fragten Unsere Liebe Frau, ob sie am folgenden Tag wiederkomme, und sie nickte bejahend.

Mirjana wollte wissen, ob Unsere Liebe Frau ein Zeichen geben werde, damit die Menschen ihnen auch glaubten. Mirjana war überzeugt, ein Zeichen erhalten zu haben, da ihre Uhr sich während der Erscheinung verstellt hatte.

Freitag, der 26. Juni 1981

Angezogen durch Lichtzeichen vom Gipfel des Erscheinungshügels, hat sich eine Menge von ungefähr dreitausend Menschen versammelt. Währenddessen besprengt Vicka die Erscheinung mit Weihwasser und bittet sie, dazubleiben, wenn sie wirklich die Jungfrau Maria sei, andernfalls aber fortzugehen, wenn sie vom Satan komme. Lächelnd antwortet Unsere Liebe Frau:

«Habt keine Angst, ich bin es!»

Ivanka fragt, warum sie gekommen sei und was sie von ihnen wolle. Unsere Liebe Frau entgegnet:

«Ich bin gekommen, weil es hier viele wahrhaft Gläubige gibt. Ich möchte bei euch sein, um die ganze Welt zu bekehren und zu versöhnen.»

Ivanka fragt, ob ihre Mutter ihr etwas sagen wolle:

«Gehorche der Großmutter und hilf ihr, denn sie ist schon alt!»

Mirjana fragt nach ihrem kürzlich verstorbenen Großvater:

«Es geht ihm gut.»

Auf Verlangen der Menge erbitten die Seher ein Zeichen zum Beweis, daß die Erscheinungen echt sind:

«Selig, die nicht sehen, und doch glauben!»

Mirjana fragt: «Wer bist du?»

«Ich bin die selige Jungfrau und Gottesmutter Maria.»

Weitere Fragen der Kinder: Warum erscheinst du uns, wo wir doch nicht besser als die anderen sind?

«Ich wähle nicht unbedingt die besten aus.»

«Kommst du wieder?»

«Ja, an dieselbe Stelle wie gestern.»

Als Marija allein den Hügel hinabgeht, drängt eine unsichtbare Kraft sie geheimnisvoll vom Weg ab.

Erneut sieht sie die Gottesmutter. Unsere Liebe Frau erscheint weinend vor einem großen Holzkreuz, ohne Jesus. Maria weint, und die Tränen fließen auf die Wolke, auf der sie steht.

«Friede, Friede, nur Friede; versöhnt euch! Nur Friede! Macht Frieden mit Gott, macht Frieden untereinander. Dazu müßt ihr glauben, beten, fasten und beichten.»

Samstag, der 27. Juni 1981

Wie bei jeder Erscheinung beginnt Unsere Liebe Frau mit dem Gruß:

«Gelobt sei Jesus!»

Jakov fragt, was die Gottesmutter von den Franziskanern von Medjugorje erwarte:

«Daß sie im Glauben beharrlich sind und den Glauben des Volkes beschützen.»

Mirjana und Jakov sind beunruhigt, weil die Leute sie wie Lügner behandeln. Sie bitten Unsere Liebe Frau, für die, die nicht glauben, ein Zeichen ergehen zu lassen.

«Meine Engel, fürchtet euch nicht vor Ungerechtigkeit. Sie war schon immer da.»

Die Seher fragen: «Wie sollen wir beten?»

«Betet immerzu sieben Vaterunser, sieben Gegrüßet seist du, Maria, sieben Ehre sei dem Vater. Dann das Glaubensbekenntnis.»
«Auf Wiedersehen, meine Engel, geht im Frieden Gottes.»

Jede Erscheinung schließt mit den Worten: «**Geht im Frieden Gottes.**»

Sonntag, der 28. Juni 1981

Die Seher fragen Unsere Liebe Frau, was sie wolle.

«Daß das Volk glaubt und im Glauben beharrlich ist.»

Vicka: «Was verlangst du von den Priestern?»

«Daß sie im Glauben fest sind und euch helfen.»

Sie fragen Unsere Liebe Frau, warum sie nicht jedem in der Kirche erscheine.

«Selig, die nicht sehen, und doch glauben!»

Sie möchten wissen, ob sie wiederkomme.

«Ja, an dieselbe Stelle.»

Die Seher fragen, ob sie lieber bete oder singe.

«Beides, beten und singen.»

Vicka fragt, was Unsere Liebe Frau von der Menge erwarte, die sich auf dem Hügel versammelt hat. Unsere Liebe Frau antwortet mit einem Lächeln und einem liebevollen Blick. Sie schaut eindringlich über die Menge hin.

In einem bestimmten Augenblick verschwindet die Gospa wieder. Die Seher beten und hoffen, daß sie wiederkommt, weil sie ihnen nicht «Auf Wiedersehen» gesagt hat; während sie «Du bist so schön» singen, kommt sie wieder.

Vicka fragt dreimal: «Liebe Gospa, was erwartest du von diesem Volk?»

«Daß die, die nicht sehen, genauso glauben wie die, die sehen.»

Die Seher erbitten nochmals ein Zeichen, damit die Leute sie nicht für Lügner halten. Sie erhalten nichts als ein Lächeln von Unserer Lieben Frau, die sie grüßt und mit den Worten verschwindet:

«Geht im Frieden Gottes!»

Montag, der 29. Juni 1981

Die Seher wollen wissen, ob die Gospa glücklich sei, so viele Menschen versammelt zu sehen.

«Überglücklich.»

«Wie lange wirst du bleiben?»

«So lange ihr wollt, meine Engel.»

Sie fragen Unsere Liebe Frau, was sie von denen, die trotz Hitze, Steinen und Dornen gekommen sind, erwarte.

«Es gibt nur einen Gott und einen Glauben. Das Volk glaube fest und fürchte nichts.»

«Was erwartest du von uns?»

«Daß ihr einen unerschütterlichen Glauben habt und Vertrauen bewahrt.»

Sie wollen wissen, ob sie stark genug sein werden, um auch Verfolgungen zu ertragen.

«Das könnt ihr, meine Engel, habt keine Angst. Ihr werdet alles ertragen; ihr sollt glauben und auf mich vertrauen.»

In diesem Augenblick bittet Dr. Glamuzina, der für die Regierung arbeitet, Vicka möge seine Frage weitergeben, ob er die Gospa berühren dürfe. Vicka zeigt ihm, wo er die Hand hinstrecken soll, und er versucht, die Gospa zu berühren.

Die Eltern eines behinderten Kindes wenden sich an die Seher, sie möchten Fürsprache für ihr Kind einlegen, und bitten die Jungfrau Maria um seine Heilung, denn die Leute wollen an sie glauben.

«Sie sollen fest an seine Heilung glauben. Geht im Frieden Gottes.»

Etwas später am Abend wurde das Kind geheilt.

Zwischen dem 30. Juni und dem 31. Dezember 1981 werden die Kinder von der Polizei verfolgt. Es muß ein verschwiegener Ort für sie gefunden werden, wo sie auf das Erscheinen der Jungfrau Maria warten können.

Dienstag, der 30. Juni 1981

Zwei staatliche Sozialarbeiter nehmen die Seher in ihr Auto, um sie die Erscheinung auf dem Berg verpassen zu lassen. So fand sie in Cerno statt, auf der Straße von Ljubuski nach Medjugorje.

Mirjana fragt Unsere Liebe Frau, ob sie sich über die verpaßte Verabredung auf dem Berg ärgere. Die Gospa erwidert:

«Das macht nichts.»

Darauf fragt Mirjana, ob sie dagegen wäre, wenn sie nicht mehr auf den Berg kämen, und ob sie ihnen nicht in der Kirche erscheinen könnte. Nach Vickas Aussage schien die Jungfrau Maria unschlüssig zu sein, willigte dann aber ein, in der Kirche zu erscheinen und fügte hinzu:

«Immer zur selben Zeit. Geht im Frieden Gottes.»

Mirjana, die einen Bericht über die Erscheinungen in Lourdes gelesen hatte, meinte nun, die Jungfrau Maria werde noch drei Tage bis zum Freitag erscheinen. Das war jedoch ihre eigene Ansicht. Die anderen Seher hatten das nicht so verstanden.

Mittwoch, der 1. Juli 1981

Wieder bitten die Seher die Jungfrau Maria um ein Zeichen. Unsere Liebe Frau schien mit einem Kopfnicken zuzustimmen:

«Adieu[1], meine lieben Engel!»

Dienstag, der 21. Juli 1981

«Gelobt sei Jesus!»

Wie üblich bitten die Kinder erneut um ein Zeichen, und die Gospa antwortet bejahend. Sie wollen wissen, wie lange sie sie besuchen werde.

«Meine Engelchen, die Leute werden sogar dann nicht glauben, wenn ich ein Zeichen ergehen lasse. Viele werden nur herkommen und sich verbeugen. Doch das Volk soll sich bekehren und Buße tun.»

Dann fragen sie nach den Kranken, und sie erwidert, daß sie auf Heilung hoffen dürfen, wenn sie einen festen Glauben haben. Beim Abschied sagt die Gospa wie immer:

---

1   *Adieu* heißt wie das kroatische *Zbogom:* Auf Wiedersehen; beides bedeutet ursprünglich aber «mit Gott»!

«Geht im Frieden Gottes.»

Mittwoch, der 22. Juli 1981

«Gelobt sei Jesus! Viele Menschen haben sich bekehrt, und einige unter ihnen hatten seit fünfundvierzig Jahren nicht mehr gebeichtet, nun aber tun sie es. Geht im Frieden Gottes.»

Freitag, der 24. Juli 1981

Die Seher stellen weitere Fragen nach den Kranken.

«Ohne den Glauben ist nichts möglich. Diejenigen, die fest glauben, können gesund werden.»

Samstag, der 25. Juli 1981

Nach mehreren Fragen hinsichtlich der Kranken antwortet die Gospa:

«Gott helfe uns allen!»

Montag, der 27. Juli 1981

Die Seher bitten die Jungfrau Maria, einige Gegenstände zu segnen. Sie segnet mit den Worten:

«Im Namen des Vaters und des Sohnes und des Heiligen Geistes.»

Sie fragen wiederum wegen des Zeichens.

«Ihr dürft es bald erwarten. Wenn ich euch das Zeichen gebe, werde ich euch weiterhin erscheinen. Ich komme um 23.15 Uhr. Geht im Frieden Gottes.»

Die Seher haben eine Schauung des leidenden Jesus: Unter der Dornenkrone ist sein Gesicht voller Blut.

«Meine Engel, ich sende euch meinen Sohn Jesus, der um seines Glaubens willen gefoltert wurde. Doch hat er alles ertragen. Auch ihr, meine Engel, sollt alles ertragen!»

Die Gospa beglückwünscht die Seher, denn sie liebt ihre Stimmen, wenn sie singen und beten.

«Es ist schön, euch zuzuhören; macht so weiter. Habt um Jozo keine Angst.»[1]

---

1 P. Jozo wurde von der Polizei bedroht.

Mittwoch, der 29. Juli 1981

Die Erscheinung findet in Vickas Zimmer statt. Sie befragen die Jungfrau Maria wegen einer Kranken.

«Sie wird gesund. Sie soll fest glauben.»

Die Seher fragen sie, ob sie sie küssen könnten.

«Ja. Geht im Frieden Gottes.»

Juli 1981

«Tut, was eure Pflicht ist und was die Kirche von euch verlangt.»

Anfang August 1981

Sie fragen sie, was sie möchte, das sie später tun sollen.

«Es wäre gut, wenn ihr Priester und Ordensschwestern würdet. Aber nur, wenn ihr selbst es wollt. Ihr müßt es selbst entscheiden.»

Sonntag, der 2. August 1981

Maria sieht die Gottesmutter in ihrem Zimmer; Unsere Liebe Frau bittet sie und vierzig weitere Personen:

«Geht alle zusammen auf die Wiese von Gumno. Es wird ein großer Kampf entbrennen. Ein Kampf zwischen meinem Sohn und dem Satan. Die Menschenseelen sind der Einsatz.»

Auf dem Feld sagt die Jungfrau Maria:

«Hier können mich alle berühren.»

Die von den Sehern geführten Anwesenden berühren die Gottesmutter. Manchmal erscheint auf Marias Gewand ein Fleck, nachdem jemand sie berührt hat. Darauf sagte einer: «Wir wollen alle beichten gehen, um uns zu reinigen.»

Donnerstag, der 6. August 1981

«Die Priester möchten wissen, ob du einen besonderen Namen hast?»

«Ich bin die Königin des Friedens und der Versöhnung.»

Freitag, der 7. August 1981

Die Jungfrau Maria bittet die Kinder, um 2 Uhr morgens auf den Berg Krizevac zu kommen und zu beten; dort oben sagt sie zu ihnen:

«Man soll für die Sünder Buße tun.»

Samstag, der 8. August 1981

«Tut Buße! Festigt euren Glauben durch Gebet und die Sakramente.»

Montag, der 17. August 1981

«Habt keine Angst. Ich wünsche, daß ihr froh seid und daß diese Freude an euren Gesichtern abzulesen ist. Ich werde Pater Jozo beschützen.»[1]

Samstag, der 22. August 1981

«Pater Jozo hat nichts zu befürchten. Das alles geht vorbei.»

Sonntag, der 23. August 1981

«Gelobt sei Jesus! Ich bin bis jetzt mit Ivan gewesen. Meine Engel, betet für dieses Volk.

Meine Kinder, ich gebe euch Kraft. Ich werde sie euch immer geben.

Ruft mich, wenn ihr mich braucht.»

Dienstag, der 25. August 1981

Wieder möchten die Anwesenden die Gottesmutter berühren.

«Es ist nicht nötig, mich zu berühren. Viele fühlen gar nichts, wenn sie mich berühren.»

Unsere Liebe Frau sagt auch, daß unter den Anwesenden ein Spion sei.

Mittwoch, der 26. August 1981

Da viele Menschen die Seher um Rat bitten, sagt die Gottesmutter:

---

1 P. Jozo war gerade verhaftet worden.

«Gebt niemandem einen Rat. Ich weiß, was ihr empfindet, und auch das geht vorbei!»

Donnerstag, der 27. August 1981

Die Seher fragen wieder wegen des Zeichens nach:

«Bald, das habe ich euch versprochen. Seid fest und habt Mut.»

Freitag, der 28. August 1981

Die Seher warten in Bruder Jozos Zimmer auf die Erscheinung. Sie kommt nicht. Das ist das zweite Mal, daß dies geschieht. Die Seher beschließen, in die Kirche zu gehen und zu beten; dort erscheint sie ihnen:

«Ich war bei Bruder Jozo. Darum bin ich nicht gekommen. Beunruhigt euch nicht, wenn ich einmal nicht komme. Dann begnügt euch damit zu beten.»

An diesem Tag ist Ivan ins Seminar von Visoko eingetreten. Unsere Liebe Frau sagt zu ihm:

«Du bist sehr erschöpft. Ruhe dich aus, damit du wieder zu Kräften kommst. Geh im Frieden Gottes. Auf Wiedersehen!»

Samstag, der 29. August 1981

Jakov stellt der Gospa mehrere Fragen: «Erscheinst du auch dem Ivan im Seminar?»

«Genau wie euch.»

«Wie geht es Ivan Ivankovic, der im Gefängnis sitzt?»

«Es geht ihm gut. Er erträgt alles. All das geht vorbei. Bruder Jozo läßt euch grüßen.»

Im Seminar erkundigt Ivan sich nach Neuigkeiten aus dem Dorf.

«Meine Engel tun sehr ordentlich ihre Buße.»

Er fragt sie, ob sie ihm und seinen Kameraden beim Studieren helfen werde.

«Gottes Hilfe kann man überall erfahren.»
«Geh im Frieden Gottes, mit Jesu und meinem Segen. Auf Wiedersehen!»

Ivanka fragt, ob sie bald das Zeichen geben werde:

«Geduldet euch noch etwas.»

Sonntag, der 30. August 1981

Die Gottesmutter erscheint, und Vicka fragt, ob es wahr sei, daß die Gefängnistüren von allein wieder aufgehen, wenn Bruder Jozo in seiner Zelle eingeschlossen wird.

«Es ist wahr; aber niemand glaubt es.»

Ivanka möchte wissen, wie es Mirjana geht:

«Mirjana ist traurig, weil sie allein ist. Ich zeige sie euch.»

Und sie sahen Mirjana, die weinte.
Bezüglich der Jugendlichen, die den Glauben verraten:

«Ja, es sind viele.»

Hinsichtlich einer Frau, die ihren Mann verlassen will, unter dem sie leidet:

«Sie soll bei ihm bleiben und das Leid annehmen. Auch Jesus hat gelitten.»

Wegen eines kranken Jungen:

«Er leidet an einer sehr schweren Krankheit. Seine Eltern sollen fest glauben und Buße tun; dann wird der Kleine gesund.»

Jakov bittet um das Zeichen.

«Noch ein wenig Geduld!»

Ivan möchte wissen, was im Seminar aus ihm wird.

«Sei ohne Furcht. Ich bin überall und jederzeit bei euch.»

Er fragt, ob die Leute im Dorf fromm sind.

«Eure Pfarrei ist die eifrigste in der Herzegowina geworden. Dort zeichnen sich sehr viele durch ihre Frömmigkeit und ihren Glauben aus.»

Ende August 1981

Die Seher fragen, welches Fasten das beste sei.

«Ein Fasten bei Wasser und Brot.»

Die Gottesmutter wiederholt:

«Ich bin die Königin des Friedens.»

Dienstag, der 1. September 1981

Sie wollen wissen, ob die übliche Festmesse zum Fest der Kreuzeserhöhung auf dem Berg Krizevac gefeiert werden solle.

«Ja, meine Engel.»

Jakov erkundigt sich, ob es wahr sei, daß die Polizei um die Kirche herum Mikrophone eingerichtet hat.

«Nichts dergleichen. Das Volk soll beten und so lange wie möglich in der Kirche bleiben.»

Ivan betet mit Unserer Lieben Frau, damit Jesus ihm in seiner Berufung helfe. Sie sagt:

«Geht im Frieden Gottes. Fürchtet euch nicht. Ich bin bei euch und wache über euch.»

Mittwoch, der 2. September 1981

Vicka befragt die Jungfrau Maria wegen eines jungen Mannes, der sich erhängt hat.

«Satan hat sich seiner bemächtigt. Der junge Mann hätte es nicht tun sollen. Der Teufel trachtet nach der Herrschaft über die Menschen. Er reißt alles an sich, aber die Kraft Gottes ist größer, und Gott wird siegen.»

Ivan möchte wissen, wie es ihm und seinen Freunden im Seminar ergehen werde.

«Ihr seid meine Kinder und werdet es immer sein. Ihr seid den Weg Jesu gegangen. Niemand kann euch daran hindern, den Glauben an Jesus zu verkünden. Man muß fest glauben.»

Donnerstag, der 3. September 1981

Jakov fragt, wann das angekündigte Zeichen eintreffe.

«Noch ein wenig Geduld!»

Freitag, der 4. September 1981

Ivanka und Marija machen sich Sorgen, weil sie nicht genug Zeit zum Beten haben; da sie ein technisches Gymnasium in Mostar besuchen, sind sie nur samstags und sonntags in Medjugorje. Sie wohnen bei Verwandten in Mostar.

«Es genügt, daß ihr betet. Kommt samstags und sonntags hierher. Dann erscheine ich euch allen.»

Ivan fragt, wann Unsere Liebe Frau das Zeichen sende.

«Es wird am Ende der Erscheinung gegeben.»

Ivan möchte wissen, wann.

«Ihr seid ungeduldig, meine Engel. Geh im Frieden Gottes.»

Samstag, der 5. September 1981

Zu Ivan:

«Gottes Segen begleite dich. Amen. Auf Wiedersehen!»

Sonntag, der 6. September 1981

Zu Ivan:

«Bitte besonders sonntags, daß das Zeichen, die Gottesgabe, kommt. Betet inständig und beständig, damit Gott mit seinen großen Kindern Mitleid hat.
Geh in Frieden, mein Engel. Gottes Segen begleite dich. Amen. Auf Wiedersehen!»

Montag, der 7. September 1981

Zu Ivan:

«Bekehrt euch, ihr alle, die ihr noch hier seid. Das Zeichen kommt, wenn ihr euch bekehrt habt.»

Dienstag, der 8. September 1981, Fest Mariä Geburt

«Ich bitte euch nur darum, daß ihr mit Inbrunst betet. Das Gebet muß ein Teil eures Alltags werden, damit der wahre Glaube sich fest in euch verwurzeln kann.»

Jakov beglückwünscht Unsere Liebe Frau zum Geburtstag:

«Das ist ein glücklicher Tag für mich. Was euch betrifft, so haltet fest am Glauben und am Gebet. Fürchtet euch nicht! Bleibt in der Freude, das ist mein Wunsch. Man soll euren Gesichtern die Freude ablesen können. Ich will Bruder Jozo weiterhin beschützen.»

Donnerstag, der 10. September 1981

Ivan berichtet, nachdem Unsere Liebe Frau lange in schönen Gebeten voller Liebe und Herzensfreude gebetet habe, habe sie zu ihm gesagt:

> **«Geh im Frieden Gottes, mein Engel. Amen. Auf Wiedersehen.»**

Sonntag, der 13. September 1981

Die Gottesmutter erscheint nahe bei dem Bild Jesu, nachdem einige Seminaristen gebeichtet haben:

> **«Dort ist euer Vater[1], mein Engel. Geht im Frieden Gottes, meine Engel.»**

Montag, der 14. September 1981

Zu Vicka:

> **«Bleib hier, damit Jakov nicht allein ist. Seid (beide) beharrlich in Geduld. Ihr werdet dafür belohnt werden.»**

Dienstag, der 15. September 1981

> **«Wenn dieses Volk sich nicht bald bekehrt, wird es ihm schlecht ergehen.»**

Mittwoch, der 16. September 1981

> **«Die Miliz wird nicht immer Herr in diesem Dorf bleiben. Ich werde das Zeichen schicken. Geduldet euch noch. Betet nicht für euch selbst. Ihr seid schon belohnt worden. Betet für die anderen.»**

Donnerstag, der 17. September 1981

Wegen eines Kranken:

> **«Er wird bald sterben.»**

Zu den Sehern:

> **«Seid beharrlich, und ihr werdet belohnt werden.»**

Sonntag, der 20. September 1981

Zu Vicka und Jakov:

---

1 *Christus ist unser Bruder, in gewissem Sinne aber auch unser Vater:* Diese Formel haben schon die großen Mystiker verwendet.

«Laßt nicht ab vom Gebet. Ich bitte euch beide, eine Woche bei Wasser und Brot zu fasten.»

Mittwoch, der 30. September 1981

«Stellt keine unnützen Fragen, die von der Neugier kommen. Das Wichtigste ist, zu beten, meine Engel.»

Donnerstag, der 1. Oktober 1981

«Sind alle Religionen gut?»

«Vor Gott sind die Angehörigen aller Religionen gleich. Gott herrscht über jede Religion wie ein Herrscher über sein Reich. In der Welt sind die Religionen jedoch nicht gleich, da die Menschen sich nicht in gleicher Weise den Geboten Gottes unterwerfen. Sie lehnen sie ab und entehren sie.»

«Sind alle Kirchen gleich?»

«In einigen wird mehr zu Gott gebetet, in anderen weniger. Das hängt von den Priestern ab, die die Gebete leiten, und es hängt auch von der Vollmacht ab, die sie haben.»

«Warum erscheinst du uns genauso oft wie anderen, die dem Weg Gottes nicht folgen?» (Das bezieht sich auf andere Erscheinungen in Jugoslawien.)

«Ich erscheine euch oft und überall. Anderen erscheine ich von Zeit zu Zeit und nur kurz; sie folgen dem Weg Gottes noch nicht uneingeschränkt. Sie sind sich über das Geschenk, das ihnen zuteil wird, nicht im klaren. Das verdient natürlich niemand. Auch sie werden mit der Zeit auf den guten Weg gelangen.»

Dienstag, der 6. Oktober 1981

«Die Abendmesse soll von nun an immer beibehalten werden. Die Messe für die Kranken soll an einem festgesetzten Tag gefeiert werden, an dem es am besten paßt. Bruder Tomislav soll mit der Gebetsgruppe anfangen, das ist sehr wichtig! Bruder Tomislav soll inständig beten!»

Mittwoch, der 7. Oktober 1981

«Gibt es außer Jesus noch andere Vermittler zwischen Gott und den Menschen, und welche Rolle spielen sie?»

«Es gibt nur einen Vermittler zwischen Gott und den Menschen, und das ist Jesus Christus.»

Auf Bruder Tomislavs Frage hinsichtlich der Gründung einer Gemeinschaft wie der des heiligen Franziskus von Assisi:

«Gott hat den heiligen Franziskus zu seinem Auserwählten erkoren. Es wäre gut, sein Leben nachzuahmen; doch wir müssen das verstehen und in die Tat umsetzen, was Gott uns zu tun eingibt.»

Donnerstag, der 8. Oktober 1981

Unsere Liebe Frau schalt Marija wegen ihres Fehlens bei der Messe:

«Du hättest besser daran getan, an der Messe teilzunehmen, statt die menschliche Neugier zu befriedigen!»

Samstag, der 10. Oktober 1981

«Es ist eure Aufgabe, zu beten und beharrlich zu sein. Ich habe euch Verheißungen gegeben, seid also unbesorgt.»

«Der Glaube könnte ohne das Gebet nicht lebendig bleiben.»

«Betet mehr!»

Sonntag, der 11. Oktober 1981

Die Seher fragen die Gospa nach einem Mann, der verschwunden ist:

«Tomo Lovric ist tot.»

Montag, der 12. Oktober 1981

«Wo ist das Paradies?»

«Im Himmel.»

«Bist du die Mutter Gottes, und bist du vor oder nach deinem Tod in den Himmel hinaufgegangen?»

«Ich bin die Mutter Gottes und die Königin des Friedens. Ich bin vor dem Tod in den Himmel hinaufgegangen.»

«Wann gibst du uns das Zeichen?»

«Ich werde noch kein Zeichen geben. Ich werde noch weiter erscheinen.»

Samstag, der 17. Oktober 1981

Wegen des Zeichens:

> **«Es ist meine Sache, daß die Verheißung sich erfüllt. Was die Gläubigen betrifft, so sollen sie beten und fest glauben!»**

Montag, der 19. Oktober 1981

> **«Betet für Bruder Jozo und fastet morgen bei Wasser und Brot. Dann sollt ihr eine ganze Woche bei Wasser und Brot fasten. Betet, meine Engel. Jetzt will ich euch Bruder Jozo zeigen.»**

Die Gospa zeigte ihnen in einer Schauung den gefangenen Pater Jozo und bat sie, keine Angst um ihn zu haben, da alles gut ausgehen werde.

Wegen Marinkos, der die Seher beschützt:

> **«Es gibt kaum einen so Getreuen wie ihn. Er hat für Jozo viele Opfer gebracht. Er hat viele Qualen und Leiden erduldet.»**

Und zu Marinko persönlich.

> **«Mach weiter, und lasse dir von niemandem den Glauben nehmen.»**

Dienstag, der 20. Oktober 1981

Vicka bat Unsere Liebe Frau um ein Zeichen, das Pater Jozo während seiner Verurteilung retten sollte! «Schlage jemanden und mache ihn gelähmt», sagte Vicka. Bei diesen Worten lächelte die Gospa, dann sang sie mit den Sehern: «Jesus, in deinem Namen...» Als das Lied zu Ende war, sagte die Gospa wie immer:

> **«Geht im Frieden Gottes.»**

Mittwoch, der 21. Oktober 1981

Vicka ist sehr betroffen von der Entwicklung des Gerichtsverfahrens gegen Pater Jozo, und als sie begreift, daß die Gospa keine Rache vorhat, bittet sie sie inständig einzugreifen, damit die Beteiligten vernünftig würden und unparteiisch seien.

«Wird Pater Jozo verurteilt?»

> **«Das Urteil wird heute abend nicht verkündigt. Fürchtet euch nicht, er wird keine sehr hohe Strafe bekommen.**

Betet nur, denn Jozo bittet euch um nichts anderes als um Gebet und Ausdauer. Fürchtet euch nicht, denn ich bin mit euch.»

Donnerstag, der 22. Oktober 1981

Die Seher erklären der Jungfrau Maria, wie traurig sie wegen Pater Jozos seien.

Die Gospa verlangt dagegen von ihnen, sich zu freuen, denn als Gerechter, der verurteilt wurde, werde er ein schönes Opfer darbringen.

Die Seher möchten wissen, ob das Kreuz auf dem Berg Krizevac aus einem übernatürlichen Grund so weiß sei.

«Ja, das bestätige ich.»

Viele haben gesehen, wie das Kreuz zu leuchten begann und sich dann in die Umrisse der Gottesmutter verwandelte.

«Alle diese Zeichen sind dazu da, euren Glauben zu stärken, bis ich das sichtbare, bleibende Zeichen sende.»

Sonntag, der 25. Oktober 1981

Sie fragen die Jungfrau Maria nach dem großen Licht, das drei junge Mädchen auf dem Heimweg nach der Messe gesehen haben. Im Inneren dieses Lichtes erschienen etwa fünfzig Gestalten.

«Das war eine übernatürliche Erscheinung. Ich war bei den Heiligen.»

Montag, der 26. Oktober 1981

Die Gospa sagt lächelnd:

«Ihr fragt mich gar nicht mehr nach dem Zeichen. Fürchtet euch nicht. Es kommt ganz gewiß. Ich mache meine Verheißungen wahr; was euch angeht, so betet und haltet am Gebet fest.»

Mittwoch, der 28. Oktober 1981

Sie fragen sie, ob sie am Abend zuvor eine halbe Stunde lang auf dem Berg Krizevac erschienen sei.

«Ja, habt ihr mich denn nicht gesehen?»

Und bezüglich des Feuers, das sich nicht verzehrte und von Hunderten von Menschen beobachtet werden konnte:

«Das Feuer, das die Gläubigen sahen, war übernatürlichen Ursprungs. Es ist eins der Vorzeichen für das große Zeichen.»

Donnerstag, der 29. Oktober 1981

Wegen der falschen Gerüchte, die die Kommunisten ausstreuen:

«Ihr, meine Engel, seht euch vor. Genug mit den Lügennachrichten, die verbreitet werden. Gewiß, ich werde barmherzig sein. Habt noch ein wenig Geduld. Betet!»

Freitag, der 30. Oktober 1981

Jakov und Vicka fragen die Jungfrau Maria nach einem versiegelten Umschlag, den ihnen ein Parteimitglied zeigte, um zu sehen, ob sie lesen könnten, was darin geschrieben war; dann wolle man an die Erscheinungen glauben, wie dieser Vertreter der örtlichen Machthaber sagte.

«Antwortet nicht. Da wird euch übel mitgespielt. Es sind schon so viele Falschmeldungen verbreitet worden. Seht euch vor! Fahrt fort zu beten und zu leiden! Ich werde die Macht der Liebe erscheinen lassen.»

Die Seher fragen Unsere Liebe Frau, wann die Weihnachtsmesse gefeiert werden solle.

«Sie soll zu Mitternacht gefeiert werden. Betet!»

Zu Ivanka:

«Bete mehr. Die anderen beten und leiden mehr als du.»

Zu den Sehern:

«Sagt den Jugendlichen, sie sollen sich nicht vom wahren Weg abbringen lassen. Sie sollen ihrem Glauben treu bleiben.»

Ohne Zeitangabe:

Aus Vickas Tagebuch erfahren wir, daß Mirjana in Sarajewo, wo sie eine berufsbildende Schule besuchte, täglich Erscheinungen hatte. Unsere Liebe Frau berät Mirjana wie eine sehr fürsorgliche **Mutter**. Sie sagt ihr, wem sie trauen und wem sie nicht trauen kann und welche Antworten sie denen geben soll, die ihr Vorwürfe machen oder Gott angreifen. Unsere Liebe Frau warnt Mirjana vor einer Klassenkameradin, die sie in die Drogen hineinziehen möchte.

Sie gibt ihr ein, zu antworten, wenn es ihr nützlich erscheint, oder nichts zu sagen, wenn das besser ist.

Samstag, der 31. Oktober 1981

Die Gottesmutter zeigte den fünf Sehern ihre Freude, daß sie zusammengekommen waren; sie sagte ihnen, Pater Jozo werde nicht mehr als vier Jahre im Gefängnis bleiben.

Als Antwort auf die Fragen um Dane Ljole sagte sie:

«Es gibt genug Täuschungen und Falschmeldungen.»

Nachdem Unsere Liebe Frau den Sehern einen Teil des Paradieses gezeigt hat, sagt sie, sie sollten sich nicht fürchten und setzt hinzu:

«Das bekommen alle, die Gott treu sind.»

Oktober 1981

Bezüglich der Streitigkeiten zwischen den Franziskanern und dem Bischof von Mostar:

«Das wird sich klären. Dazu sind Geduld und Gebet nötig.»

Bezüglich Polens:

«Es bahnen sich große Auseinandersetzungen an, aber schließlich werden die Gerechten den Sieg davontragen.»

Und bezüglich Rußlands:

«Das ist das Volk, in dem Gott am höchsten verherrlicht werden wird.»

Bezüglich des Westens:

«Der Westen hat die Zivilisation weit vorangebracht, aber ohne Gott, so als wären sie ihre eigenen Schöpfer.»

Sonntag, der 1. November 1981

«Seid beharrlich. Betet. Viele haben begonnen, sich zu bekehren.»

Montag, der 2. November 1981

Die Seher fragen die Gospa, warum sie ihnen einige Tage zuvor das Paradies gezeigt habe.

> «Ich tat es, damit ihr sehen könntet, welches Glück die
> erwartet, die Gott liebt.»

Am Leib verletzt und mit einer Dornenkrone auf dem Haupt,
erscheint ihnen Jesus.

> «Fürchtet euch nicht. Das ist mein Sohn. Seht, wie er
> gemartert wurde. Trotzdem war er in der Freude und
> ertrug alles in Geduld.»

Darauf sagte Jesus zu ihnen:

> «Seht mich an, wie ich verletzt und gemartert wurde.
> Trotzdem habe ich den Sieg errungen. Seid auch ihr,
> meine Engel, beharrlich im Glauben und betet, damit ihr
> siegt.»

Dienstag, der 3. November 1981

Die Jungfrau Maria stimmt das Lied «Komm, komm zu uns,
Herr» an. Da singen die Seher mit, so wie es sehr regelmäßig der Fall
ist.

> «Ich bin oft auf dem Krizevac unter dem Kreuz, um zu
> beten. Jetzt bitte ich meinen Sohn, er möge der Welt ihre
> Sünden vergeben. Die Welt hat begonnen, sich zu bekeh-
> ren.»

Freitag, der 6. November 1981

Während der Erscheinung hatten einige Seher, darunter auch
Marija, eine schreckliche, furchterregende Schauung der Hölle.
Dann erschien wiederum Unsere Liebe Frau und sagte:

> «Fürchtet euch nicht. Ich habe euch die Hölle gezeigt,
> damit ihr den Zustand derer kennt, die dort sind.»

Sonntag, der 8. November 1981

Unsere Liebe Frau küßt ein Bild Johannes Pauls II.:

> «Er ist euer Vater, der geistliche Vater aller.»

Danach schauen die Kinder Pater Jozo im Gefängnis:

> «Habt ihr gesehen, wie unser Pater Jozo für Gott
> kämpft?»

Montag, der 9. November 1981

Die Behörden verstärken ihren Druck gegen die Erscheinung:

«Habt keine Angst vor der Miliz. Fordert niemanden heraus. Seid zu jedermann höflich.»

Dienstag, der 10. November 1981

«Gebt nicht nach. Bewahrt euren Glauben. Ich werde euch bei jedem Schritt begleiten.»

Freitag, der 13. November 1981

Unsere Liebe Frau zeigte den Sehern wunderbare Landschaften, in denen das Jesuskind spazierenging. Sie konnten es nicht wiedererkennen. Sie sang wieder das Lied, das sie bei der Erscheinung am 3. November 1981 gesungen hatte, und sagte:

«Das ist Jesus. Singt immer, wenn ich komme und gehe: "Komm, komm zu uns, Herr".»

Sonntag, der 15. November 1981

Die in Bruder Jozos Zimmer erwartete Erscheinung findet nicht statt; Unsere Liebe Frau erscheint aber später in der Kirche und sagt, jemand habe in dem Zimmer eine Abhörvorrichtung aufgestellt. Bezüglich der Schwierigkeiten von seiten der Behörden sagt sie:

«Die Welt empfängt zurzeit große Gunsterweise von mir und meinem Sohn. Die Welt soll festes Vertrauen behalten.»

Montag, der 16. November 1981

Weiter zu den Druckmitteln und Falschmeldungen:

«Der Teufel versucht euch zu besiegen. Laßt es nicht zu. Bewahrt den Glauben, fastet und betet. Ich werde bei jedem Schritt mit euch sein.»

Zu Vicka und Jakov:

«Seid vertrauensvoll beharrlich im Gebet und im Glauben.»

Sonntag, der 22. November 1981

Die Gospa erklärt, was das Kreuz, das Herz und die Sonne bedeuten, die die Seher am Ende jeder Erscheinung erblicken:

«Es sind Heilszeichen. Das Kreuz ist das Zeichen der Barmherzigkeit, ebenso das Herz. Die Sonne ist die Lichtquelle, die uns erleuchten soll.»

Wiederum verwandelt sich das Kreuz vom Berg Krizevac in einen leuchtenden Umriß. Die Seher fragen die Gottesmutter, ob sie das sei.

«Warum fragt ihr, meine Engel? Habt ihr mich denn nicht gesehen?»

«Die Welt soll zum Heil finden, solange noch Zeit dazu ist. Sie soll inständig beten. Sie soll den Geist des Glaubens haben.»

Montag, der 23. November 1981

Unsere Liebe Frau ist in dem wunderbaren, strahlenden und funkelnden Licht, das sie umgibt, unbeschreiblich schön. Sie ist von übernatürlicher Schönheit:

«Das Volk hat begonnen, sich zu bekehren. Bewahrt festen Glauben. Ich brauche eure Gebete. Auf Wiedersehen, meine Engel.»

Donnerstag, der 26. November 1981

Die Seher möchten einiges über die Kranken wissen.

«Habt festen Glauben, betet und fastet, und sie werden gesund. Habt Vertrauen und bleibt in der Freude. Geht im Frieden Gottes. Seid geduldig und betet um Heilung. Auf Wiedersehen, meine geliebten Engel.»

Samstag, der 28. November 1981

Alle Seher außer Ivan sind beisammen. Vicka berichtet:
— Wir alle spürten tiefen Frieden in und um uns. Unsere Liebe Frau sah uns voller Liebe und Freundlichkeit an und sagte:

«Ach, wie schön ist es, euch alle miteinander zu sehen! Geht im Frieden Gottes, meine Engel. Auf Wiedersehen!»

Sonntag, der 29. November 1981

«Die Welt muß das Heil erlangen, so lange noch Zeit dazu ist; sie soll mit Nachdruck beten und den Geist des Glaubens bewahren.»

November 1981

Vicka macht deutlich, daß diese Botschaft nicht allein ihnen, sondern der ganzen Welt gilt.

«Der Teufel versucht euch seine Macht aufzuzwingen; aber ihr sollt fest bleiben und beharrlich glauben. Ihr sollt beten und fasten. Ich werde euch immer nah sein.»

Mittwoch, der 2. Dezember 1981

Die Seher fragen die Jungfrau Maria nach einem kranken Jugendlichen, der plötzlich das Gedächtnis verloren hat und sich nichts mehr merken kann.

«Er muß ins Krankenhaus.»

Sie stellen weitere Fragen:

«Man muß nicht nach allem und jedem fragen.»

Donnerstag, der 3. Dezember 1981

«Betet und haltet am Gebet fest!»

Sonntag, der 6. Dezember 1981

«Seid fest und beharrlich.»
«Meine lieben Engel, geht im Frieden Gottes.»

Montag, der 7. Dezember 1981

Unsere Liebe Frau betrachtet die Menschenmenge:

«Die Menschen bekehren sich, das stimmt; aber noch nicht alle.»

Nach einer Erscheinung in Jakovs Haus stand in goldenen Buchstaben an der Wand: *Mir ljudima*, Friede den Menschen.

Dienstag, der 8. Dezember 1981, Fest der Unbefleckten Empfängnis

Unsere Liebe Frau beantwortet die Fragen der Kinder nach ihrer Zukunft:

«Es wäre gut, wenn ihr Priester und Ordensschwestern würdet. Aber nur, wenn ihr selbst es wollt. Ihr seid frei. Ihr müßt es selbst entscheiden.»

«Kommt zu mir, wenn ihr in Schwierigkeiten seid oder etwas braucht.»

«Wenn ihr keine Kraft habt, bei Wasser und Brot zu fasten, könnt ihr auf verschiedene andere Dinge verzichten, denn nach dem Fernsehen seid ihr zerstreut und unfähig zum Gebet. Ihr könnt auf Alkohol verzichten, auf

Zigaretten und andere Vergnügen. Ihr wißt selbst, was ihr tun könnt.»

Die Jungfrau Maria ist sehr ernst, sie kniet nieder und bittet Jesus mit ausgestreckten Händen:

«Mein geliebter Sohn, ich bitte dich inständig, daß du der Welt die schweren Sünden verzeihst, mit denen sie dich beleidigt.»

Mittwoch, der 9. Dezember 1981

Unsere Liebe Frau greift in unser Gebet ein:

«O, mein Sohn Jesus, verzeihe diese Sünden, es sind so viele!»

Wir hielten inne und wurden still:

«Betet weiter, denn das ist das Heil des Volkes!»

Freitag, der 11. Dezember 1981

Vicka bittet die Gospa, über ihre Eltern in Deutschland zu wachen.

«Ich verspreche dir, daß ich sie behüte. Alles geht gut.»

Samstag, der 12. Dezember 1981

Unsere Liebe Frau sagt den Sehern, sie sei froh, daß sie in den Ferien zusammensein werden.

«Bald seid ihr wieder beisammen. Dann könnt ihr alle miteinander sprechen.»

Mittwoch, der 16. Dezember 1981

«Meine Kinder, kniet nieder und betet. Seid beharrlich im Gebet.»

Freitag, der 18. Dezember 1981

Unsere Liebe Frau singt: «Jesus Christus, in deinem Namen» und sagt:

«Kommt, singt doch fröhlicher; warum seid ihr so nachdenklich?»

Dann stimmte sie «Königin des heiligen Rosenkranzes» an, bevor sie wieder ging.

Montag, der 21. Dezember 1981

> «Seht euch vor, meine Kinder.
> Macht euch auf schwierige Tage gefaßt.
> Es werden alle möglichen Leute hierher kommen.»

Donnerstag, der 24. Dezember 1981

> «Feiert die kommenden Tage. Freut euch mit meinem
> Sohn. Liebt euren Nächsten. Laßt Eintracht unter euch
> herrschen.»

Freitag, der 25. Dezember 1981

Die Seher erblicken auf dem Arm der Gottesmutter das Jesuskind:

> «Liebt einander, meine Kinder. Ihr seid Brüder und
> Schwestern. Streitet euch nicht.»
> «Preist Gott, verherrlicht ihn und singt ihm, meine
> Engel.»

Mittwoch, der 30. Dezember 1981

Unsere Liebe Frau singt: «Die Königin des heiligen Rosenkranzes».

Donnerstag, der 31. Dezember 1981

Ivan fragt die Gottesmutter, wie den Priestern geholfen werden könne, die an den Erscheinungen zweifeln.

> «Man muß ihnen sagen, daß ich der Welt schon immer
> Botschaften von Gott übermittelt habe. Es ist sehr
> schade, wenn man nicht daran glaubt. Der Glaube ist
> entscheidend wichtig; aber man kann niemanden zum
> Glauben zwingen. Der Glaube ist die Grundlage, auf der
> alles aufbaut.»

Ivan fragt Unsere Liebe Frau, ob es wirklich sie sei, die am Fuß des Kreuzes erscheine.

> «Ja, das stimmt. Denn ich stehe fast täglich unter dem
> Kreuz. Mein Sohn trug das Kreuz. Er hat am Kreuz ge
> litten und durch das Kreuz die Welt erlöst. Ich bitte mei
> nen Sohn jeden Tag, die Sünden der Welt zu vergeben.»

1981

Vicka erinnert daran, daß Unsere Liebe Frau am Anfang einmal gesagt habe:

«Ihr könnt jetzt gehen, aber laßt den kleinen Jakov bei mir.»

Dann fügt Vicka hinzu, die Jungfrau Maria finde, daß Jakov ein toller Junge sei.

— 1982 —

Januar 1982

Von jetzt an finden die Erscheinung in einer Seitenkapelle rechts vom Altar der Kirche in Medjugorje statt.

Montag, der 11. Januar 1982

«Ich lade euch besonders zur Teilnahme an der Messe ein. Erwartet mich in der Kirche, das ist der richtige Ort.»

Donnerstag, der 14. Januar 1982

An diesem Tag wurden am Ende der Erscheinung zwei der Seher von Unserer Lieben Frau getadelt. Die anderen Seher konnten die Worte der Gottesmutter zwar nicht hören, lasen an den Gesichtern jedoch ab, was da vor sich ging. Die Gescholtenen sagten nachher, daß Unsere Liebe Frau dabei freundlich und achtungsvoll geblieben sei.

Montag, der 18. Januar 1982

Wegen einer Herzkranken:

«Sie hat nur wenig Aussichten. Ich werde für sie beten.»

Mittwoch, der 20. Januar 1982

Die Seher möchten wissen, ob sie mit den Kindern von Izbicno zusammenkommen sollen, die ebenfalls Seher sind. Sie berichten der Gottesmutter, die Kinder sagten, sie habe bei ihnen von diesem Treffen gesprochen.

«Es ist nicht nötig, daß ihr euch begegnet.»

Die Behörden wollen Bruder Tomislav versetzen.

«Wenn es, so wie bei Bruder Jozo, in Gottes Plan liegt, daß er wegkommt, dann soll er sich Gottes Willen überlassen. Er muß viel nachdenken, und ihr sollt für ihn beten.»

Donnerstag, der 21. Januar 1982
Die Seher bitten erneut um das Zeichen.

«Das Zeichen kommt zur gegebenen Zeit.»

Warum gibt es an verschiedenen Orten der Herzegowina Erscheinungen?

«Meine Kinder, seht ihr denn nicht, wie der Glaube schwindet und daß es nötig ist, den Glauben bei den Menschen zu wecken?»

Die Kinder fragen, was für den Frieden unter den Priestern getan werden könne.

«Gebet und Fasten.»

Freitag, der 22. Januar 1982
Zu der Erscheinung in Izbicno:

«Sie kommt von Gott.»

Diese Stadt liegt 60 km von Medjugorje entfernt, und dort versichern achtzehn Personen, zwischen 1982 und 1983 Erscheinungen gehabt zu haben.

Dienstag, der 2. Februar 1982
Die Jungfrau Maria wird gefragt, wann sie das Fest der Königin des Friedens gern gefeiert haben würde. Sie antwortet lächelnd:

«Mir wäre lieb, wenn es am 25. Juni stattfände. An diesem Tag sind die Gläubigen zum ersten Mal auf den Berg gekommen.»

Montag, der 8. Februar 1982
Die Kinder fragen wegen eines Nervenkranken:

«Er soll beten. Ich werde helfen, soweit es in meiner Macht steht.»

Zu einigen Slowenen, die während der Erscheinung beteten:

«Seid beharrlich im Gebet!»

Dienstag, der 9. Februar 1982

> **«Betet für alle Kranken. Glaubt fest. Ich werde helfen, soweit es in meiner Macht steht. Ich will meinen Sohn Jesus bitten, ihnen zu helfen. Das Wichtigste ist jedoch ein unerschütterlicher Glaube. Viele Kranke meinen, es genüge, hierher zu kommen, um sofort geheilt zu werden. Manche von ihnen glauben nicht einmal an Gott und noch weniger an die Erscheinungen, verlangen aber trotzdem Hilfe von der Gospa!»**

Mittwoch, der 10. Februar 1982

Jakov und Vicka stellen Unserer Lieben Frau einige Fragen, und sie antwortet ihnen. Sie berichten, Unsere Liebe Frau habe das Glaubensbekenntnis sehr gern und ziehe es den anderen Gebeten vor. Sie sagen, sie hätten sie nie glücklicher gesehen als bei diesem Gebet. Die Botschaft Unserer Lieben Frau:

> **«Betet, betet. Man muß fest glauben, regelmäßig beichten und auch kommunizieren. Das ist die einzige Rettung.»**

Donnerstag, der 11. Februar 1982

> **«Meine Engel, betet und seid standhaft! Der Feind soll in nichts über euch Macht gewinnen. Seid mutig. Geht im Frieden Gottes, meine Engel. Auf Wiedersehen!»**

Freitag, der 12. Februar 1982

> **«Seid ruhiger und ausgeglichener. Sondert euch nicht von den anderen Kindern ab. Vertragt euch, benehmt euch gut und seid fromm!»**

Wenn die Jungfrau Maria betet, hält sie die Hände gekreuzt, wenn sie spricht, breitet sie sie aus und hebt sie zum Himmel empor.

Samstag, der 13. Februar 1982

Für die bei der Erscheinung anwesenden Seminaristen:

> **«Durch das Gebet erreicht man alles.»**

Sonntag, der 14. Februar 1982

Die Seher sind glücklich, weil vier von ihnen beisammen sind.

«Seid untereinander wie Brüder und Schwestern. Streitet euch nicht.
Den Satan gibt es wirklich. Er will nur zerstören. Was euch betrifft, so betet und seid beharrlich im Gebet. Niemand kann euch etwas anhaben.»

Dienstag, der 16. Februar 1982

Vicka berichtet, sie habe die Jungfrau Maria nie traurig gesehen. Sie lächelt immer, und ihr Gesicht ist stets fröhlich und heiter.

«Satan sagt nur, was ihm paßt, er mischt sich in alles ein. Seid ihr, meine Engel, dazu bereit, alles zu ertragen. Hier wird noch viel geschehen. Laßt euch von ihm nicht überrumpeln.»

Freitag, der 19. Februar 1982

Wenn die Seher «Gegrüßet seist du, Maria» beten, ist die Gottesmutter sehr erfreut und lächelt, betet aber nicht mit.

«Hört bei der heiligen Messe aufmerksam zu. Benehmt euch ordentlich und schwatzt nicht während der heiligen Messe.»

Sonntag, der 21. Februar 1982

«Seid einträchtig, streitet nicht und seid nicht unordentlich. Meine Engel, ich gebe euch Aufmerksamkeit, ich führe euch einen sicheren Weg.»

Dienstag, der 23. Februar 1982

Die Seher fragen, ob ein bestimmter Mensch noch lebe:

«Fragt so etwas nicht mehr! Ich weiß, wie es um jeden Kranken steht. Ich werde ihm helfen, soweit es in meiner Macht steht. Ich will meinen Sohn bitten, über jedem seine Barmherzigkeit walten zu lassen.»

Donnerstag, der 25. Februar 1982

«Seid mutig und standhaft. Habt vor nichts Angst. Betet und achtet nicht auf die anderen.»

Wegen Bruder Jozos:

«Habt keine Angst um ihn.»

Sonntag, der 28. Februar 1982

«Seid Tomislav sehr dankbar; er führt euch so gut. Geht im Frieden Gottes, meine Engel.»

Montag, der 1. März 1982

«Seid alle glücklich, und mein Segen begleite euch auf Schritt und Tritt!»

Die kommunistischen Behörden verstärken den Druck. Sie verbieten jetzt unter anderem die Zusammenkünfte der Gebetsgruppen und verhören die Mitglieder. Dazu sagt die Gottesmutter den Sehern:

«Es ist besser, wegen der Behörden vorerst mit den Gebets- und Meditationstreffen auszusetzen. Nehmt sie später, wenn es möglich ist, wieder auf.»

Dienstag, der 2. März 1982

Unsere Liebe Frau lächelt zu zwei großen Papstbildern, die eine Frau aus Osijek mitgebracht hat, und sagt:

«Dieser ist euer Vater, meine Engel.»

Dann sprach sie das «Vaterunser» und sagte beim Abschied:

«Macht die Türe richtig auf, folgt der Messe andächtig!»
«Geht im Frieden Gottes, meine Engel! Wenn ihr um einer gerechten Sache wegen leidet, wird euch das um so reicheren Segen bringen.»

Donnerstag, der 4. März 1982

Bezüglich einer Frau, die keine Kinder hatte:

«Sie soll fest glauben. Gott, der allen zur Hilfe kommt, wird auch ihr helfen. Seid geduldig, meine Engel, habt vor nichts Angst; ich stehe euch bei und behüte euch. Wenn ihr irgendeine Schwierigkeit habt, dann ruft mich, und ich komme sofort und helfe euch mit meinem Rat, um die Schwierigkeit nach bestem Vermögen zu beseitigen.

Geht in Frieden, meine Engel, auf Wiedersehen!»

Sonntag, der 7. März 1982

Betreffs Ivan im Seminar von Visoko:

«Er betet fleißig, ist gehorsam und folgt meinen Anweisungen.»

Montag, der 8. März 1982

Wegen eines Sechzehnjährigen, der seit einer Woche verschwunden ist:

«Er ist aufgrund vieler Nöte verschwunden. Einen Teil seiner Schwierigkeiten hat er selbst verursacht.»

Dienstag, der 9. März 1982

Bezüglich eines jungen Mannes aus Hadromilje, der von zu Hause verschwunden ist:

«Er hat sehr ernste Schwierigkeiten. Man muß viel für ihn beten, meine Engel. Das Volk beginnt sich richtig zu bekehren. Es wird in Häusern gebetet, in denen das früher nicht mehr üblich war.»

Anfang April 1982

Mirjana fragt die Gottesmutter, ob sie möchte, daß zur Erinnerung an die Erscheinungen ein besonderes Fest gefeiert werde:

«Ich wünsche ein Fest der Königin des Friedens am Jahrestag der ersten Erscheinung, am 25. Juni.»

Sonntag, der 11. April 1982, Ostern

Über die Bedeutung der Gebetsgruppen. Sind sie nötig?

«Sie sind notwendig. Aber nicht nur hier. Gebetsgemeinschaften sind in allen Pfarreien notwendig.»

Mittwoch, der 21. April 1982

Die Seher geben Pater Vlasic eine Zusammenfassung der Botschaft:

«Seid geduldig. Alles entwickelt sich nach Gottes Plan. Seine Verheißungen werden in Erfüllung gehen. Man soll weiter beten, Buße tun und sich bekehren.»

Donnerstag, der 22. April 1982

Betreffs der Lichtzeichen auf dem Berg Krizevac:

«Es sind Zeichen von Gott, keine Naturerscheinungen. Das S und das T sind Heilszeichen.»

Samstag, der 24. April 1982

Was muß getan werden, um mehr Heilungen zu erwirken?

> **«Betet! Betet und glaubt fest. Sprecht die schon geforder-ten Gebete (sieben Vaterunser, Gegrüßet seist du, Maria, Ehre sei dem Vater sowie das Glaubensbekenntnis). Tut mehr Buße.»**

Sonntag, der 2. Mai 1982

> **«Ich bin gekommen, um die Welt zum letzten Mal zur Umkehr zu rufen. Danach werde ich nicht mehr in die Welt kommen.»**

Donnerstag, der 6. Mai 1982

Die Seher fragen, ob sie das Datum des großen Zeichens und dessen Beschreibung notieren und in einen versiegelten Umschlag stecken sollen. Das hatte der Untersuchungsausschuß von ihnen verlangt.

> **«Nein. Ich habe es euch allein anvertraut. Ihr sollt es of-fenbaren, wenn ich es euch sage. Ich weiß, daß viele euch nicht glauben werden, und ihr werdet darunter leiden. Ihr sollt aber alles ertragen, und am Ende werdet ihr überglücklich sein.»**

Donnerstag, der 13. Mai 1982

Ein Jahr nach dem Mordanschlag auf Papst Johannes Paul II.:

> **«Seine Feinde wollten ihn töten, aber ich habe ihn be-schützt.»**

Sommer 1982

Der Pfarrer von Izbicno fragt die Seher, warum es in der Herze-gowina alle diese Zeichen gebe und warum Unsere Liebe Frau an all diesen Orten erscheine.

> **«Gott ist es, der sie gibt. Meine Kinder, habt ihr nicht bemerkt, daß der Glaube schwindet? Zahlreich sind die, die nur aus Gewohnheit zur Kirche gehen. Der Glaube muß neu geweckt werden. Er ist eine Gabe Gottes.»**

> **«Ich werde, wenn nötig, in jedem Haus erscheinen.»**

Bezüglich der Seher von Izbicno:

«Habe ich euch nicht gesagt, ihr sollt nicht zusammen mit diesen Kindern herkommen? Ich bin eure Mutter, ihr sollt mir gehorchen.»

Zu Jakov, der weint, weil Vicka krank ist:

«Das Kreuz ist wegen der Sünde der Welt auch weiterhin notwendig.»

Mittwoch, der 23. Juni 1982

Unsere Liebe Frau beantwortet die durch Vickas Vermittlung von Pater Tomislav gestellten Fragen:

«Das Wichtigste ist, daß ihr, die Seher, beisammen bleibt. Daß unter euch Friede ist. Darauf müßt ihr achten. Seid folgsam und tut, was die Priester und eure Eltern sagen. Geht oft zur heiligen Messe und kommuniziert. Seid in diesen Tagen besonders aufmerksam; es werden viele unredliche Menschen auf euch zukommen, um euch in Versuchung zu führen. Vorsicht bei Erklärungen! Ich erwarte von euch in diesen Tagen besondere Selbstbeherrschung. Reist nicht oft und wahllos umher und trennt euch nicht voneinander.

Viele von denen, die erst begeistert waren, werden sich abkühlen. Ihr aber, seid beharrlich und seid stolz auf jedes meiner Worte. Das Volk soll viel beten. Es soll mehr für das Heil gebetet werden, ausschließlich für das Heil, denn es liegt im Gebet.

Die Menschen sollen sich auch bekehren, solange das noch möglich ist. Es gibt so viele Sünden, Beleidigungen, Flüche, Lügen und Schimpfworte.

Sie sollen sich bekehren, beichten und kommunizieren.

Vor dem ersten Jahrestag der Erscheinungen sollen keine Bücher darüber gedruckt werden, denn das würde unerwünschte Folgen haben.

Ihr habt mich darum gebeten, dieser Pfarrei gute, treue Priester zu bewahren, die das Werk fortsetzen. Fürchtet nichts. Ihr werdet diese Gnade erlangen. Ich verlange von den Priestern nichts anderes, als beharrlich zu beten und zu predigen. Sie sollen geduldig sein und die Verheißungen Gottes erwarten.»

Über die Anzahl der Naturen des Heiligen Geistes:

«Nur eine: die göttliche Natur.»

Werden diese Erscheinungen die letzten auf Erden sein?

«Diese Erscheinungen werden die letzten in der Welt sein.»

Donnerstag, der 24., oder Freitag, der 25. Juni 1982

«Dankt dem Volk in meinem Namen für die Gebete, Opfer und Sühneleistung. Es soll am Gebet, am Fasten und an der Umkehr festhalten und gespannt die Erfüllung meiner Verheißungen erwarten. Alles geht nach Gottes Plan.»

Mittwoch, der 21. Juli 1982

Bezüglich des Fegefeuers:

«Im Fegefeuer sind viele Seelen. Dort sind sogar gottgeweihte Personen: Priester und Nonnen. Betet für ihre Anliegen mindestens sieben Vaterunser, Gegrüßet seist du, Maria, und Ehre sei dem Vater sowie das Glaubensbekenntnis. Ich empfehle es euch. Viele Seelen sind schon lange im Fegefeuer, weil niemand für sie betet.»

Bezüglich des Fastens:

«Am besten wird bei Wasser und Brot gefastet. Durch Fasten und Beten können Kriege beendet und die Naturgesetze aufgehoben werden. Das Fasten kann durch Liebeswerke nicht ersetzt werden. Wer nicht fasten kann, soll es immerhin durch Gebet, Liebeswerke und eine Beichte ersetzen, doch sind außer den Kranken alle zum Fasten aufgerufen.»

Samstag, der 24. Juli 1982

«Wir gehen bei vollem Bewußtsein in den Himmel: bei dem, das wir jetzt haben. Im Augenblick des Todes sind wir uns der Trennung von Leib und Seele bewußt. Es ist falsch, die Leute zu lehren, man werde mehrmals wiedergeboren und in verschiedene Körper eingehen. Man wird nur einmal geboren. Nach dem Tod zerfällt der Leib, der von der Erde genommen wurde. Er wird nie wieder leben.

Der Mensch erhält einen verklärten Leib. Wer im Leben viel Böses getan hat, kann sofort in den Himmel kommen, wenn er beichtet, seine Taten bereut und an seinem Lebensende kommuniziert.»

Sonntag, der 25. Juli 1982

Wegen der Hölle:

Unsere Liebe Frau sagt, die in die Hölle kommen, seien jene, die wegen ihrer sehr schweren Sünden und ihrer Trennung von Gott bereits auf Erden eine Art Hölle erlebten. Nach dem Tod leben sie einfach weiter in der Hölle. Sie gehen aber auch dort hin, weil sie es selbst wollen, es ist ihr eigener Wunsch und ihre Entscheidung. Mirjana erwiderte der Gottesmutter: «Wie kann Gott die Menschen so hart verurteilen?»

Marias Antwort:

«Sieh doch, wie weit das Böse bei den Menschen gehen kann. Dann wirst du nicht mehr sagen, daß Gott hart ist.»

Bezüglich der Heilungen:

«Es ist sehr wichtig, für die Heilung der Kranken die folgenden Gebete zu verrichten: das Glaubensbekenntnis, sieben Vaterunser, Gegrüßet seist du, Maria, und Ehre sei dem Vater, dazu fasten bei Wasser und Brot. Es ist gut, den Kranken die Hände aufzulegen und zu beten. Es ist gut, die Kranken mit heiligem Öl zu salben. Nicht alle Priester haben die Gabe der Heilung. Der Priester soll beharrlich beten und fest glauben, um diese Gabe wiederzuerwecken.»

Freitag, der 6. August 1982, Fest der Verklärung

Bezüglich der Beichte:

«Die Leute sollen jeden Monat beichten gehen, vor allem jeden ersten Samstag. Hierüber habe ich noch nicht gesprochen. Ich habe die Menschen zum häufigen Beichten eingeladen. Ich werde euch noch einige anschauliche Botschaften für unsere Zeit geben. Geduldet euch, denn es ist noch nicht soweit. Tut, was ich euch gesagt habe. Zahlreich sind die, die nicht hören. Das monatliche Beichten wird für die westliche Kirche ein Heilmittel sein. Diese

Botschaft muß an das Abendland weitergegeben werden.»

In dieser Nacht erleuchten zwei Lichtzeichen strahlenförmig das Kreuz auf dem Krizevac und die Kirche. Ivan hatte mit einer Gebetsgruppe auf dem Berg Bijakovici gebetet; vor dem Erscheinen des Zeichens hatte Unsere Liebe Frau gesagt:

«Ich werde euch jetzt ein Zeichen geben, um euren Glauben zu stärken.»

Das Zeichen wurde von mehreren Mitgliedern der Gebetsgruppe beobachtet. ·

Dienstag, der 10. August

Die Gottesmutter erlaubte den Sehern, bestimmte Mitteilungen schriftlich weiterzugeben.

Mittwoch, der 11. August 1982

Die Seher werden von der Gottesmutter wegen ihres schlechten Betragens während der Abendmesse gescholten.

Sonntag, der 15. August 1982

Vicka und Ivanka wurde ein neues Geheimnis anvertraut. Die anderen konnten den Inhalt des Geheimnisses nicht verstehen.

Montag, der 16. August 1982

Unsere Liebe Frau bittet darum, daß in der Kirche mit mehr innerer Ruhe gebetet werde.

Mirjana sagt, sie sehe die himmlischen Personen (Maria und die Engel) dreidimensional, die irdischen jedoch nur zweidimensional wie im Film. So sah sie Pater Jozo und Ivan Ivankovic in ihrem Gefängnis in Foca beziehungsweise in Mostar.

Mittwoch, der 18. August 1982

Bezüglich der Kranken berichtet Mirjana:

«Sie sollen glauben und beten; dem, der nicht betet und sich aufopfert, kann ich nicht helfen. Die Kranken sollen in gleicher Weise wie die Gesunden für die Kranken beten und fasten. Gottes Gnade und Barmherzigkeit sind um so größer, je mehr ihr fest glaubt und in diesem Anliegen betet und fastet.»

Zu der zwischen einer Katholikin und einem Orthodoxen geplanten Hochzeit:

> «In Gottes und meinen Augen ist alles gleich. Für euch ist es aber nicht so, denn ihr seid gespalten. Sie sollte diesen Mann besser nicht heiraten, wenn es möglich ist, denn sie und auch ihre Kinder werden leiden. Sie wird ihrem Glaubensweg nur sehr schwer treu bleiben können.»

Sonntag, der 29. August 1982

Zu den Spaltungen, die die Erscheinungen unter den Priestern in der Herzegowina verursacht haben:

> «Ich habe eure Spaltung nicht gewollt, ich wünsche im Gegenteil eure Einheit. Ihr wißt doch genau, daß ich die Königin des Friedens bin. Wenn ihr einen brauchbaren Rat wollt: Ich bin die Mutter aus dem Volk; ohne Gottes Hilfe kann ich nichts tun. Ich muß genauso beten wie ihr. Aus diesem Grund kann ich euch nichts anderes sagen als: Betet, fastet, tut Buße und helft den Schwachen. Es tut mir leid, wenn meine vorhergehende Antwort euch mißfallen sollte. Vielleicht wollt ihr sie nicht begreifen...»

Dienstag, der 31. August 1982

> «Ich verfüge nicht über alle Gnaden. Ich bekomme von Gott, was ich im Gebet erlangt habe. Gott vertraut mir vollkommen. Ich beschütze besonders die, die mir geweiht sind. Das große Zeichen ist bewilligt. Es wird unabhängig von der Bekehrung der Leute erscheinen.»

Sonntag, der 26. September 1982

Für eine Ordensschwester in Rom:

> «Sie soll die ihr Anvertrauten im Glauben stärken.»

Für die Brüder Faricy und Forrest:

> «Sie sind auf dem guten Weg und sollen daran festhalten.»

Für den Papst:

> «Er soll sich als Vater aller Menschen, und nicht nur der Christen betrachten. Er soll mutig und unermüdlich die Botschaft des Friedens und der Liebe unter allen Menschen verkündigen.»

Freitag, der 1. Oktober 1982

«Ich freue mich, daß ihr mit der Vorbereitung für eine wöchentliche Feier des Sakraments der Versöhnung begonnen habt. Das wird für die ganze Welt gut sein. Haltet am Gebet fest. Das ist der wahre Weg zu meinem Sohn.»

Donnerstag, der 4. November 1982

Bezüglich der Schauung, die jemand in Mostar hatte:

«Es handelt sich um eine echte Schauung. Es waren die Armen Seelen seiner nahen Verwandten im Fegefeuer. Man muß für sie beten.»

Samstag, der 6. November 1982

Mirjana ist erschrocken über das achte Geheimnis und bittet Unsere Liebe Frau um Mitleid mit der Menschheit.

«Ich habe gebetet, die Strafe ist gemildert worden. Beständiges Beten und Fasten besänftigen Gottes Strafen, aber sie lassen sich unmöglich ganz vermeiden. Geh durch die Stadt und zähle diejenigen, die Gott verherrlichen und die, die ihn beleidigen. Gott kann das nicht länger dulden.»

Es muß noch gesagt werden, daß (nach Mirjana) die Seher nicht alle dieselben Geheimnisse erhalten haben.

Montag, der 8. November 1982

Zu der Notwendigkeit, dem Bischof und den Priestern zu schreiben, sie möchten die Gläubigen um verstärktes Beten nachsuchen.

«Es ist besser, noch zu warten, als die Angelegenheit voranzutreiben.»

Montag, der 15. November 1982

Jakov fragt die Gottesmutter, ob Vicka, die krank ist, sich in Zagreb behandeln lassen solle.

«Vicka muß nach Zagreb geschickt werden.»

Samstag, der 18. Dezember 1982

Zu der Antwort des Bischofs von Mostar auf einen Artikel über die Ereignisse von Medjugorje:

«Ja, antwortet darauf!»

Montag, der 20. Dezember 1982

Bezüglich dieses Artikels wollen die Seher weiterhin wissen, ob es nötig sei, den Gläubigen in der Herzegowina darüber eine sachliche Mitteilung zu machen.

«Nein!»

Soll man der Gottesmutter keine Fragen mehr stellen, damit die Seher sich im Gebet mit Maria besser sammeln können?

«Ja, die Kinder sollen lieber mit mir beten, und die Pilger sollen die Priester fragen und mit ihnen zusammen nach Lösungen suchen. Trotzdem will ich die Fragen weiter beantworten, die mir gestellt werden.»

Botschaften, die Mirjana vor dem 26. Dezember 1982 erhalten hat:

Dies ist die Mitteilung, die Mirjana Pater Tomislav Vlasic am 5. November 1982 machte. Er gibt sie am 16. Dezember 1982 an den Papst weiter. Pater Vlasics Brief wurde in dem Buch «Erscheint die Jungfrau Maria in Medjugorje?» (Paris 1984) mit der folgenden Einleitung veröffentlicht:

Wie Mirjana berichtet, vertraute die Madonna ihr am 25. Dezember 1982 das zehnte und letzte Geheimnis an und offenbarte ihr die Zeitpunkte, an denen die Geheimnisse zutage treten würden. In begrenztem Umfang, aber mit mehr Einzelheiten als bei den anderen Sehern offenbarte die Gottesmutter Mirjana einiges aus der Zukunft. Aus diesem Grund wiederhole ich hier, was Mirjana mir bei einer Zusammenkunft am 5. November 1982 berichtete. Ich fasse allerdings nur das Wesentliche ihres Berichts zusammen, ohne ihn wörtlich wiederzugeben. Er lautet:

— Die Welt wird drei Ankündigungen erhalten, bevor das sichtbare Zeichen kommt, das der Menschheit gegeben wird. Sie werden in Form von irdischen Ereignissen erfolgen. Mirjana wird Augenzeugin sein. Zehn Tage vorher soll Mirjana es einem Priester ihrer Wahl ankündigen. Mirjanas Zeugnis soll die Erscheinungen bestätigen und die Welt zur Bekehrung veranlassen.

— Nach den Ankündigungen wird das sichtbare Zeichen am Ort der Erscheinungen von Medjugorje auftreten, damit die ganze Welt es sehen kann. Das Zeichen wird als Beweis für die Erscheinungen gegeben und damit die Menschen wieder zum Glauben kommen.

— Das neunte und zehnte Geheimnis sind ernst. Sie sind eine Strafe für die Sünde der Welt. Diese Strafe ist unumgänglich, weil wir nicht darauf hoffen können, daß die gesamte Welt sich bekehrt. Diese Strafe kann durch Gebet und Buße gemindert, aber nicht gänzlich vermieden werden. Mirjana sagt, daß eines der die Welt bedrohenden Übel, das im siebten Geheimnis verborgene, dank Gebet und Fasten hat verhindert werden können. Darum sporn die Gottesmutter weiterhin zum Beten und Fasten an.

«Ihr habt vergessen, daß ihr durch Gebet und Fasten Kriege verhindern und die Naturgesetze aufheben könnt.»

— Kurz nach der ersten Ankündigung werden die nächsten erfolgen. So werden die Leute Zeit zur Umkehr haben.

— Dieser Aufschub wird eine Zeit der Gnade und der Umkehr sein. Nach dem sichtbaren Zeichen werden die, die noch leben, etwas Zeit haben, sich zu bekehren. Aus diesem Grund fordert die Gottesmutter uns inständig zur Umkehr und Versöhnung auf.

— Die Aufforderung zu Gebet und Buße hat den Zweck, Krieg und Übel zu verhindern und vor allem, Seelen zu retten.

Nach Mirjanas Worten stehen die von der Gottesmutter vorhergesagten Ereignisse kurz bevor. Auf Grund dieses Erlebnisses verkündet Mirjana der Welt:

«Bekehrt euch so schnell wie möglich. Öffnet Gott euer Herz.»

Zusätzlich zu dieser wichtigsten Botschaft berichtet Mirjana über eine Erscheinung, die sie 1982 hatte und die nach unserer Ansicht einige Auskunft über bestimmte Seiten der Kirchengeschichte gibt. Sie spricht von einer Erscheinung, bei der ihr der Satan begegnete. Er forderte sie auf, die Madonna zu verlassen und ihm nachzufolgen. Dadurch würde sie in der Liebe und in ihrem Leben glücklich sein. Er behauptete, der Jungfrau Maria zu folgen würde ihr dagegen nur Leid einbringen. Mirjana stieß ihn von sich, und in demselben Augenblick gab die Gottesmutter ihr die folgende Botschaft:

«Bitte entschuldige mich dafür, aber du mußt wissen, daß es den Satan wirklich gibt. Eines Tages hat er Gott auf seinem Thron um Erlaubnis gebeten, die Kirche für eine gewisse Zeit in Versuchung zu führen. Gott erlaubte ihm, sie ein Jahrhundert lang in Versuchung zu führen. Dieses Jahrhundert steht unter der Macht des Satans; sie wird jedoch zerstört werden, wenn die Geheimnisse, die

euch anvertraut wurden, eingetroffen sind. Schon jetzt beginnt er seine Macht zu verlieren und ist sehr gewalttätig geworden: Er zerstört Ehen, sät Streit unter den Priestern, ruft Wahnsinn und Mordlust hervor. Durch Gebet und Fasten müßt ihr euch dagegen schützen, besonders durch das Beten in Gemeinschaft. Tragt gesegnete Zeichen bei euch. Bringt sie auch in euren Häusern an und gebraucht wieder Weihwasser.»

Freitag, der 24. Dezember 1982

An Mirjana gewandt:

«Zu Weihnachten erscheine ich dir zum letzten Mal.»

Nach dieser Erscheinung sahen die Anwesenden deutlich, daß Mirjana sehr traurig war. Kurze Zeit darauf fragte ihre Mutter sie nach dem Grund. Das ließ Mirjana weinend aus dem Zimmer gehen. Nachdem sie sich wieder beruhigt hatte, kam sie zurück und erklärte, dies sei die vorletzte Erscheinung gewesen. Als Geschenk erschien ihr Unsere Liebe Frau am Weihnachtstag nochmals, würde ihr aber von nun an keine täglichen Erscheinungen mehr gewähren. Mirjana wurde das zehnte Geheimnis gegeben, das von größter Wichtigkeit sein werde. Die Gottesmutter versprach, daß sie ihr ein Leben lang an ihrem Geburtstag am 18. März erscheinen werde.

Samstag, der 25. Dezember 1982

Unsere Liebe Frau erschien Mirjana fünfundvierzig Minuten lang. Mirjana sagt, sie werde sich immer an die folgenden Worte Unserer Lieben Frau erinnern:

«Jetzt sollst du dich im Glauben an Gott wenden, wie alle anderen auch. Ich will dir an deinem Geburtstag erscheinen und wenn du in deinem Leben Schwierigkeiten hast. Mirjana, ich habe dich auserwählt, ich habe dir alles Wesentliche anvertraut. Ich habe dir auch viel Schreckliches gezeigt. Das mußt du jetzt tapfer tragen. Denke an mich und an die Tränen, die ich darum vergießen muß. Du sollst tapfer bleiben. Du hast die Botschaften schnell verstanden. Darum mußt du jetzt verstehen, daß ich wieder gehen muß. Sei tapfer.»

Die folgenden Monate ohne tägliche Erscheinungen waren für Mirjana sehr schwer. Anfangs flehte sie die Gottesmutter an, ihr doch zu erscheinen, immer wieder betete sie, daß Maria käme...

Mirjana sagte zu ihrer Umgebung, sie habe das Schönste in ihrem Leben verloren. Im täglichen Gebet spürte sie die Gegenwart der Gottesmutter manchmal sehr innig, und das half ihr, ohne die Erscheinung zu leben.

Montag, der 27. Dezember 1982

Die Seher fragen, ob sie das neue, im naiven Stil gearbeitete Standbild, die Königin des Friedens, in der Kirche aufstellen dürften:

«Ja, das könnt ihr tun.»

Dieses Standbild war von dem Bildhauer Vipotnik hergestellt und von Luka Stojanac und Florijan Mickovic bemalt worden. Luka ist orthodox, und die Arbeit an diesem Bildnis war ein Segen für ihn.

Freitag, der 31. Dezember 1982

Die Jungfrau Maria gab zum Neuen Jahr die folgende Botschaft:

«Betet soviel ihr könnt und fastet! Ihr sollt im Gebet und Fasten beharrlich sein.»
«Ich wünsche, daß das neue Jahr im Gebet und Buße verläuft. Haltet an Gebet und Opfern fest. Ich aber will euch beschützen und eure Gebete erhören.»

— 1983 —

Samstag, der 1. Januar 1983, Fest der heiligen Maria, der Mutter Gottes

Ivanka möchte wissen, ob die Jungfrau Maria Mirjana noch erscheint.

«Seit Weihnachten erscheine ich ihr vorläufig nicht.»

Mittwoch, der 5. Januar 1983

Pater Tomislav erhielt von Ivan, Jakov, Marija und Vicka die folgenden Angaben: Marija hat sieben Geheimnisse bekommen, Vicka acht, Jakov, Ivanka und Ivan neun, Mirjana zehn. Sie wissen nicht, wie lange die Erscheinungen noch dauern und warum Mirjana keine Erscheinungen mehr hat. Die Jungfrau Maria lädt sie unablässig zu Gebet, Fasten und Umkehr ein und bestätigt ihre Verheißungen. Ivan meint, daß für Mirjana die Erscheinungen aufgehört hätten, weil sie in der Zeit zwischen den Erscheinungen nicht genug gebetet habe. Die Gospa wünsche, daß Mirjana im Glauben beten lernen solle. (Eine andere Erklärung meint dagegen, das Ende der Erscheinungen für sie sei ein Zeichen ihrer Reife.)

Hinsichtlich des Monats und des Jahres des Zeichens hatte Ivan gesagt, es sei schon festgesetzt.

Freitag, der 7. Januar 1983

Die Jungfrau Maria erzählt den Sehern ihr Leben; sie dürfen es aufschreiben, aber nicht ohne ihre Erlaubnis veröffentlichen. Dieser Bericht erstreckte sich für Jakov bis in den April, für Ivanka bis zum 22. Mai und für Marija bis zum 17. Juli. Da Marija in Mostar die Schule besuchte, bekam sie nur eine Zusammenfassung des Berichts, wenn sie in Medjugorje war. Für Vicka dauerte der Bericht bis zum 10. April 1985. Sie schrieb drei Notizhefte damit voll.

Montag, der 10. Januar 1983

Mirjana traf Bruder Tomislav: «In den anderthalb Jahren, in denen ich die Gottesmutter gesehen habe, sind wir sehr vertraut miteinander geworden. Ich spürte ihre mütterliche Liebe und konnte sie die verschiedensten Dinge fragen.» So hat sie sie einmal gefragt, wie Gott mit den Sündern so unbarmherzig sein und sie in die Hölle bringen könne.

«Die Menschen, die in die Hölle kommen, wollen von Gott nicht die kleinste Wohltat mehr erhalten. Sie bereuen nicht und hören nicht auf zu fluchen und zu lästern. Sie sind zu einem Leben in der Hölle entschlossen und beabsichtigen durchaus nicht, sie zu verlassen.»

Über das Fegefeuer sagte sie:

«Es gibt verschiedene Stufen. Die untersten sind nahe bei der Hölle, die obersten kommen dem Himmel immer näher. Nicht am Allerseelenfest, sondern an Weihnachten verläßt die größte Anzahl Seelen das Fegefeuer. Im Fegefeuer sind Seelen, die inständig zu Gott beten, für die aber kein Verwandter oder Freund auf der Erde mehr betet. Gott läßt ihnen die Gebete anderer Menschen zugute kommen. Es kommt vor, daß Gott ihnen erlaubt, sich in verschiedenen Weisen bei ihren Angehörigen auf der Erde zu zeigen, um die Menschen an das Vorhandensein des Fegefeuers zu erinnern und sie um Gebete zu Gott zu bitten, der gerecht und gütig ist. Die meisten Menschen

kommen ins Fegefeuer, viele gehen in die Hölle; einige wenige kommen sofort in den Himmel.»

Mittwoch, der 12. Januar 1983

Eine amerikanische Filmmannschaft war gekommen und filmte die Ereignisse von Medjugorje. Pater John Bertolucci war der Berichterstatter. Die Sendung hieß: «Die Ehre Gottes». Wegen der Polizei und des damals herrschenden Drucks machten sie sich Sorgen, ob sie den Film aus dem Land hinausbringen könnten. Sie waren aber entzückt und beruhigt, als Unsere Liebe Frau in ihrer Antwort den Filmtitel benutzte:

«Es wird schwierig, aber zur Ehre Gottes wird es geschehen.»

Der Film konnte schließlich doch nicht aus dem Land gebracht werden.

Donnerstag, der 21. April 1983

Zu den Sehern und besonders zu Jakov wegen seines Betragens in der Messe und seines Verhaltens den anderen gegenüber:

«Ihr (Seher) sollt euch ordentlich benehmen, fromm sein und den Gläubigen ein gutes Beispiel geben.»

Sonntag, der 24. April 1983

Botschaft an einen italienischen Arzt:

«Ich segne ihn und seine Mitarbeiter in dem Mailänder Krankenhaus für alles, was sie tun. Sie sollen so weitermachen und beten. Ich segne die Kranken in diesem Krankenhaus sowie alle, für die ihr heute abend gebetet habt oder für die ihr noch beten werdet.»

Mittwoch, der 1. Juni 1983

«Liebe Kinder, ich habe gehofft, daß die Welt von selbst beginnen würde, sich zu bekehren. Tut jetzt alles, was euch möglich ist, damit die Welt sich bekehren kann.»

Donnerstag, der 2. Juni 1983

«Lest, was über Jesus geschrieben steht. Denkt darüber nach und gebt es den anderen weiter.»

Freitag, der 3. Juni 1983

Bezüglich Pater Vlasics Gründung einer Gebetsgruppe. Hat er es richtig angefangen?

«Ja, es ist gut so. Er soll weitermachen.»

Was kann getan werden, damit die Priester der Pfarrei, die mit Glauben und Liebe arbeiten, nicht von den Behörden hinausgeworfen werden?

«Betet und fastet in diesem Anliegen. Zur gegebener Zeit sage ich euch dann, was zu tun ist.»

Soll Pater Tomislav die Gemeinde bitten, zu beten und zu fasten, damit die Kirche die übernatürlichen Ereignisse von Medjugorje anerkennt?

«Ja, das ist der richtige Weg. Die Pfarrei soll um diese Gabe bitten. Sie soll auch um die Gabe des Heiligen Geistes beten, damit alle, die hierherkommen, Gottes Gegenwart spüren.»

Sonntag, der 12. Juni 1983

Können die Franziskaner mit den Arbeiten um die Kirche beginnen, oder sollen sie die Behörden vorher um Genehmigung bitten?

«Sie sollen nicht anfangen, bevor sie nicht mit den Behörden gesprochen haben. Sonst würde man es ihnen hinterbringen, und die Arbeiten würden verboten werden. Geht und bittet höflich um Genehmigung. Sie wird euch erteilt.»

Dienstag, der 14. Juni 1983

«Worüber sollen die Priester nach deinem Wunsch in den zehn Tagen vor dem Jahrestag der ersten Erscheinungen predigen?»

«Sie sollen tun, was ihnen am besten erscheint. Es wäre gut, die Gläubigen an all das zu erinnern, was sich hier im Zusammenhang mit meinem Kommen abgespielt hat. Sie sollen an die Gründe meines Kommens an diesen Ort erinnert werden.»

Frühling 1983

«Bekehrt euch schneller. Wartet nicht erst auf das Zeichen für die, die nicht glauben. Dann wäre es zu spät. Ihr, die ihr glaubt, bekehrt euch und vertieft euren Glauben.»

Freitag, der 24. Juni 1983

«Das Zeichen wird eintreffen; darum sollt ihr euch jetzt nicht kümmern. Ich möchte euch nur das eine sagen, bekehrt euch! Teilt das allen meinen Kindern so schnell wie möglich mit. Mir ist keine Mühe und kein Leiden zu viel, um euch zu retten. Ich will meinen Sohn bitten, daß er die Welt nicht strafen möge, euch aber flehe ich an: Bekehrt euch! Ihr könnt euch nicht vorstellen, was geschehen wird oder was der Ewige Vater auf die Erde schicken wird. Darum bekehrt euch! Widersagt allem, tut Buße. Sagt allen meinen Kindern, die gebetet und gefastet haben, meinen Dank. Alles das bringe ich zu meinem göttlichen Sohn, um damit eine Milderung seiner Gerechtigkeit gegen die Sünden der Menschheit zu erreichen.»
«Ich danke denen, die gebetet und gefastet haben. Seid standhaft und helft mir dabei, die Welt zu bekehren.»

Sonntag, der 26. Juni 1983

«Liebt eure Feinde. Betet für sie und segnet sie.»

Freitag, der 1. Juli 1983, gegen 23 Uhr auf dem Berg Krizevac

«Ich danke denen, die meinem Ruf gefolgt sind. Ich segne euch alle. Ich segne jeden einzelnen. Ich bitte euch, in diesen Tagen in meinen Anliegen zu beten. Geht im Frieden Gottes.»

Anfang Juli 1983

Bezüglich der Schwierigkeiten mit dem Bischof von Mostar:

«Fastet zwei Tage in der Woche in dem Anliegen des Bischofs, der eine schwere Last zu tragen hat. Ich werde, wenn nötig, auch um einen dritten Tag bitten. Betet täglich für den Bischof.»

Dienstag, der 26. Juli 1983

Zu Marija:

«Liebe Kinder, ich möchte euch heute zum ständigen Gebet und zur ständigen Buße einladen. Und ganz besonders dazu, daß die Jugendlichen dieser Pfarrei eifriger beten.»

Samstag, der 6. August 1983

Jakov fragt die Gospa wegen des bischöflichen Befehls, die Seher nicht mit den Rosenkranzgebeten beginnen zu lassen:

«Wenn es so ist, dann geht nicht hin, um keinen Streit heraufzubeschwören. Sprecht, wenn möglich, morgen miteinander darüber. Werdet euch alle vorher darin einig.»

Freitag, der 12. August 1983

Diese Erscheinung dauerte ungefähr achtunddreißig Minuten.

«Betet mehr für euer geistliches Leben. Strengt euch in dieser Hinsicht mehr an. Betet für euren Bischof.»

Dienstag, der 23. August 1983

Im Hinblick auf die kanadischen Priester, Pater Emiliano Tardif, der einen bedeutenden Krankengebetsdienst eingeführt hat, und Pater Pierre Rancourt sowie Dr. Philippe Madre, Diakon in der Gemeinschaft der Seligpreisungen:

«Ich selbst habe jeden von euch hierher gebeten, denn ich brauche euch, um meine Botschaften der ganzen Welt zu übermitteln.»

Donnerstag, der 25. August 1983

Bezüglich der Verhaftung Pater Tardifs, Pater Rancourts und Dr. Philippe Madres durch die jugoslawischen Behörden:

«Beunruhigt euch ihretwegen nicht. Alles das liegt in Gottes Plan.»

Montag, der 29. August 1983

Bezüglich einer Jugendgruppe vor ihrem Aufbruch zur Wallfahrt von Siroki Brijeg:

«Ich wünsche, daß ihr auf dem ganzen Weg betet und Gott verherrlicht. Dort unten werdet ihr anderen Ju-

gendlichen begegnen. Überbringt ihnen die Botschaften, die ich euch gegeben habe. Schämt euch nicht, ihnen davon zu erzählen. Einige werden anfangen zu beten und zu fasten, wie sie angewiesen wurden. Sie lassen darin aber schnell nach und verlieren so die Gnaden, die sie schon empfangen haben.»

Montag, der 5. September 1983

Zum Tod von Jakovs Mutter:

«Deine Mutter ist bei mir im Himmel.»

Montag, der 12. September 1983

«Betet. Begnügt euch nicht damit, diese Botschaft zu hören, wenn ich sie euch gebe. Vertieft euer Gebet und erkennt, wie glücklich euch das macht. Euch stehen alle Gnaden zur Verfügung; es hängt nur von euch ab, sie zu erlangen. Darum sage ich euch noch einmal: Betet!»

Montag, der 26. September 1983

Zu Jakov:

«Mein Sohn leidet sehr, denn die Welt bekehrt sich nicht. Die Welt soll sich bekehren, und man soll Frieden machen.»

Samstag, der 15. Oktober 1983

«Mein Sohn leidet sehr, weil die Menschen sich nicht versöhnen wollen. Sie haben nicht auf mich gehört. Bekehrt euch. Versöhnt euch.»

Freitag, der 21. Oktober 1983

«Es ist wichtig, um den Heiligen Geist zu beten, daß er auf euch herabkommt. Wenn man ihn hat, hat man alles. Die Leute täuschen sich, wenn sie sich einzig und allein an die Heiligen wenden, um etwas zu erbitten.»

Advent:

«Beginnt den Heiligen Geist täglich anzurufen. Das Wichtigste ist, den Heiligen Geist zu bitten. Wenn der Heilige Geist auf die Erde herabkommt, wird alles klar, und alles verwandelt sich.»

Samstag, der 26. November 1983

Unsere Liebe Frau erwidert auf eine Frage:

> **«Beten und Fasten.»**

Mittwoch, der 30. November 1983

Zu Marija für einen Priester:

> **«Du sollst umgehend den Bischof und den Papst über die Dringlichkeit und die große Bedeutung der Botschaft für die ganze Menschheit unterrichten.»**

> **«Ich habe schon oft gesagt, daß der Weltfriede in Gefahr ist. Werdet einander zu Brüdern; betet und fastet mehr, damit ihr gerettet werdet.»**

Montag, der 26. Dezember 1983

Ivan hinsichtlich einer Frage von René Laurentin:

> **«Unsere Liebe Frau betet dafür. Der sich mit dieser Angelegenheit befaßt, soll es im Gebet tun. Dadurch bekommt er die rechte Eingebung.»**

Verschiedene Botschaften vom Jahre 1983

> **«Ich weiß, daß euch viele nicht glauben werden und daß viele, die begeistert glauben, sich wieder abkühlen werden. Ihr aber, bleibt fest und drängt die Menschen zu inständigem Beten, zur Buße und Umkehr. Ihr werdet schließlich überglücklich sein.»**

Zu den Sehern:

> **«Wenn ihr Schwierigkeiten habt und etwas braucht, dann kommt zu mir.»**

Bezüglich der Heilungen:

> **«Ich selbst kann nicht heilen. Gott allein heilt. Betet. Ich werde mit euch beten. Glaubt fest. Fastet, tut Buße. Ich will euch helfen, so weit es in meiner Macht steht. Gott kommt allen zu Hilfe. Ich bin nicht Gott. Ich brauche eure Opfer und Gebete, die mir helfen.»**

Hinsichtlich des Glaubens:

> **«Ohne das Gebet kann der Glaube nicht lebendig sein.»**

Was die Messe angeht:

«Die Messe ist das größte Gebet zu Gott. Nie werdet ihr ihren Wert begreifen. Darum sollt ihr vollkommen und demütig sein und euch darauf vorbereiten.»

An einen Priester auf seine Frage, ob man besser zu Maria oder zu Jesus beten solle:

«Ich bitte euch inständig, betet zu Jesus. Ich bin seine Mutter und trete mit ihm zusammen für euch ein. Aber alle Gebete richten sich an Jesus. Ich will helfen, ich will beten, aber das alles hängt nicht allein von mir ab, sondern auch von eurer Kraft, von der Kraft der Beter.»

Bezüglich der Armen Seelen im Fegefeuer:

«Diese Personen warten auf eure Gebete und Opfer.»

Zu anderen Themen:

«Das schönste Gebet ist das Glaubensbekenntnis.» «Das Wichtigste ist, zu glauben.» «Alle Gebete sind gut, wenn sie gläubig gesprochen werden.» «Mein Sohn will alle Seelen für sich gewinnen, doch der Teufel bemüht sich, etwas abzubekommen. Der Teufel strengt sich an, um jeden Preis heimlich bei euch einzudringen.»

— 1984 —

Januar 1984

Zu den Pilgern:

«Ihr sollt euch nicht mit dem Fotografieren beschäftigen, wenn ihr im Raum der Erscheinungen oder in der Kirche seid; ihr solltet die Zeit vielmehr dazu gebrauchen, zu Jesus zu beten, vor allem in den Augenblicken besonderer Gnade, während der Erscheinungen.»

Sonntag, der 8. Januar 1984

«Meine Kinder, betet! Ich wiederhole: Betet! Und ich sage es noch einmal. Glaubt nicht, daß Jesus sich noch einmal in der Krippe zeigen wird, er wird in euren Herzen geboren.»

Fastenzeit 1984

«Fürchtet nichts für euch selbst, die ihr schon erlöst seid.
Betet vielmehr für die, die in der Sünde leben und nicht
glauben.»

Am 1. März begann Unsere Liebe Frau, Marija Pavlovic wöchentlich eine Botschaft für die Pfarrei und alle, die auf dem Weg
der Heiligkeit gehen wollen, zu geben. (Siehe das Kapitel über die
wöchentlichen Botschaften.)

Donnerstag, der 1. März 1984

«Am Donnerstag (dem Tag der Eucharistie) möge jeder
selbst bestimmen, wie er fasten kann. Wer raucht, soll
nicht rauchen, wer Alkohol trinkt, soll nicht trinken. Jeder möge auf etwas verzichten, das ihm lieb ist. Diese
Empfehlungen sollen der Pfarrei bekanntgeben werden.»

Mittwoch, der 14. März 1984

«Betet und fastet, damit das Reich Gottes zu euch
kommt. Mein Sohn möge euch mit seinem Feuer ent-
flammen.»

Montag, der 19. März 1984

«Liebe Kinder, fühlt mit mir! Betet, betet, betet!»

Sonntag, der 25. März 1984, Fest der Verkündigung des Herrn

«Freut euch mit mir und meinen Engeln, weil sich ein
Teil meines Planes bereits erfüllt hat. Viele haben sich
bekehrt, viele wollen sich jedoch nicht bekehren. Betet!»

Dies war die tausendste Erscheinung in Medjugorje, und nach
den obigen Worten schaute die Gottesmutter die anwesenden Seher
an und weinte.

Mittwoch, der 28. März 1984

«Viele kommen als Neugierige hierher, und nicht als
Pilger.»

Freitag, der 30. März 1984

«Ich wünsche, daß ihr euer Herz mit dem meinen vereinigt, so wie mein Herz mit dem Herzen Jesu vereinigt
ist.»

Donnerstag, der 5. April

> «Wenn ihr im Glauben stark wäret, könnte der Satan nichts gegen euch ausrichten. Fangt an, auf dem Weg meiner Botschaften zu gehen. Bekehrt euch, bekehrt euch! Bekehrt euch!»

Sonntag, der 8. April 1984

> «Ich bitte euch, für die Bekehrung aller Menschen zu beten. Dazu brauche ich Gebete.»

Sonntag, der 22. April 1984, Ostern

> «Wir sind alle froh im Himmel. Freut euch mit uns.»

Montag, der 23. April 1984

Zu den Priestern von Medjugorje:

> «Es ist nicht nötig, den Leuten Empfehlungen zu geben; sie wissen selbst, was sie tun sollen.»

Dienstag, der 24. April 1984

Unsere Liebe Frau war sehr traurig. Sie sagte unter Tränen:

> «Zu viele Menschen, die hier begonnen hatten, zu beten, umzukehren, zu fasten und Buße zu tun, vergessen es schnell wieder, wenn sie nach Hause kommen, und fallen in ihre schlechten Angewohnheiten zurück.»

Zu den Priestern von Medjugorje:

> «Es reicht nun mit den Empfehlungen. Die Leute wissen genug darüber. Sagt ihnen: Dies ist ein Ort des Gebetes. Betet so viel ihr könnt. Betet, wie ihr könnt, aber betet immer mehr. Jeder von euch könnte sogar vier Stunden täglich beten. Aber ich weiß, daß viele das nicht verstehen, weil sie nur daran denken, von der Arbeit zu leben.»

Pater Vlasic fragt Unsere Liebe Frau, ob die Bitte, vier Stunden täglich zu beten, die Leute nicht entmutigen werde. Sie erwiderte ihm:

> «Sogar du begreifst es nicht! Das ist doch gerade nur ein Sechstel eures Tages.»

Mittwoch, der 13. Juni 1984

«Liebe Kinder, ich bitte euch, betet bis zum Jahrestag noch mehr, ihr und die ganze Pfarrei. Möge euer Gebet ein Zeichen des Opfers für Gott sein. Liebe Kinder, ich weiß, daß ihr alle sehr erschöpft seid. Ihr könnt euch mir nicht richtig aufopfern. Opfert euch mir in diesen Tagen vollkommen auf.»

Sonntag, der 24. Juni 1984, Fronleichnamsfest,
der dritte Jahrestag der Erscheinungen

«Meine Kinder, ich danke euch für jedes Opfer, das ihr in diesen Tagen gebracht habt. Bekehrt euch, vergebt einander, fastet und betet, betet, betet!»

Montag, der 25. Juni 1984

«Danke für alle eure Opfer.»

Dienstag, der 26. Juni 1984

«Wenn ich sage: "Betet, betet, betet!", will ich damit nicht nur die Stundenzahl eures Betens erhöhen, sondern auch eure Sehnsucht nach dem Gebet und der Begegnung mit Gott verstärken. Ich will euch ständig in einen geistigen Zustand versetzen, der vom Gebet durchdrungen ist.»

Montag, der 16. Juli 1984

«Ich bete für die Brüder und Pfarreiangehörigen, daß niemand sich beunruhige. Ich weiß um die Veränderungen, die hier (bei den Geistlichen der Pfarrei) bald eintreten werden. Ich werde da sein, wenn sie eintreten, darum seid ohne Furcht. Es wird zukünftig Zeichen für Sünder, Ungläubige, Trinker und Jugendliche geben; sie werden mich von neuem annehmen.»

Freitag, der 20. Juli 1984

Unsere Liebe Frau erscheint vorzeitig auf dem Erscheinungsberg:

«Öffnet mir euer Herz, kommt näher. Sprecht eure Anliegen und Gebete laut.»

Die Gospa hörte den Gebeten der Seher sehr aufmerksam zu. Als sie für den Bischof von Mostar beteten, füllten sich ihre Augen mit Tränen, und sie sagte weinend:

«Ihr seid meine kleinen Blumen. Betet weiter, das erleichtert meine Aufgabe.»

Dann segnete sie die Seher und die Pilger mit einem Kruzifix und verschwand weinend im Himmel.

Sonntag, der 5. August 1984, der zweitausendste Geburtstag der Gottesmutter

Unsere Liebe Frau sagte zu Vicka, Marija und Jelena, ihr wahrer Geburtstag sei der 5. August. Im Hinblick auf diesen Tag hatte die Jungfrau Maria gesagt:

«Die Priester, die die Beichte hören, werden an dem Tag große Freuden empfangen.»

In den drei Tagen vor Marias zweitausendstem Geburtstag wurde ständig gefastet und gebetet. Siebzig Priester hörten pausenlos Beichte, und sehr viele Menschen wurden bekehrt.

«In meinem ganzen Leben habe ich vor Schmerz nicht so geweint, wie ich heute abend vor Freude weine. Danke!»

Die Seher berichteten, daß Unsere Liebe Frau in diesen drei Tagen des ständigen Betens und Fastens sehr froh war und mehrmals wiederholte:

«Ich bin sehr glücklich. Betet und fastet weiter.»

Später sagten die dort anwesenden Priester, sie seien nie im Leben so glücklich im Herzen gewesen.

Montag, der 6. August 1984

«Macht weiter und macht mich jeden Tag glücklich.»

Samstag, der 11. August 1984

«Liebe Kinder, betet, weil der Satan unaufhörlich meine Pläne zu durchkreuzen versucht. Betet aus vollem Herzen. Gebt euch im Gebet Jesus hin.»

Samstag, der 25. August 1984

Zu Mirjana:

«Erwarte mich am 13. September; ich will dir etwas über die Zukunft sagen.»

Freitag, der 31. August 1984

«Ich liebe besonders das Kreuz, das ihr durch die Vorsehung auf dem Berg Krizevac errichtet habt. Geht öfter hin und betet.»

Montag, der 8. Oktober 1984

Die Gottesmutter erschien Jakov bei ihm zu Hause, da er krank war:

«Lieber Sohn, widmet alle Gebete, die ihr abends hier im Hause sprecht, der Umkehr der Sünder; denn die Welt steckt in großer Sünde. Betet jeden Abend den Rosenkranz.»

Samstag, der 13. Oktober 1984

Zur Marianischen Priesterbewegung:

«Eine Botschaft an euch und alle, die mich lieben. Liebe Söhne, betet ohne Unterlaß und bittet den Heiligen Geist immer um seine Eingebungen. Sucht in allem, was ihr erbittet und tut, allein den Willen Gottes.»

«Lebt nach eurer Überzeugung und achtet die anderen.»

Samstag, der 20. Oktober 1984

«Wenn ihr betet, sollt ihr mehr beten. Gebet ist Gespräch mit Gott. Beten heißt, auf Gott hören. Das Gebet nützt mir, weil danach alles klar ist. Durch Beten lernt man das Glück kennen. Das Gebet will euch lehren zu weinen. Das Gebet will euch lehren aufzublühen. Das Gebet ist kein Spaß. Beten heißt, mit Gott sprechen.»

Mittwoch, der 24. Oktober 1984, um 22 Uhr auf dem Berg Krizevac

«Meine lieben Kinder, ich bin glücklich darüber, euch beten zu sehen. Bittet mit mir, daß sich dank eurer und meiner Gebete der Plan Gottes verwirklicht. Betet mehr und inniger.»

Oktober 1984

«Ich würde euch gerne geistlich führen, könnte euch aber nicht helfen, wenn ihr nicht offen seid. Denkt zum Beispiel daran, wo ihr gestern während der Messe mit euren Gedanken wart! Wenn ihr in die Messe geht, sollte euch der ganze Weg zur Vorbereitung auf die Messe dienen. Außerdem sollt ihr die Kommunion mit offenem, reinem

Herzen empfangen... Herzensreinheit und Offenheit! Geht nicht aus der Kirche, ohne in rechter Weise Dank gesagt zu haben. Ich kann euch nur helfen, wenn ihr meine Vorschläge befolgt. Wenn ihr nicht offen seid, kann ich euch nicht helfen.»

«Das Wichtigste im geistlichen Leben ist die Bitte um die Gabe des Heiligen Geistes. Wenn der Heilige Geist kommt, kommt Ruhe. Sobald das geschieht, verändert sich alles um euch herum. Dann ändern sich die Dinge.»

Montag, der 17. Dezember 1984

Zu Monsignore Franic, dem Erzbischof von Split:

«Sie werden noch mehr zu leiden haben.»

Freitag, der 21. Dezember 1984

«Liebe Kinder, ich hätte es gerne, wenn ihr alle wie eine Blume wäret, die zu Weihnachten für Jesus aufblühte. Eine Blume, die nach Weihnachten weiterblühen würde. Seid die guten Hirten Jesu.»

Dienstag, der 25. Dezember 1984

Unsere Liebe Frau gab zwar keine Botschaft, erschien aber mit dem Jesuskind auf dem Arm.

Verschiedene Botschaften vom Jahre 1984

Als Antwort auf eine Frage nach den östlichen Meditationsmethoden wie die Transzendentale Meditation:

«Warum nennt ihr sie "Meditationen", wo es sich doch um Menschenwerk handelt? Wahre Meditation ist eine Begegnung mit Jesus, wenn ihr die Freude und den inneren Frieden entdeckt. Ihr sollt wissen, daß es nur einen Gott gibt und nur einen einzigen Mittler, Jesus Christus.»

Hinsichtlich des Gebets:

«Eure Tage sind voneinander verschieden, je nachdem ob ihr betet, oder nicht.»

Verschiedene Botschaften vom Jahre 1984 und 1985

Mirjana berichtet:

> **«Sagt den Gläubigen, daß ich ihre Gebete und die Gebete des ganzen Volkes brauche. Man muß so viel wie möglich beten und Buße tun, weil sich bis jetzt noch viel zu wenig bekehrt haben. Viele Christen leben wie Heiden. Es gibt immer noch zu wenig wahre Gläubige.»**

Zu Priestern, die wissen wollen, was sie tun sollen:

> **«Erfüllen Sie Ihre Pflicht und tun Sie, was die Kirche von Ihnen verlangt.»**

Marija warf Jakov sein Verhalten gegenüber seinen Mitschülern vor:

> **«Du sollst sie alle lieben.»**

«Ich liebe sie alle; aber sie sind so albern.»

> **«So nimm das wie ein Opfer an und opfere es auf.»**

Marija spricht mit einer Gruppe Seminaristen aus Zagreb und Djakovo, die eine Erscheinung miterlebt haben:

> **«Sage ihnen, daß man mit Gebet alles erreicht.»**

Marija fragt die Jungfrau Maria, warum sie eine junge Ordensschwester mit offenen Armen empfangen habe, während sie bei den anderen ihre Arme geschlossen halte.

> **«Die ich mit offenen Armen empfange, werde ich bald zu mir nehmen.»**

Zu einer Ordensschwester, deren Bruder tödlich verunglückt war:

> **«Ich habe die Frage verstanden. Er starb im Stand der Gnade. Er braucht jetzt Messen und Gebete.»**

Mirjana gibt die folgende Botschaft an eine enge Freundin, eine Ordensschwester, weiter:

> **«Die Stunde ist da, in der Satan die Erlaubnis hat, mit seiner ganzen Kraft und Macht zu wirken. Die gegenwärtige Stunde ist die Stunde des Satans.»**

«Viele behaupten zwar, sie sähen Jesus und die Mutter Gottes und hörten ihre Worte; aber in Wirklichkeit lügen sie. Das ist eine sehr schwere Sünde, und man muß viel für sie beten.»

«Ich lege Wert darauf, daß man weiß, was in Medjugorje geschieht. Sprecht davon, damit alle sich bekehren.»

Die Gospa wird von Mirjana gefragt, warum sie so viel Wert auf den Ausdruck «Es drängt mich...» lege:

«Wenn du im Himmel bist, wirst du begreifen, warum es mich so drängt.»

Zu den Sehern auf ihre Fragen nach den Erscheinungen und ihrem Zweck:

«Mache ich euch etwa Kummer? Alles geschieht genau nach Gottes Plänen. Verliert nicht die Geduld, seid beharrlich im Gebet und in der Buße. Alles kommt zu rechten Zeit.»

Für einen katholischen Priester, der angesichts der Heilung eines orthodoxen Kindes vollkommen überrascht war:

«Sage diesem Priester und allen, daß ihr hier auf der Erde gespalten seid. Vor meinem Sohn und mir sind Muslime und Orthodoxe ebenso wie die Katholiken gleich; ihr seid alle meine Kinder. Sicher, die Religionen sind einander nicht gleich, doch vor Gott sind alle Menschen gleich, wie der heilige Paulus sagt. Es genügt nicht, zur katholischen Kirche zu gehören, um erlöst zu werden; man muß Gottes Gebote achten und dem eigenen Gewissen folgen. Die Nicht-Katholiken sind deswegen nicht weniger nach dem Bilde Gottes geschaffen und dazu bestimmt, eines Tages ins Vaterhaus zu gelangen. Das Heil wird ohne Ausnahme allen angeboten. Nur wer Gott freiwillig ablehnt, wird verdammt. Wem wenig gegeben wurde, von dem wird nur wenig gefordert. Wem viel gegeben wurde (den Katholiken), von dem wird viel gefordert werden. Gott allein bestimmt in seiner unendlichen Gerechtigkeit das Maß der Verantwortlichkeit und spricht das Urteil.»

— 1985 —

Mittwoch, der 2. Januar 1985

Diese Erscheinung Unserer Lieben Frau im Kreise von Engeln findet um 23.30 Uhr auf dem Berg Krizevac statt:

> **«Ich bin sehr glücklich, daß ich dank der Gebete der Gläubigen seit über drei Jahren hierher kommen konnte. Betet so weiter. Ein Teil meines Planes ist schon verwirklicht worden. Gott segnet besonders alle hier Anwesenden. Ihr könnt glücklich nach Hause zurückkehren. Die Gründe dafür werdet ihr nicht sofort erkennen; opfert für die kommende Woche Dankgebete auf.»**

Mittwoch, der 9. Januar 1985

> **«Ich danke den Gläubigen, daß sie bei so schlechtem, kaltem Wetter in die Kirche gekommen sind.»**

Montag, der 14. Januar 1985

Zu Vicka:

> **«Meine lieben Kinder! Der Satan ist so stark und wünscht mit ganzer Kraft, meine Pläne zu durchkreuzen, die ich mit euch begonnen habe. Betet, betet nur und hört keinen Moment auf! Ich werde meinen Sohn bitten, daß sich alle meine Pläne verwirklichen, die ich begonnen habe. Seid geduldig und ausdauernd in den Gebeten! Und laßt nicht zu, daß der Satan euch entmutigt. Er wirkt stark in der Welt. Seid wachsam!»**

Sonntag, der 3. Februar 1985

> **«Ich wünsche, daß Bruder Slavko hier bleibt, das Leben leitet und alles sammelt, damit sich nach meinem Weggang ein vollständiges Bild von dem ergibt, was hier geschehen ist. Ich bete jetzt auch für Slavko und die Mitarbeiter dieser Pfarrei.»**

Sonntag, der 17. Februar 1985

> **«Betet, liebe Kinder, daß Gottes Plan sich verwirklicht und alle Werke des Satans sich zum Vorteil der Ehre Gottes verwandeln.»**

Montag, der 25. Februar 1985

«Ich lade euch ein, in der kommenden Woche die folgenden Worte zu sprechen: "Ich liebe Gott in allem. Mit der Liebe kann man alles erreichen." Ihr könnt viel empfangen, sogar das, was euch am unmöglichsten erscheint. Der Herr wünscht, daß alle Pfarreien sich ihm hingeben, und in ihm auch mir. Ich will es. Erforscht jeden Abend euer Gewissen, aber nur zur Danksagung und als Erkenntlichkeit für alles, was seine Liebe uns in Medjugorje bereitstellt.»

Ende Februar — Anfang März 1985

Unsere Liebe Frau wurde gefragt, was bei so vielen Diskussionen und Veröffentlichungen über Medjugorje zu tun sei:

«Seht, jetzt bin ich da, in jeder Familie und jedem Haus; weil ich liebe, bin ich überall. Macht es genauso. Die Welt lebt von Liebe.»

Nachdem sie ein Lied dreimal wiederholen ließ:

«Entschuldigt, daß ich es euch wiederholen ließ; aber ich wollte, daß ihr es von Herzen sänget. Ihr sollt wirklich alles von Herzen tun.»

Wenn mit dem Beten begonnen wird:

«Zu Beginn des Gebets müßt ihr euch schon vorbereitet haben. Wenn Sünden da sind, müssen sie ausgerodet werden, sonst kommt man nicht ins Gebet. Wenn man störende Gedanken hat, muß man sie Gott abgeben.»

Februar — März

«Liebe Kinder, ihr habt immer gebetet, daß ich euch nicht verlassen solle. Jetzt bitte ich meinerseits, daß ihr mich nicht verlaßt. Satan will euch besonders in diesen Tagen alle auseinanderbringen. Betet darum viel in diesen Tagen. Liebe Kinder, ich bin erneut gekommen, um euch zu danken. Ihr habt noch nicht begriffen, was es heißt, mein Herz zu erfreuen. Das ist etwas sehr Großes. Ich bitte euch nur, im Gebet beharrlich zu sein. Je mehr ihr betet, desto mehr Worte werde ich für euch haben. Auf Wiedersehen, liebe Kinder, ich danke euch! Meine Liebe zu euch ist grenzenlos. Seid glücklich mit mir, denn ich bin mit euch glücklich.»

Samstag, der 9. März 1985

> «Ihr könnt eine Gnade sofort, in einem Monat oder in
> einem Jahr erlangen. Ich brauche keine hundert oder
> zweihundert "Vaterunser". Besser, man betet ein einzi-
> ges, dies aber mit dem Wunsch, Gott dabei zu begegnen.
> Alles soll aus Liebe getan werden. Alle Unannehmlich-
> keiten und Schwierigkeiten, alles soll aus Liebe angenom-
> men werden. Weiht euch der Liebe.»

Mittwoch, der 13. März 1985

Diese Botschaft richtete sich an Vicka, damit sie nicht denselben
Fehler machte wie Ivan. Ivan war überredet worden, eine Auskunft
über das Zeichen aufzuschreiben und in einen versiegelten Umschlag zu stecken, der nicht geöffnet werden sollte. Dies geschah
dennoch, und es entstand einige Unruhe.

> «Betet, betet, betet! Nur durch das Gebet könnt ihr Ivans
> Fehler vermeiden. Er hätte nicht schreiben sollen. Nach-
> her hätte er es klar eingestehen sollen, um keinen Zweifel
> zu säen.»

Montag, der 18. März 1985

Zu Mirjana:

> «Der Rosenkranz ist kein Wandschmuck, wofür er oft
> ausschließlich gebraucht wird. Sage allen, daß er gebetet
> werden soll.»

> «Viele sind jetzt zu sehr hinter dem Geld her, nicht nur
> in der Pfarrei, sondern auf der ganzen Welt.»

> «Wehe denen, die alles nehmen wollen denen, die her-
> kommen. Selig sind die, denen etwas genommen wird.»

> «Möchten die Priester euch doch helfen! Denn ich habe
> euch eine schwere Last auferlegt und leide unter den
> Schwierigkeiten, die ihr habt. Ivan hat keinen schlimmen
> Fehler gemacht. Ich habe ihn wegen seines Fehlers genug
> getadelt; man soll ihm nicht mehr böse sein.»

Sonntag, der 24. März 1985, Vorabend des Festes der Verkündigung des Herrn

> «Heute lade ich euch alle zur Beichte ein, auch wenn ihr in den letzten Tagen schon gebeichtet habt. Ich wünsche, daß ihr mein Fest von Herzen feiert. Das könnt ihr nicht, wenn ihr euch dem Herrn nicht vollkommen hingebt. Aus diesem Grunde rufe ich euch alle zur Versöhnung mit dem Herrn auf.»

Freitag, der 5. April 1985, Karfreitag

Zu Ivanka:

> «Ihr, die Pfarreimitglieder, habt ein großes, schweres Kreuz zu tragen, aber ihr habt keine Angst davor. Mein Sohn ist hier. Er hilft euch.»

Donnerstag, der 11. April, bis September 1987

Der Bischof von Mostar verbietet die Erscheinungen in der Seitenkapelle der Kirche; seitdem finden sie in einem Raum des Pfarrhauses statt.

Montag, der 15. April 1985

> «Ihr sollt in eurem Herzen zu arbeiten beginnen, wie ihr eure Felder bearbeitet. Arbeitet und ändert euer Herz, damit ein neuer Geist von Gott darin wohnen kann.»

Dienstag, der 7. Mai 1985

Die Jungfrau Maria und zwei Engel erschienen Ivanka mindestens eine Stunde lang zu Hause. Maria, die schöner war denn je, fragte Ivanka, was sie sich wünsche. Diese wollte gerne ihre Mutter sehen. Ivankas Mutter erschien. Lächelnd umarmte sie Ivanka und sagte ihr, wie stolz sie auf sie sei. Nach einer erneuten Umarmung verschwand sie wieder. Während dieser Erscheinung sagte die Gospa:

> «Mein liebes Kind, das ist heute unsere letzte Begegnung. Sei nicht traurig; vom nächsten Jahr an werde ich dir an jedem Jahrestag der ersten Erscheinung, am 25. Juni, wieder erscheinen. Liebes Kind, du mußt nicht glauben, daß du etwas schlechtes gemacht hast und ich deswegen nicht mehr zu dir käme. Nein, nicht deswegen. Du hast meines Sohnes und meine Pläne von ganzem Herzen bejaht und alles erfüllt.

Niemand auf der Welt hat solche Gnade empfangen wie
du und deine Brüder und Schwestern. Sei glücklich, denn
ich bin deine Mutter und liebe dich von ganzem Herzen.
Danke, Ivanka, für deine Antwort auf den Ruf meines
Sohnes, danke, daß du standhaft bist und immer bei ihm
bleibst, solange er dich darum bittet.
Liebes Kind, sage allen deinen Freunden, daß mein Sohn
und ich immer bei euch sein werden, wenn ihr uns ruft.
Sprich mit niemandem über die Geheimnisse, die ich dir
in all den Jahren anvertraut habe.
Geh im Frieden Gottes.»

Dienstag, der 25. Juni 1985, vierter Jahrestag der Erscheinungen

Marija fragt die Gospa, was sie von den Priestern erwarte:

«Ich lade euch alle zum Rosenkranzgebet ein. Fordert zu
diesem Gebet auf. Mit dem Rosenkranz werdet ihr alle
Schwierigkeiten überwinden, die Satan der katholischen
Kirche machen will. Priester, betet den Rosenkranz!
Nehmt euch für den Rosenkranz die nötige Zeit!»

Montag, der 1. Juli 1985

Unsere Liebe Frau erscheint auf dem Erscheinungshügel:

«Ich danke denen, die meinem Ruf gefolgt sind.»
«Ich segne euch alle, ich segne jeden einzelnen von euch.
Ich bitte euch, in diesen Tagen in meinen Anliegen zu
beten.»
«Geht im Frieden Gottes.»

Montag, der 5. August 1985

Unsere Liebe Frau erscheint im goldenen Gewand und unaus-
sprechlich schön auf dem Berg Krizevac.

Sie sagt zu Ivan:

«Meine Kinder, ich bin froh, heute abend bei euch zu sein
und euch so zahlreich versammelt zu sehen. Ich segne
euch mit besonderem Segen.[1] Macht durch die Botschaften Fortschritte in der Heiligkeit, ich helfe euch dabei.
Gebt euer bestes, und wir wollen zusammen weitergehen.
Wir wollen empfänglich sein für die Freundlichkeit des
Lebens, für das Licht und die Freude.»

---

1   Siehe die Botschaft vom 24. Juni 1987.

Donnerstag, der 15. August 1985,
Fest Mariä Aufnahme in den Himmel
Zu Mirjana:

> «Mein Engel, bete für die Ungläubigen. Diese Menschen werden sich noch die Haare ausreißen, der Bruder wird seinen Bruder anflehen, er wird sein gottloses Leben verfluchen. Sie werden bereuen, aber dann ist es zu spät. Jetzt ist die Zeit der Umkehr; ich ermahne euch schon seit über vier Jahren.»

Dienstag, der 10. September 1985
Bezüglich Satans Verführungen:

> «Es genügt ein ernsthafter Blick auf die Sünde, dann gehe sofort und mache die Sünde wieder gut.»
> «Eure Demut soll stolz sein. Euer Stolz sei demütig.»
> «Wenn du von Gott eine Gabe empfangen hast, sollst du stolz darauf sein. Sage aber nicht, sie gehöre dir, sondern daß sie von Gott ist.»

September 1985
Zu Marija:

> «Ja, ich gebe dir meine Liebe, damit du sie den anderen gibst.»

Dienstag, der 8. Oktober 1985

> «Wer sagt, er glaube nicht an Gott, wie hart wird es für ihn sein, wenn er zum Thron Gottes kommt und die Stimme hört: "Geh in die Hölle!"»

Freitag, der 25. Oktober 1985
Zu Mirjana über die Ungläubigen:

> «Sie sind meine Kinder. Ich leide ihretwegen. Sie wissen nicht, was sie erwartet. Ihr solltet mehr für sie beten.»

Unsere Liebe Frau zeigte das erste Geheimnis. Die Erde war erschüttert.

> «Das ist der Zusammenbruch eines Teils der Welt. Es ist zu viel Sünde in der Welt. Was ist da zu machen, wenn du mir nicht hilfst? Denkt daran, daß ich euch liebe. Gott hat kein hartes Herz. Schau um dich, sieh, was die

Menschen treiben, und du wirst nicht mehr sagen, Gott habe ein hartes Herz. Wie viele Menschen kommen mit Achtung, festem Glauben und Gottesliebe zur Kirche als dem Haus Gottes? Sehr wenige. Jetzt ist eine Zeit der Gnade und Umkehr. Man muß sie auch nützen!»

Mirjana hat Pater Petar dafür erwählt, der Welt drei Tage vor dem großen Ereignis die drei Ankündigungen zu machen.

«Betet viel für Pater Petar, dem ich einen besonderen Segen sende. Ich bin Mutter, darum komme ich. Ihr sollt keine Furcht haben, denn ich bin doch da.»

Samstag, der 16. November 1985

Nach einem einstündigen Bittgebet:

«Habt ihr vergessen, daß ihr in meinem Hause seid?»

Mittwoch, der 4. Dezember 1985

Marija fragt Unsere Liebe Frau nach dem Vorhaben des Gianni Sgreva, einem italienischen Passionisten, der eine Gemeinschaft von Geweihten gründen will, die in Medjugorje leben sollen:

«Ich möchte ihm lieber selbst antworten.»

Diese Gemeinschaft wurde am 18. März 1987 eröffnet (siehe die Botschaft vom 7. Juni 1986).

Verschiedene Botschaften vom Jahre 1985

In Bezug auf Christus:

«Ich bin seine Mutter, und ich trete bei ihm für euch ein.»
«Die Gläubigen sollen sich täglich beim Beten des Rosenkranzes in das Leben Jesu versenken.»
«Ihr feiert die Eucharistie nicht so, wie ihr es tun solltet. Wenn ihr wüßtet, welche Gnade und welche Gaben ihr empfangt, dann würdet ihr euch täglich mindestens eine Stunde lang auf die Messe vorbereiten. Ihr solltet jeden Monat drei Stunden für die Versöhnung verwenden: den ersten Freitag im Monat sowie den Samstag und den Sonntag danach.»

In Medjugorje wurde folgendes eingeführt: donnerstags eine Stunde Anbetung vor dem Allerheiligsten; freitags eine Stunde Kreuzesverehrung; an zwei Abenden, mittwochs und samstags, um 22.30 Uhr Anbetung.

Ohne Zeitangabe:

Ein Bildhauer war gebeten worden, ein Standbild von der heiligen Gottesmutter anzufertigen, und er erwiderte: «Nur wenn Unsere Liebe Frau es wünscht.» Die Seher stellten der Jungfrau Maria diese Frage, und sie antwortete:

> **«Macht lieber eines von Jesus, angeregt von den Worten "Kommt alle her zu mir, die ihr Lasten tragt."»**

— 1986 —

Montag, der 6. Januar 1986
Zu Vicka:

> **«Wenn du zustimmst, werde ich dir fünfzig Tage lang nicht mehr erscheinen.»**

Vicka willigt ein.

Montag, der 24. März 1986
Zu der Gebetsgruppe:

> **«Liebe Kinder, nehmt alles an, was der Herr euch gibt. Legt eure Hände nicht in den Schoß und sagt immer nur: "Jesus, gib!", sondern macht eure Hände auf und nehmt alles, was der Herr euch bietet.»**

Dienstag, der 25. März 1986, Fest der Verkündigung des Herrn
Zu der Gebetsgruppe:

> **«Heute spreche ich vor Gott mein "Ja" für euch alle. Ich wiederhole: Ich sage mein "Ja" für euch alle.»**
> **«Liebe Kinder, betet, daß in der ganzen Welt das Reich der Liebe anbricht. Wie glücklich würden die Menschen sein, wenn die Liebe herrschte.»**

Donnerstag, der 17. April 1986
Zur Gebetsgruppe in bezug auf Fernsehen und Zeitungen:

> **«Wenn ihr die Programme seht und die Zeitungen lest, ist Euer Kopf voller Neuigkeiten, und ihr habt in eurem Herzen keinen Platz mehr für mich.»**

> **«Betet, fastet, laßt Gott wirken!»**
> **«Betet um die Gabe der Liebe, die Gabe des Glaubens, die Gabe des Gebets und des Fastens.»**

In der Woche vor dem 3. Mai 1986

Zu der Gebetsgruppe:

> «Ich gebe euch das beste, das ich jemandem zu geben habe: mich selbst und meinen Sohn.»

Samstag, der 3. Mai 1986

Zu Ivans und Marijas Gebetsgruppe:

> «Liebe Kinder, trachtet danach, euer Herz durch das Gebet glücklich zu machen. Liebe Kinder, seid die Freude aller, seid Hoffnung für jeden. Das erreicht ihr nur durch das Gebet. Betet, betet!»

Um den 12. Mai 1986

Zu der Gebetsgruppe:

> «Selig seid ihr, wenn ihr euch wegen eurer Fehler nicht richtet, sondern begreift, daß euch in diesen Fehlern selbst Gnaden angeboten werden.»

Freitag, der 6. Juni 1986

> «Liebt. Wenn ihr nicht liebt, könnt ihr das Zeugnis nicht weitergeben, könnt ihr keine Zeugen sein, weder für mich noch für Jesus.»

Samstag, der 7. Juni 1986

Durch Marija in bezug auf Pater Gianni Sgreva, der eine neue Gemeinschaft gründen wollte, welche nach den Botschaften von Medjugorje leben sollte:

> «Ja, man muß beten. Mir gefällt, was ihr da tut. Betet vorerst weiter dafür, dann wird Gott die weiteren Vorhaben erleuchten.»

Freitag, der 20. Juni 1986

> «Betet vor dem Kreuz. Vom Kreuz kommen große Gnaden; weiht euch dem Kreuz. Lästert weder Jesus noch das Kreuz.»

Dienstag, der 24. Juni 1986: der besondere Segen
(siehe Mittwoch, 24. Juni 1987!)

Es waren dreißig- bis fünfzigtausend Menschen auf dem Berg Krizevac versammelt. Unsere Liebe Frau spendete zum ersten Mal einen besonderen Segen, durch den die, die ihn erhalten haben, die anderen in ihrem Namen segnen können.

Botschaft für die dort Anwesenden:

> «Ihr steht auf einem Tabor. Ihr sollt Segen, Kraft und Liebe empfangen. Tragt sie in eure Familien und Häuser hinein. Jedem von euch erteile ich einen besonderen Segen. Lebt weiter in Freude, Gebet und Versöhnung.»

1986

Über die kirchliche Anerkennung der Erscheinungen:

> «Man muß natürlich der Autorität der Kirche folgen. Bevor sie sich äußert, muß man jedoch geistliche Fortschritte machen. Denn sie kann sich nicht "im leeren" äußern, sondern in einer Bestätigung, die das Wachstum des Kindes voraussetzt. Erst kommt die Geburt, dann die Taufe, darauf die Bestätigung in der Firmung. Die Kirche wird bald bestätigen, was aus Gott geboren ist. Von diesen Botschaften angeregt, müssen wir im geistlichen Leben weitergehen und Fortschritte machen.»

Donnerstag, der 26. Juni 1986

> «Ihr könnt so viele Gnaden bekommen, wie ihr wollt. Das hängt von euch ab. Auch Liebe könnt ihr haben, wenn ihr wollt. Das hängt von euch ab.»

Montag, der 4. August 1986

> «Ich wünsche nur, daß der Rosenkranz das Leben für euch wird.»

Dienstag, der 5. August 1986

> «Lest jeden Donnerstag das Evangelium nach Matthäus, in dem steht: "Keiner kann zwei Herren dienen. (...) Ihr könnt nicht Gott dienen und dem Mammon"»
> (Mat 6, 24).

Freitag, der 12. September 1986

> «Viele haben hier in Medjugorje begonnen, um Heilung zu beten. Zu Hause aber geben sie das Beten wieder auf, vergessen es und verlieren auf diese Weise viele Gnaden.»

Montag, der 29. Dezember 1986
Antwort für Pater Tomislav, der vor Schwierigkeiten steht und sich fragt, ob er auf die Ungerechtigkeiten und Lügen antworten soll:

«Verschwende damit keine Zeit. Bete und liebe. Du kannst dir nicht einmal vorstellen, wie mächtig Gott ist.»

Ohne Zeitangabe
Zu Vicka:

«Willst du dich für das Heil der Welt aufopfern? Ich brauche eure Opfer.»

— 1987 —

Mittwoch, der 28. Januar 1987
Zu Mirjana in Sarajewo:

«Meine lieben Kinder! Ich bin zu euch gekommen, um euch zur Reinheit der Seele zu führen, und dadurch auch zu Gott. Wie habt ihr mich aufgenommen? Am Anfang mit Zweifel, Angst und Mißtrauen den Kindern gegenüber, die ich auserwählt habe. Danach haben mich die meisten in ihr Herz aufgenommen, und sie haben angefangen, meine mütterlichen Bitten zu erfüllen. Aber leider hat das nicht lange gedauert. Wohin immer ich auch komme, ist mein Sohn mit mir — und dorthin kommt auch Satan. Ihr habt zugelassen, daß er — ohne daß ihr es gespürt habt — über euch Macht gewinnt und euch regiert. Manchmal begreift ihr, daß eine eurer Handlungen von Gott nicht erlaubt ist, doch ihr verdrängt das schnell.
Seid standhaft, meine Kinder! Trocknet die Tränen von meinem Antlitz, die ich weine, wenn ich zusehe, was ihr tut. Schaut euch um!
Habt Zeit, zu Gott in die Kirche zu kommen! Kommt ins Haus eures Vaters! Habt Zeit, zusammenzukommen und mit der Familie Gnade von Gott zu erbitten! Erinnert euch an eure Verstorbenen. Erfreut sie mit der heiligen Messe.
Schaut nicht mit Verachtung auf den Armen, der euch um einen Brotkrumen bittet. Vertreibt ihn nicht von

eurem reichen Tisch. Helft ihm, dann wird euch auch Gott helfen. Vielleicht geht sein Segen in Erfüllung, den er euch als Zeichen des Dankes gibt. Vielleicht erhört ihn Gott. All das habt ihr vergessen, meine Kinder. Satan hat euch dabei geholfen.

Seid standhaft! Betet mit mir! Betrügt euch nicht selbst, indem ihr denkt: "Ich bin gut, aber mein Bruder, der neben mir wohnt, taugt nichts." Ihr werdet nicht im Recht sein. Ich bin eure Mutter — und deswegen ermahne ich euch.

Da sind die Geheimnisse, meine Kinder. Da ist das, was nicht bekannt ist, und wenn es bekannt wird, wird es zu spät sein. Kehrt zum Gebet zurück! Nichts ist notwendiger als das! Es wäre mir lieber, daß mir der Herr erlaubte, euch zumindest ein wenig die Geheimnisse zu erklären, aber es ist schon allzu viel Gnade, was er euch gibt. Überlegt, was ihr ihm gebt. Wann habt ihr das letztemal wegen des Herrn auf etwas verzichtet?

Ich will euch nicht mehr tadeln, sondern ich will euch noch einmal zum Gebet, zum Fasten und zur Buße aufrufen. Wenn ihr durch das Fasten Gnade von Gott erhalten wollt, soll niemand wissen, daß ihr fastet. Wenn ihr durch ein Geschenk an einen Armen bei Gott Gnade erhalten wollt, soll es niemand wissen, nur ihr und der Herr.

Hört auf mich, meine Kinder, denkt im Gebet nach über meine Botschaften!»

Samstag, der 21. März 1987

Zu Vicka in Zagreb:

«Ich segne euch mit dem Segen einer Mutter. Betet täglich und vertraut euch meinem Sohn Jesus an. Auf diese Weise werdet ihr begreifen, was Gott von jedem von euch will.»

Sonntag, der 22. März 1987

Vicka berichtet über die Erscheinung:

«Sie hielt ihre rechte Hand über uns ausgestreckt und betete im Herzen in einer Sprache, die ich nicht verstehe. Sie kam umringt von fünf Engelchen. Dann vertraute sie mir etwas an und verschwand wieder.»

Marija berichtet uns oft, daß die Gottesmutter in ihrer «Muttersprache» betet.

Mittwoch, der 24. Juni 1987: der besondere Segen

Die Gottesmutter sagt uns durch Marija Pavlovic, daß der besondere Segen ein Segen sei, den man anderen, von Mensch zu Mensch, erteilen kann. Wer am Erscheinungsort diesen besonderen Segen von der Gottesmutter empfangen hat, kann ihn einem anderen weitergeben, der seinerseits einen dritten damit segnen kann und so weiter. So kann es endlos vom einen zum nächsten weitergehen. Die Gospa sagt, wir könnten so viele segnen, wie wir wollen, aber nur nacheinander. Mit diesem besonderen Segen können wir keine Gruppen segnen.

Es ist möglich, Ungläubige im stillen zu segnen. Die Gottesmutter sagt, dieser besondere Segen werde um so reicher, je mehr er sich ausbreitet. Es ist eine Kraft zur Bekehrung und inneren Heilung, die dieser besondere Segen vermittelt. Auch zur körperlichen Heilung. Er ist eine mütterliche Gnade, die von unserer Mutter im Himmel ausgeht. Eine «besondere Muttergnade». Das hat die Gospa Marija erklärt.

Worte Ivans nach der Erscheinung:

— Sie sagte:

«Gelobt sei Jesus!»

— Sie war glücklich und betete sofort eine zeitlang über uns alle. Wir baten sie, uns zu segnen. Dann sprach sie und gab uns die folgende Botschaft:

«Liebe Kinder, ich will euch auf den Weg der Umkehr führen. Ich wünsche, daß ihr die Welt bekehrt und daß euer Leben eine Umkehr für die anderen sei. Werdet nicht untreu. Jeder von euch sei vollkommen meinem Willen und Gottes Willen unterworfen. Von diesem Tag an gebe ich euch besondere Gnaden, besonders die Gnade der Bekehrung; jeder von euch soll meinen Segen zu sich nach Hause bringen und die anderen zu einer wahrhaften Bekehrung veranlassen.»

Dann fügte Unsere Liebe Frau hinzu, daß Gott uns diese Gabe in derselben Nacht durch ihre Vermittlung gebe. Darauf betete sie eine zeitlang über uns. Wir beteten mit ihr in den Anliegen aller, die an diesem Abend beisammen waren.

Unsere Liebe Frau sagte, bevor sie wieder verschwand:

«Geht im Frieden Gottes.»

1987

Als Antwort auf die Frage, ob die Jungfrau Maria in Medjugorje einen neuen Orden oder eine besondere Gemeinschaft gründen wolle, sagte sie:

«Meine lieben Kinder, ihr wißt nicht, was ihr fragt, ihr wißt nicht, was euch erwartet. Ihr könnt Gottes Pläne nicht begreifen; ich bitte euch, zu tun, was ich von euch verlange.»

1987

«Liebt eure Brüder, die Serbisch-Orthodoxen, die Muslime sowie die Atheisten, die euch verfolgen.»
«Alle eure Gebete berühren mich tief, besonders euer täglicher Rosenkranz.»

— 1988 —

Freitag, der 18. März 1988

Mirjana hatte an ihrem Geburtstag eine Erscheinung, die aber nur etwa vier bis fünf Minuten dauerte. Unsere Liebe Frau bat sie:

«Bete für die Ungläubigen.»

25. Juni 1988

Zu Ivankas alljährlicher Erscheinung am Jahrestag der Erscheinungen waren im Hause ihrer Schwiegereltern einige Angehörige, Freunde und Pilger um die Seherin versammelt. Plötzlich drehte Ivanka sich mitten in der Erscheinung um und sagte zu den Umstehenden: «Die Gospa möchte, daß alle niederknien!» Ivanka blieb in Verzückung, und die Erscheinung ging weiter. Maria segnete die Angehörigen, Freunde und Pilger um die Seherin und gab die folgende Botschaft:

«Die hier Anwesenden sollen Zeugen der Liebe Gottes sein.»

Die Gospa sprach während dieser Erscheinung mit Ivanka über das dritte und das vierte Geheimnis.

— 1989 —

Im ersten Vierteljahr 1989

In einer kurz zuvor ergangenen Botschaft an Vicka Ivanovic bei ihrem Aufenthalt in Bologna, Italien, bat Unsere Liebe Frau sie wiederum, für die Jugend zu beten.

> **«Liebe Kinder, ich bitte euch von neuem, für alle Jugendlichen der Welt zu beten, weil sie in einer schwierigen Lage sind. Durch eure Liebe und eure von Herzen kommenden Gebete könnt ihr ihnen helfen.»**

26. Januar 1989

Jakov sagte: «Unsere Liebe Frau ist wegen der Sünder in dieser Welt sehr traurig. Sie ist auch sehr traurig, weil sie nicht nach ihren Botschaften leben. Unsere Liebe Frau bittet, es möge besonders in den Familien in diesen beiden Anliegen gebetet werden.»

18. März 1989

Das ist die Erscheinung an Mirjanas Geburtstag. Unsere Liebe Frau erschien sehr, sehr traurig.

Das kommt selten vor. Sie sagte:

> **«Ich flehe euch wiederum an zu beten, um durch eure Gebete den Ungläubigen zu helfen, denen, die nicht die Gnade haben, Gott in ihrem Herzen mit lebendigem Glauben zu kennen.**
> **Ich will euch nicht wieder drohen; es ist nur mein Wunsch, euch alle wie eine Mutter zu ermahnen.**
> **Ich flehe euch um der Leute willen an, die die Geheimnisse nicht kennen. Ich wünsche euch zu sagen, wie sehr ich um alle leide; denn ich bin die Mutter aller.»**

April 1989

Das ist keine genaue Zeitangabe. Mirjana erklärte im April, sie möchte den Jugendlichen gerne noch einmal eine Bitte, eine dringende Bitte der Gottesmutter weitergeben, die lautet:

> **«Wenn sie nicht an Gott glauben können, dann sollen sie wenigstens fünf Minuten am Tag in stillem Meditieren verbringen. In dieser Zeit sollen sie an Gott denken, den es nach ihrer Aussage nicht gibt.»**

25. Juni 1989

Dies war die jährliche Erscheinung bei Ivanka; sie dauerte etwa acht Minuten.

1988 hatte die Gospa zu ihr über das dritte und vierte Geheimnis gesprochen und sprach in diesem Jahr, wie zur Fortsetzung der Unterhaltung, über das fünfte Geheimnis. Nach der Erscheinung schrieb Ivanka sofort die folgende, dringende Botschaft Unserer Lieben Frau auf:

> **«Betet, denn ihr seid in großer Versuchung und Gefahr wegen der irdischen, materiellen Güter, die euch versklaven. Satan wirkt in dieser Richtung. Ich wünsche euch, jedem einzelnen, im Gebet zu helfen. Ich trete bei meinem Sohn für euch ein.»**

Weihnachten 1982 hatte die Gottesmutter zu Mirjana gesagt, sie werde ihr nicht mehr täglich erscheinen, sondern nur noch einmal im Jahr an ihrem Geburtstag am 18. März und wenn sie in Schwierigkeiten sei.

— 1990 —

Im September 1990 vertraute Mirjana uns an, daß die Gottesmutter am 2. jeden Monats zu ihr komme und mit ihr bete, besonders für die Ungläubigen. Und zwar schon seit drei Jahren. Manchmal hört Mirjana abends mehrere Stunden lang nur ihre Stimme. Bei anderen Gelegenheiten hat sie eine richtige Erscheinung, bei der sie von der Gottesmutter eine Botschaft für die Welt erhält. Diese vertraut Mirjana dann Pater Slavko an. Diese Botschaften sind noch nicht veröffentlicht worden, mit Ausnahme der einen vom 2. Februar 1990, die Mirjana auf einer Reise mit ihrem Mann in die USA bekam. Der befreundete Priester Milan Mikulic, ein aus Kroatien stammender Amerikaner, der das Paar im September 1989 in Medjugorje getraut hatte, war an jenem Tag während der Erscheinung in Mirjanas Nähe. Er hörte von ihr die folgende Botschaft:

2. Februar 1990

> **«Ich bin seit neun Jahren mit euch, und seit neun Jahren will ich euch sagen, daß Gott, euer Vater, der einzige Weg, die einzige Wahrheit und das einzige Leben ist. Ich möchte euch gern den Weg zum ewigen Leben zeigen. Ich wünsche, daß ich eure Verbindung zu einem tiefen Glauben**

bin.

Nehmt euren Rosenkranz und ruft eure Kinder und eure Familie um euch zusammen. Das ist der Weg zum Heil. Gebt euren Kindern ein gutes Beispiel, gebt denen ein gutes Beispiel, die nicht glauben. Ihr werdet das Glück auf Erden nicht finden und auch nicht in den Himmel kommen, wenn euer Herz nicht rein und demütig ist und ihr Gottes Gebot nicht erfüllt. Ich komme, um euch um Hilfe zu bitten: Vereinigt euch mit mir, um für die Ungläubigen zu beten. Ihr helft mir nur sehr wenig. Ihr fühlt wenig Hilfsbereitschaft oder Liebe für eure Nächsten. Dabei hat Gott euch Liebe geschenkt, er hat euch gezeigt, wie ihr den anderen vergeben und sie lieben sollt. Versöhnt euch darum und reinigt eure Seele. Nehmt euren Rosenkranz und betet ihn. Sagt geduldig ja zu allen euren Leiden. Denkt doch daran, daß Jesus geduldig für euch gelitten hat.

Laßt mich eure Mutter sein, eure Verbindung zu Gott und zum ewigen Leben. Drängt euren Glauben den Ungläubigen nicht auf. Zeigt ihn ihnen durch euer Beispiel und betet für sie. Meine Kinder, betet!»

Mirjana weinte während dieser Erscheinung.

Sie erläuterte Pater Milan, daß die Jungfrau Maria auf das Sakrament der Versöhnung für die Katholiken anspielte, als sie uns bat, uns zu versöhnen und unsere Seele zu reinigen.

25. Juni 1990

Ivanka hatte ihre alljährliche Erscheinung. Die Jungfrau Maria sprach zu ihr über das fünfte Geheimnis und gab ihr dann die folgende, persönliche Botschaft, nachdem Ivanka einige Tage zuvor ihr zweites Kind, den kleinen Jossip (Josef), zur Welt gebracht hatte:

«Ich danke euch, daß ihr euer Leben dafür einsetzt, daß andere leben.»

— 1991 bis 1996 —

Januar 1991, während des Golfkrieges

Zu Vicka:

«Wenn Krieg kommt, geschieht das, weil schon Krieg in den Herzen ist. Dieser innerliche Krieg kommt dann nur nach draußen. Wenn ihr aber in euren Herzen Frieden macht, dann kann auch der äußere Krieg aufhören.»

21. Januar 1991

Einige kanadische Priester fragen Marija nach Gottesdiensten ohne Priester. Ist es besser, in eine Nachbarpfarrei zu gehen, um an einer Messe teilnehmen zu können? Die Gospa antwortet:

«Die Messe ist durch nichts zu ersetzen. Besser geht man in eine Nachbarpfarrei und nimmt dort an der Messe teil.»

18. März 1991

Mirjanas alljährliche Erscheinung dauerte sieben Minuten. Mirjana beschreibt sie folgendermaßen: — Fünf Tage vor meinem Geburtstag erfuhr ich im Gebet, daß die Jungfrau Maria mir um 19.30 Uhr erscheinen werde. An diesem Abend waren viele zum Beten zusammengekommen, und die Jungfrau Maria erschien genau um 19.30 Uhr. Sie war nicht traurig wie im letzten Jahr. Anders als zur Zeit der täglichen Erscheinungen ging ihrem Kommen kein Licht voraus. Als sie fortging, öffnete sich der Himmel, und ich sah drei Engel, die sie erwarteten.

Diesmal hat sie nicht über Geheimnisse zu mir gesprochen. Ich habe mit ihr drei «Vaterunser» gebetet, eines für die Ungläubigen, das zweite für die, die es brauchten und das dritte für die anwesenden Kranken. Ich hatte auch viele Fragen von den anderen. Sie gab mir für alle nur eine Antwort:

«Betet täglich die drei Teile des Rosenkranzes und besucht die Messe einmal im Monat für die Ungläubigen. Gott kennt die Bedürfnisse, die sie zu mir bringen sollen.»

— Den folgenden Abschnitt gab sie mir:

«Liebe Kinder, ich bin glücklich, daß ihr so zahlreich zusammengekommen seid. Ich wünsche, daß ihr euch oft in gemeinschaftlichem Gebet zu meinem Sohn versammelt. Vor allem wünsche ich, daß ihr für meine Kinder, die meine und meines Sohnes Liebe nicht kennen, Gebete darbringt. Helft ihnen, diese Liebe kennenzulernen. Helft mir als eurer aller Mutter.

Meine Kinder, wie oft habe ich euch in Medjugorje nicht schon zum Beten eingeladen, und ich will es weiterhin tun. Denn ich wünsche, daß ihr meinem Sohn euer Herz öffnet, daß ihr ihm erlaubt, in euer Herz zu kommen und euch mit Frieden und Liebe zu erfüllen. Erlaubt es ihm, laßt ihn ein!
Helft ihm durch eure Gebete, Frieden und Liebe auf die anderen auszubreiten, denn in diesen Zeiten des Kampfes gegen Satan ist das für euch mehr als notwendig.
Ich verspreche euch, meine Kinder, daß ich für euch beten werde. Doch ich erwarte von euch, daß ihr nachdrücklicher betet, und lade euch ein, Frieden und Liebe zu verbreiten, wie ich es hier in Medjugorje schon seit zehn Jahren von euch verlange.
Helft mir, und ich will meinen Sohn für euch bitten.»

25. Juni 1991

Während ihrer alljährlichen Erscheinung sprach die Jungfrau Maria zu Vicka über die eine Hälfte des sechsten Geheimnisses. Sie gab keine Botschaft, sondern bat für uns, daß unser Gebet um Frieden nachdrücklicher werde, und wir uns tiefer im Glauben verankerten.

Sommer 1991

Zu Mirjana für Eltern, die der Jungfrau Maria ihr krankes Kinder vorstellten:

«Wenn ihr einen Kranken habt, betet in meinen Anliegen und bringt für meine Anliegen Opfer. Ich kümmere mich indessen um den Kranken.»

Oktober 1991

Vicka läßt uns wissen: «Die Gospa hat gesagt, wenn das Zeichen auf dem Podbro komme, werde nur noch einer von uns Vieren sie täglich sehen können. Nach dem Zeichen werde dieser Seher sie noch eine zeitlang sehen. Wir wissen aber nicht, wer von uns es ist.»

November 1991

Vicka gibt die Worte der Gospa bezüglich des Leidens wieder:

«Wenn ihr eine Schwierigkeit, ein Leiden oder eine Krankheit habt, fragt euch nicht: "Oh, warum habe ich das bekommen, und nicht jemand anders?" Nein, liebe

Kinder, sagt vielmehr: "Herr, ich danke dir für dein Geschenk!" Denn ein Leiden, das aufgeopfert wird, ist für euch und für andere eine Quelle großer Gnaden.

Wenn ihr krank seid, beten viele von euch nur immerzu: "Mache mich gesund, mache mich gesund!" Nein, liebe Kinder, das ist nicht gut; denn so ist euer Herz nicht offen für Gott. Ihr verschließt euer Herz über der Krankheit und seid weder für den Willen Gottes noch für die Gnaden offen, die Er euch schenken will. Betet vielmehr so: "Herr, dein Wille geschehe." Erst dann kann Gott euch seine Gnaden geben, und zwar entsprechend eurer wahren Bedürfnisse, die er besser kennt als ihr selbst. Vielleicht schenkt er die Gnade der Heilung, die Gnade neuer Kraft, des Lichts oder der Freude... Ihr braucht nur Gott euer Herz zu öffnen.»

November 1991

Vicka gibt die Worte der Gospa bezüglich der Frage eines Pilgers wieder, wie man seine Berufung erkennen könne:

«Im täglichen Gebet sollt ihr beginnen, von Tag zu Tag auf Gottes Stimme zu hören, der zu eurem Herz spricht. Ihr müßt lernen, Gottes Stimme in eurem Herzen zu vernehmen. Gott will immer zu euch sprechen; das Gebet ist ein Gespräch mit ihm. Er wünscht euch immer zu zeigen, was er von euch erwartet, und euch seinen Willen kundzutun. Betet dafür jeden Tag mit dem Herzen. Ihr könnt eure Berufung nicht herausfinden, wenn ihr nicht betet.»

Vicka gesteht: «Anfangs haben wir der Gottesmutter viele Fragen gestellt. Sie antwortete uns oft: "Warum fragt ihr mich so viel? Betet nur; die notwendigen Antworten bekommt ihr im Gebet."»

10. Dezember 1991

Zu Marija. Fünfundzwanzig Jugendliche machen Exerzitien. Sie beten und fasten bei Wasser und Brot. Marija war zur Zeit der Erscheinung zu ihnen gekommen, und die Gospa hatte für sie die folgende Botschaft:

«Ihr Lieben, wie leicht würde es mir fallen, den Krieg zu beenden, wenn mehr Menschen so beteten, wie ihr jetzt betet!»

18. März 1992

Zu Mirjana. Die Erscheinung fand in Italien statt. Sie dauerte fünf Minuten, und Mirjana weinte dabei... vor Freude! Die Jungfrau Maria betete für die Kranken, für die, die Gottes Liebe nicht kennen, und für die Anwesenden. Dann gab sie die folgende Botschaft:

> «Liebe Kinder, ich brauche eure Gebete jetzt mehr denn je. Ich flehe euch an, nehmt den Rosenkranz in die Hand, jetzt mehr denn je. Nehmt ihn fest in die Hand und betet in dieser schwierigen Zeit mit ganzem Herzen.
> Danke, daß ihr meinem Ruf gefolgt seid.»

25. Juni 1992

Ivanka hatte die Erscheinung bei sich zu Hause. Die Gospa machte ein ernstes Gesicht. Während der Erscheinung streckte Ivanka die Hände nach oben und hielt die Hände der Gottesmutter. Diese sagte:

> «Ich bitte euch, den Satan zu überwinden. Die Waffen zu seiner Überwindung sind Fasten und Gebet. Betet für den Frieden; denn das bißchen Frieden, das ihr habt, will der Satan zerstören.»

18. März 1993

Mirjana erhielt am 18. März 1993, ihrem Geburtstag, folgende Botschaft:

> «Liebe Kinder, mein Verlangen ist dieses: Reicht mir eure Hände, so werde ich euch wie eine Mutter auf den richtigen Weg führen können, so werde ich euch zu eurem Vater bringen. Öffnet eure Herzen und lasset mich eintreten. Betet, denn ich bin mit euch im Gebet. Betet, so werde ich euch führen können. Ich werde euch zum Frieden und zum Glück führen.»

18. März 1994

Nach der Erscheinung am 18. März 1994 überbrachte uns Mirjana folgende Botschaft:

> «Heute ist mein Herz mit Freude erfüllt. Ich wünsche, daß ihr euch jeden Tag im Gebet versammelt, wie heute, an diesem großen Tag des Gebetes. Nur so kann man das wahre Glück und die wahre Erfüllung des Körpers und der Seele erlangen. Als Mutter will ich euch dabei helfen.

Erlaubt es mir. Erneut lade ich euch ein, euer Herz zu öffnen und zuzulassen, daß ich euch führe. Mein Weg führt zu Gott. Ich lade euch ein, daß wie uns gemeisnam auf den Weg machen, denn ihr seht selbst, daß wir mit unserem Gebet alles Böse zerstören. Beten und hoffen wir!»

25. Juni 1994: Zum Jahrestag der ersten Erscheinung

Am 25. Juni 1994 hat P. Jozo eine hl. Messe mit 142 Priestern gefeiert. Über 50000 Personen waren tagsüber anwesend, auch der australische Bischof Msgr. Kennedy. Ivanka hatte die Erscheinung Mariens an diesem Festtag, und die Madonna gab ihr folgende Botschaft:

«Mein Herz ist euch gegenüber offen, denn viele harte Herzen haben sich meinem Sohne geöffnet, um sich vom ihm auf den rechten Weg führen lassen. Fahrt mit Gebet und Fasten fort. Danke, daß ihr in so großer Zahl geantwortet habt.»

18. März 1995

Die Erscheinung dauerte zehn Minuten und danach zog sich Mirjana weinend ins Zimmer zurück. Über Ihre Begegnung mit der Gottesmutter sagte sie folgendes:

«Liebe Kinder! Seit Jahren lehre ich euch wie eine Mutter den Glauben und die Liebe Gottes. Ihr habt keine Dankbarkeit gezeigt und habt dem lieben Vater nicht die Ehre erwiesen. Ihr seid leer geworden und euer Herz ist hart geworden und ohne Liebe für die Leiden eures Nächsten. Ich lehre euch die Liebe und zeige euch, daß der liebe Vater euch geliebt hat, nicht ihr IHN. Er hat den eigenen Sohn geopfert für eure Rettung, meine Kinder. Solange ihr nicht liebt, werdet ihr die Liebe eures Vaters nicht kennen.
Ihr werdet IHN nicht kennen, weil Gott Liebe ist. Liebt und habt keine Angst, denn meine Kinder, in der Liebe ist keine Angst. Wenn eure Herzen für den Vater offen sind, und voll Liebe sind für IHN, weshalb also Angst haben vor dem was kommt? Diejenigen, die nicht lieben, haben Angst, weil sie die Strafe erwarten, und weil sie wissen, wie leer und hart sie sind. Kinder, ich führe euch zur Liebe, zum lieben Vater.

Ich führe euch zum ewigen Leben. Das ewige Leben ist mein Sohn. Empfangt IHN, und ihr habt die Liebe empfangen.»

25. Juni 1995

Wie jedes Jahr fand für die Seherin Ivanka Ivankovic-Elez die Erscheinung der Muttergottes am 25. Juni statt. Die Erscheinung fand im Haus der Seherin statt und dauerte sechs Minuten: «Die Muttergottes hat alle Anwesenden gesegnet. Sie hat über die Geheimnisse gesprochen. Sie hat mich eingeladen, für die Familien zu beten, weil Satan sie zerstören will und hat alle Menschen eingeladen, Sprachrohr des Friedens zu sein.»

18. März 1996

Kurz vor 14 Uhr kam Mirjana und begann, den Rosenkranz zu beten, wobei ihre kleine 5jährige Tochter bei den ersten 10 Ave Maria vorbetete. Sie unterbrach das Gebet für etwa 6 Minuten, als sie die Erscheinung hatte. Zuerst, berichtete sie später, sei die Madonna voll Freude gewesen, dann aber sei sie etwas traurig geworden, um dann am Ende aber wieder freudig zu sein.

«Liebe Kinder! Ich möchte, daß ihr gründlich über diese Botschaft nachdenkt, die Ich euch heute durch meine Dienerin verkünde. Meine Kinder, Gottes Liebe ist groß. Schließt nicht eure Augen, verschließt nicht eure Ohren während ich euch wiederhole: Groß ist Gottes Liebe. Heiligt euer Herz und bereitet darin eine Wohnung für Gott. Auf daß Er für immer dort bleibe.
Meine Augen und Mein Herz werden hier sein, auch wenn Ich nicht mehr erscheinen werde. Handelt in allem so, wie Ich es euch sage und wie Ich euch leite auf dem Weg zu Gott. Verwerft nicht den Namen Gottes, damit ihr nicht verworfen werdet. Nehmt die Botschaften an, damit auch ihr angenommen werden könnt. Entscheidung ist gekommen. Habt ein redliches und unschuldiges Herz, damit Ich euch zu eurem Vater geleiten kann, denn Ich bin hier infolge Seiner großen Liebe. Dank euch, daß ihr hier seid!

Kapitel 2

Die Botschaften an die Pfarrei
und an alle, die den Weg der Heiligkeit
gehen wollen

1. Die Donnerstag-Botschaften:
1. März 1984 bis 8. Januar 1987

Diese Botschaften ergehen zunächst wöchentlich, dann monatlich an die Pfarrei von Medjugorje und alle Menschen auf der Welt, die zusammen mit der Königin des Friedens und der Versöhnung «den Weg der Heiligkeit» gehen wollen. Die Botschaften dieses Teils des Buches wurden ausnahmslos von Marija Pavlovic empfangen.

Auch im August 1993 erhalten wir weiterhin monatliche Botschaften.

> «Liebe Kinder, ich habe besonders diese Pfarrei erwählt, weil ich sie gern führen möchte. Ich wache mit Liebe über sie und wollte, daß ihr alle die Meinen würdet. Ich danke euch, daß ihr heute abend meinem Ruf gefolgt seid. Ich hätte es gern, wenn ihr immer sehr zahlreich mit mir und meinem Sohn wäret. Ich will euch jeden Donnerstag eine besondere Botschaft geben.»

8. März 1984

> «Danke, daß ihr meinem Ruf gefolgt seid! Liebe Kinder, bekehrt euch in dieser Pfarrei! Das ist mein zweiter Wunsch. So werden sich alle jene bekehren können, die hierher kommen werden.»

15. März 1984

«Auch heute abend, liebe Kinder, bin ich euch auf besondere Weise dankbar, daß ihr da seid. Betet ohne Unterlaß das Allerheiligste Sakrament des Altares an! Ich bin immer anwesend, wenn die Gläubigen das Allerheiligste anbeten. Dabei werden besondere Gnaden erteilt.»

22. März 1984

«Liebe Kinder! — Heute abend lade ich euch besonders ein, in dieser Fastenzeit die Wunden meines Sohnes zu verehren, die er durch die Sünden dieser Pfarrei bekommen hat. Vereint euch mit meinen Gebeten für die Pfarrei, damit Ihm die Leiden erträglich werden. Ich danke, daß ihr meinem Ruf gefolgt seid! Bemüht euch weiterhin, in immer größerer Anzahl hierher zu kommen.»

29. März 1984

«Liebe Kinder! — Heute abend möchte ich euch auf eine besondere Weise bitten, daß ihr den Versuchungen nicht nachgebt. Denkt nach, wie der Allmächtige auch heute wegen eurer Sünden leidet. Und wenn ihr leidet, so bringt es Gott als Opfer dar. Danke, daß ihr meinem Ruf gefolgt seid!»

5. April 1984

«Liebe Kinder! — Heute abend bitte ich euch besonders, das Herz meines Sohnes Jesus zu verehren. Leistet für die dem Herzen meines Sohnes zugefügte Wunde Genugtuung! Dieses Herz ist durch alle möglichen Sünden verletzt worden. Danke, daß ihr auch heute abend gekommen seid!»

12. April 1984

«Liebe Kinder! — Heute bitte ich euch, daß ihr mit der üblen Nachrede aufhört und für die Einheit der Pfarrei betet. Denn ich und mein Sohn haben einen besonderen Plan mit dieser Pfarrei. Danke, daß ihr meinem Ruf gefolgt seid!»

19. April 1984, Gründonnerstag

«Liebe Kinder! — Fühlt mit mir. Betet, betet, betet!»

26. April 1984

Die Gospa gab keine Botschaft.

30. April 1984

Die Seherin Marija hatte die Gospa gefragt: «Liebe Gospa, warum hast du am vergangenen Donnerstag keine Botschaft für die Pfarrei gehabt?»
Die Gospa gab ihr das Folgende zur Antwort:

> **«Ich will niemanden zu etwas zwingen, das er nicht fühlt und nicht will. Ich hatte jedoch besondere Botschaften, durch die ich den Glauben jedes Gläubigen erwecken wollte. Doch haben nur sehr wenige die Donnerstag-Botschaften angenommen. Anfangs waren es recht viele, aber dann wurden sie für sie gleichsam zur Gewohnheit. In der letzten Zeit verlangen die Leute die Botschaften aus Neugier, und nicht aus Glauben und Verehrung für meinen Sohn und mich selbst.»**

3. Mai 1984

Die Gospa hat keine Botschaft gegeben.

10. Mai 1984

Viele Gläubige waren von der letzten Botschaft der Gospa sehr berührt. Einige meinten, die Gospa werde überhaupt keine Botschaften für die Pfarrei mehr geben. An diesem Abend sagte sie jedoch:

> **«Ich spreche zu euch und will es auch weiterhin tun. Und ihr, gehorcht meinen Empfehlungen!»**

17. Mai 1984

> **«Liebe Kinder! — Heute bin ich sehr froh, weil es viele von euch gibt, die sich mir weihen möchten. Ich danke euch! Ihr habt euch nicht geirrt. Mein Sohn Jesus Christus will euch durch mich besondere Gnaden erteilen. Mein Sohn ist froh über eure Hingabe. Danke, daß ihr meinem Ruf gefolgt seid!»**

24. Mai 1984

> **«Liebe Kinder! — Ich habe euch schon gesagt, daß ich euch auf besondere Weise auserwählt habe, so wie ihr seid. Ich, die Mutter, liebe euch alle, und wann immer ihr**

in Schwierigkeiten seid, fürchtet euch nicht; denn ich liebe euch auch dann, wenn ihr von mir und meinem Sohn fern seid. Ich bitte euch, erlaubt nicht, daß mein Herz blutige Tränen über jene Seelen weint, die in der Sünde verlorengehen. Deswegen, liebe Kinder, betet, betet, betet! Danke, daß ihr meinem Ruf gefolgt seid!»

31. Mai 1984

Das Fest Christi Himmelfahrt. Viele Besucher kamen von außerhalb. Die Gospa gab keine Botschaft für die Pfarrei. Sie sagte zu Marija, sie werde am Samstag eine Botschaft geben, die in der Sonntagsmesse verkündigt werden solle.

Samstag, der 2. Juni 1984

Die folgende Botschaft wurde vor dem Pfingstfest während der Novene zum Heiligen Geist gegeben:

«Liebe Kinder! — Heute abend möchte ich euch sagen: Betet in dieser Novene um die Ausgießung des Heiligen Geistes auf euch, eure Angehörigen und eure Gemeinden. Betet — ihr werdet es nicht bereuen! Gott will euch Gnaden geben, für die ihr ihn bis ans Ende eures irdischen Lebens preisen werdet.»

7. Juni 1984

Keine Botschaft; Unsere Liebe Frau versprach, sie am Samstag geben zu wollen.

9. Juni 1984, Samstag vor Pfingsten

«Liebe Kinder! — Betet morgen abend um den Geist der Wahrheit, besonders ihr von der Pfarrei. Denn ihr braucht den Geist der Wahrheit, damit ihr die Botschaften — so wie sie sind, ohne etwas hinzuzufügen oder wegzunehmen — weitergeben könnt: So, wie ich sie gesagt habe. Betet, daß euch der Heilige Geist mit dem Geist des Gebetes erfülle, damit ihr mehr betet. Ich, eure Mutter, sage euch, daß ihr zu wenig betet. Danke, daß ihr meinem Ruf gefolgt seid!»

14. Juni 1984

Es wurde keine besondere Botschaft gegeben.

21. Juni 1984

«Betet, betet, betet! Danke, daß ihr meinem Ruf gefolgt seid!»

28. Juni 1984

Keine besondere Botschaft für die Pfarrei.

5. Juli 1984

«Liebe Kinder! — Heute möchte ich euch sagen, daß ihr vor jeder Arbeit beten und sie mit dem Gebet beenden sollt. Denn wenn ihr es so macht, wird Gott euch und eure Arbeit segnen. In diesen Tagen betet ihr wenig und arbeitet viel. Daher: betet! Im Gebet werdet ihr euch ausruhen können. Danke, daß ihr meinem Ruf gefolgt seid!»

12. Juli 1984

«Liebe Kinder! — In diesen Tagen will der Satan meine Pläne verhindern; betet, daß sein Plan nicht in Erfüllung geht. Ich werde meinen Sohn Jesus bitten, euch die Gnade zu geben, daß ihr in den Versuchungen des Satans den Sieg Jesu erkennt. Danke, daß ihr meinem Ruf gefolgt seid!»

19. Juli 1984

«Liebe Kinder! — In diesen Tagen habt ihr gespürt, wie der Satan wirkt. Ich bin immer mit euch; fürchtet euch nicht vor den Versuchungen, denn wir stehen immer unter Gottes Schutz. Ich aber habe mich euch geschenkt und fühle mit euch, auch in der kleinsten Versuchung. Danke, daß ihr meinem Ruf gefolgt seid!»

26. Juli 1984

«Liebe Kinder! — Auch heute möchte ich euch zur Ausdauer im Gebet und in der Buße einladen. Besonders die Jugendlichen dieser Pfarrei sollen in ihren Gebeten aktiver sein. Danke, daß ihr meinem Ruf gefolgt seid!»

2. August 1984

«Liebe Kinder! — Heute bin ich glücklich und danke euch für eure Gebete. Betet in diesen Tagen noch mehr für die Bekehrung der Sünder. Danke, daß ihr meinem Ruf gefolgt seid.»

11. August 1984

«Liebe Kinder! — Betet, weil der Satan auch weiterhin meine Pläne durchkreuzen will. Betet mit dem Herzen und gebt euch in den Gebeten Jesus hin!»

14. August 1984

Diese Erscheinung kam unerwartet. Ivan betet bei sich zu Hause und bereitet sich dann darauf vor, in die Kirche zur Vesper zu gehen. Da erscheint ihm unversehens die Gospa und bittet ihn, der Welt die folgende Botschaft zu übermitteln:

«Ich wollte, die Menge würde in diesen Tagen an meiner Seite so viel wie möglich beten. Die Leute sollen mittwochs und freitags streng fasten. Schließlich sollen alle jeden Tag wenigstens den ganzen Rosenkranz beten: die freudenreichen, die schmerzhaften und die glorreichen Geheimnisse.»

Die Gospa bat uns, diese Botschaft mit festem Willen anzunehmen. Sie erbat es besonders von den Pfarreiangehörigen und den Gläubigen der Umgebung.

16. August 1984

«Liebe Kinder! — Ich bitte besonders euch aus dieser Pfarrei, daß ihr meine Botschaften lebt und sie an andere weitergebt, denen ihr begegnet. Danke, daß ihr meinem Ruf gefolgt seid!»

23. August 1984

«Betet, betet, betet!»

Marija sagt, die Gottesmutter fordere die Leute, besonders die Jugendlichen, auf, sich während der Messe ordentlich zu verhalten.

30. August 1984

Diese Botschaft betrifft das Kreuz auf dem Berg Krizevac, das dort 1933 zum eintausendneunhundertsten Jahrestag des Todes und der Auferstehung Christi errichtet worden war.

«Liebe Kinder! — Auch das Kreuz war in Gottes Plan, als ihr es errichtet habt. Geht besonders in diesen Tagen auf

den Berg und betet vor dem Kreuz. Ich brauche eure
Gebete. Danke, daß ihr meinem Ruf gefolgt seid!»

6. September 1984

«Liebe Kinder! — Ohne das Gebet gibt es keinen Frieden.
Deshalb sage ich euch, liebe Kinder, betet vor dem Kreuz
für den Frieden. Danke, daß ihr meinem Ruf gefolgt
seid!»

13. September 1984

«Liebe Kinder! — Auch weiterhin sind mir eure Gebete
notwendig. Ihr fragt euch: "Warum so viele Gebete?" —
Schaut euch um, liebe Kinder, und ihr werdet sehen, wie
sehr die Sünde auf dieser Erde die Herrschaft an sich gerissen hat. Deswegen betet, damit Jesus siegt. Danke, daß
ihr meinem Ruf gefolgt seid!»

20. September 1984

«Liebe Kinder! — Heute rufe ich euch auf: Beginnt mit
ganzem Herzen zu fasten! Es gibt viele Leute, die fasten,
aber nur weil alle fasten. Es ist ein Brauch geworden, den
niemand unterbrechen möchte. Ich bitte die Pfarrei, daß
sie aus Dankbarkeit fastet, weil mir Gott erlaubt hat, so
lange in dieser Pfarrei zu bleiben. Liebe Kinder, fastet und
betet von Herzen! Danke, daß ihr meinem Ruf gefolgt
seid!»

27. September 1984

«Liebe Kinder! — Mit eurem Gebeten habt ihr mir geholfen, daß meine Pläne verwirklicht werden. Betet weiter,
damit diese Pläne vollkommen verwirklicht werden. Ich
bitte die Familien der Pfarrei, den Rosenkranz innerhalb
der Familie zu beten. Danke, daß ihr meinem Ruf gefolgt
seid!»

4. Oktober 1984

«Liebe Kinder! — Heute will ich euch sagen, daß ihr mich
oft mit euren Gebeten erfreut. Es gibt in der Pfarrei aber
auch etliche, die nicht beten, und mein Herz ist traurig.
Deshalb: Betet, damit ich alle eure Opfer und Gebete vor
den Herrn bringen kann. Danke, daß ihr meinem Ruf
gefolgt seid!»

8. Oktober 1984

Jakov war krank; während der Erscheinung, die er bei sich zu Hause hatte, wurde ihm die folgende Botschaft gegeben:

> «Liebe Kinder! — Alle Gebete, die ihr abends zu Hause betet, betet für die Bekehrung der Sünder, weil die Welt sich in großer Sünde befindet. Betet jeden Abend den Rosenkranz!»

11. Oktober 1984

Unsere Liebe Frau erinnert an eine Prüfung: Die Regenfluten mitten in der Reifezeit, welche auf den Feldern zu großen Schäden geführt hatten:

> «Liebe Kinder! — Ich danke euch, daß ihr eure ganze Mühe Gott gebt; auch jetzt, wenn er euch durch die Früchte prüft, die ihr gerade erntet. Wisset, liebe Kinder, er liebt euch, und deshalb prüft er euch. Gebt immer alle Lasten Gott hin und seid nicht besorgt! Danke, daß ihr meinem Ruf gefolgt seid!»

18. Oktober 1984

> «Liebe Kinder! — Heute bitte ich euch, daß ihr in euren Häusern jeden Tag aus der Bibel lest. Die Bibel soll an sichtbarer Stelle liegen, damit sie euch immer zum Lesen und zum Beten anregt. Danke, daß ihr meinem Ruf gefolgt seid!»

25. Oktober 1984

> «Liebe Kinder! — Betet in diesem Monat! Gott überließ mir jeden Tag, um euch mit den Gnaden zu helfen, damit ihr euch vor dem Bösen verteidigt. Das ist mein Monat. Ich will ihn euch geben. Betet nur, und Gott wird euch die Gnaden geben, die ihr sucht! Ich werde euch dabei helfen. Danke, daß ihr meinem Ruf gefolgt seid!»

1. November 1984

> «Liebe Kinder! — Heute lade ich euch zur Erneuerung des Gebetes in euren Häusern ein. Die Feldarbeiten sind zu Ende; widmet euch jetzt dem Gebet. Das Gebet soll an erster Stelle in euren Familien stehen. Danke, daß ihr meinem Ruf gefolgt seid!»

8. November 1984

«Liebe Kinder! — Ihr seid euch der Botschaften, die Gott durch mich sendet, nicht bewußt. Er gibt euch große Gnaden, ihr aber begreift nicht. Betet zum Heiligen Geist um Erleuchtung! Wenn ihr wüßtet, welch große Gnaden euch Gott gibt, ihr würdet ohne Unterlaß beten. Danke, daß ihr meinem Ruf gefolgt seid!»

15. November 1984

«Liebe Kinder! — Ihr seid ein erwähltes Volk, und Gott hat euch große Gnaden gegeben. Ihr seid euch der Botschaften, die ich euch gebe, nicht bewußt. Jetzt möchte ich nur sagen: betet, betet, betet! Ich weiß nichts anderes zu sagen, weil ich euch liebe und weil ich wünsche, daß ihr im Gebet meine und Gottes Liebe erkennt. Danke, daß ihr meinem Ruf gefolgt seid!»

22. November 1984

«Liebe Kinder! — Lebt in diesen Tagen nach allen Hauptbotschaften und verwurzelt sie bis zum Donnerstag in euren Herzen. Danke, daß ihr meinem Ruf gefolgt seid!»

29. November 1984

«Liebe Kinder! — Nein, ihr könnt nicht lieben und ihr könnt nicht mit Liebe die Worte hören, die ich euch gebe. Seid euch bewußt, meine Lieben, daß ich eure Mutter bin und daß ich auf die Erde gekommen bin, um euch zu lehren, aus Liebe zu gehorchen, aus Liebe zu beten und nicht, weil ihr durch das Tragen eures Kreuzes dazu gezwungen werdet. Im Kreuz wird Gott durch jeden Menschen verherrlicht. Danke, daß ihr meinem Ruf gefolgt seid!»

6. Dezember 1984

«Liebe Kinder! — In diesen Tagen lade ich euch zum Familiengebet ein. Im Namen Gottes habe ich mehrmals Botschaften gegeben, ihr aber habt nicht darauf gehört. Dieses Weihnachtsfest wird euch unvergeßlich sein, wenn ihr die Botschaften annehmt, die ich euch gebe. Liebe Kinder, erlaubt nicht, daß der Tag der Freude für mich der traurigste Tag wird. Danke, daß ihr meinem Ruf gefolgt seid!»

13. Dezember 1984

«Liebe Kinder! — Ihr wißt, daß sich der Tag der Freude nähert, aber ohne Liebe werdet ihr nichts erreichen. Deswegen fangt zunächst an, eure eigene Familie zu lieben und alle in der Pfarrei. Dann werdet ihr alle jene empfangen und lieben können, die hierher kommen. Diese Woche soll eine Woche sein, in der ihr lernen sollt, zu lieben. Danke, daß ihr meinem Ruf gefolgt seid!»

20. Dezember 1984

«Liebe Kinder! — Heute bitte ich euch, daß ihr etwas Konkretes für Jesus Christus tut. Ich wünsche, daß jede Familie der Pfarrei als Zeichen der Hingabe an Jesus eine Blume bis zum Tag der Freude bringe. Ich wünsche, daß jedes Mitglied der Familie eine Blume neben die Krippe legt, damit Jesus kommen kann und eure Hingabe an Ihn sieht. Danke, daß ihr meinem Ruf gefolgt seid!»

27. Dezember 1984

«Liebe Kinder! — Diese Weihnachten wollte der Satan auf besondere Weise Gottes Pläne verhindern. Ihr habt, liebe Kinder, auch am Weihnachtstag selbst den Satan erkannt. Aber Gott siegt in allen euren Herzen. Eure Herzen mögen weiterhin froh sein. Danke, daß ihr meinem Ruf gefolgt seid!»

3. Januar 1985

«Liebe Kinder! — In diesen Tagen hat euch der Herr große Gnaden erteilt. Diese Woche soll für euch eine Danksagung für die von Gott empfangenen Gaben sein. Danke, daß ihr meinem Ruf gefolgt seid!»

10. Januar 1985

«Liebe Kinder! — Heute möchte ich euch danken für alle Opfer. Besonders danke ich jenen, die meinem Herzen in Liebe zugeneigt sind und die gerne hierher kommen. Es gibt etliche Angehörige in der Pfarrei, die den Botschaften nicht folgen wollen. Ich gebe aber die Botschaften an die Pfarrei wegen jener, die meinem Herzen auf besondere Weise nahe sind. Ich werde euch weiterhin Botschaften geben, weil ich euch liebe und weil ich wünsche, daß ihr die Botschaften von Herzen verbreitet. Danke, daß ihr meinem Ruf gefolgt seid!»

14. Januar 1985

Durch Vicka übermittelte Botschaft der Gottesmutter:

«Meine lieben Kinder! Der Satan ist so stark und wünscht mit ganzer Kraft meine Pläne zu durchkreuzen, die ich mit euch begonnen habe. Betet, betet nur und hört keinen Moment auf! Ich werde meinen Sohn bitten, daß sich alle meine Pläne verwirklichen, die ich begonnen habe. Seid geduldig und ausdauernd im Gebet! Und laßt nicht zu, daß euch der Satan entmutigt. Er wirkt sehr stark in der Welt. Seid wachsam!»

17. Januar 1985

«Liebe Kinder! — In diesen Tagen kämpft der Teufel heimtückisch gegen diese Pfarrei, und ihr habt, liebe Kinder, im Gebet nachgelassen, und nur wenige gehen zur Messe. Haltet die Tage der Versuchung durch! Danke, daß ihr meinem Ruf gefolgt seid!»

24. Januar 1985

«Liebe Kinder! — In diesen Tagen habt ihr die Wonne Gottes durch die Erneuerung in dieser Pfarrei gefühlt. Der Teufel will noch mehr tun, um euch jede Freude zu nehmen. Mit dem Gebet könnt ihr ihn entwaffnen und euch euer Glück sichern. Danke, daß ihr meinem Ruf gefolgt seid!»

31. Januar 1985

«Liebe Kinder! — Heute will ich euch sagen, daß ihr Gott eure Herzen öffnen sollt wie die Blüten im Frühling, die sich nach der Sonne sehnen. Ich bin eure Mutter und wünsche mir immer, daß ihr Gott nahe seid und daß er euren Herzen reichliche Gaben schenkt. Danke, daß ihr meinem Ruf gefolgt seid!»

7. Februar 1985

«Liebe Kinder! — In diesen Tagen wirkt der Satan in dieser Pfarrei auf besondere Weise. Betet, liebe Kinder, daß sich der Plan Gottes erfüllt, und daß jede Arbeit Satans zur Ehre Gottes beendet wird. Ich bin so lange bei euch geblieben, um euch in den Versuchungen beizustehen. Danke, daß ihr meinem Ruf gefolgt seid!»

14. Februar 1985

«Liebe Kinder! — Heute ist der Tag, an dem ich euch die Botschaft für die Pfarrei gebe, aber nicht die ganze Pfarrei nimmt die Botschaft an und lebt sie. Ich bin traurig und wünsche, daß ihr mich, liebe Kinder, anhört und meine Botschaften lebt. Jede Familie muß beten und auch die Bibel lesen! Danke, daß ihr meinem Ruf gefolgt seid!»

21. Februar 1985

«Liebe Kinder! — Tag für Tag habe ich euch zur Umkehr und zum Gebet in der Pfarrei aufgefordert, aber ihr begreift es nicht. Heute fordere ich euch zum letzten Mal auf. Jetzt ist Fastenzeit, und ihr könnt als Pfarrei in der Fastenzeit meiner Einladung zur Liebe nachgehen. Wenn ihr das nicht tut, werde ich euch keine Botschaften mehr geben. Gott erlaubt mir das. Danke, daß ihr meinem Ruf gefolgt seid!»

28. Februar 1985

«Liebe Kinder! — Heute lade ich euch ein, lebt in dieser Woche die Worte: "Ich liebe Gott." Liebe Kinder, mit Liebe werdet ihr alles erreichen, auch das, was ihr für unmöglich haltet. Gott wünscht von dieser Pfarrei, daß ihr vollkommen Ihm gehört. Das wünsche ich auch. Danke, daß ihr meinem Ruf gefolgt seid!»

7. März 1985

«Liebe Kinder! — Heute lade ich euch zur Erneuerung des Gebetes in euren Familien ein! Liebe Kinder! Regt die Kleinsten zum Gebet an und dazu, daß die Kinder zur heiligen Messe gehen. Danke, daß ihr meinem Ruf gefolgt seid!»

14. März 1985

«Liebe Kinder! — In eurem Leben habt ihr alle helle und dunkle Momente erfahren. Gott läßt jeden Menschen das Gute und das Böse erkennen. Ich fordere euch auf, das

Licht zu tragen für alle Menschen, die sich in der Finsternis befinden. Tagein, tagaus kommen Leute in eure Häuser, die in der Finsternis leben. Gebt ihnen, liebe Kinder, das Licht! Danke, daß ihr meinem Ruf gefolgt seid!»

21. März 1985

«Liebe Kinder! — Ich möchte euch Botschaften geben, und deshalb fordere ich euch heute auf, meine Botschaften anzunehmen und zu leben. Liebe Kinder, ich liebe euch, und ich habe diese Pfarrei auf eine besondere Weise auserwählt. Diese Pfarrei ist mir lieber als die anderen, wo ich auch gerne weilte, als mich der Allmächtige schickte. Deshalb bitte ich euch: Hört mich an, liebe Kinder, daß es auch euch Heil bringe. Hört auf meine Botschaften! Danke, daß ihr meinem Ruf gefolgt seid!»

24. März 1985, Fest der Verkündigung des Herrn

«Heute möchte ich euch zur Beichte einladen, obwohl ihr erst vor einigen Tagen gebeichtet habt. Ich wünsche, daß ihr alle meinen Feiertag in eurem Inneren erlebt. Und das könnt ihr nicht erfahren, wenn ihr euch nicht ganz Gott hingebt. Deshalb lade ich euch zur Versöhnung mit Gott ein!»

28. März 1985

«Liebe Kinder! — Heute lade ich euch ein: betet, betet, betet! Im Gebet werdet ihr die größte Freude erfahren, und ihr werdet aus jeder unausweichlichen Situation einen Ausweg finden. Ich danke euch, daß ihr euch im Gebet vertieft habt! Jeder einzelne ist meinem Herzen noch lieber geworden, und ich bedanke mich bei allen, die in ihren Familien zum Gebet angeregt haben. Danke, daß ihr meinem Ruf gefolgt seid!»

4. April 1985, Gründonnerstag

«Liebe Kinder! — Ich danke euch, daß ihr angefangen habt, mehr in euren Herzen über die Ehre Gottes nachzudenken. Heute ist der Tag, an dem ich vorgehabt habe, euch keine Botschaften mehr zu geben, weil mich einzelne nicht angenommen haben. Die Pfarrei hat jedoch angefangen, sich zu bekehren. Deshalb wünsche ich, euch Botschaften zu überbringen, wie es sie noch nie und nirgendwo in der Geschichte seit dem Beginn der Welt gegeben hat. Danke, daß ihr meinem Ruf gefolgt seid!»

5. April 1985, Karfreitag

Von Ivanka übermittelte Botschaft:

«Ihr, die Pfarreimitglieder, habt ein großes, schweres Kreuz; habt aber keine Angst, es zu tragen. Mein Sohn ist da und hilft euch.»

11. April 1985

«Liebe Kinder! — Heute möchte ich euch allen in der Pfarrei sagen, daß ihr auf eine besondere Weise zum Heiligen Geist um Erleuchtung beten sollt. Von heute an möchte Gott die Pfarrei auf eine besondere Weise prüfen, damit er sie im Glauben stärken kann. Danke, daß ihr meinem Ruf gefolgt seid!»

18. April 1985

«Liebe Kinder! — Heute danke ich euch für das Öffnen eurer Herzen! Freude erfüllt mich über jedes Herz, das sich Gott öffnet, besonders aus dieser Pfarrei. Freut euch mit mir! Betet alle Gebete für das Öffnen der sündigen Herzen. Ich wünsche das. Gott wünscht das durch mich. Danke, daß ihr meinem Ruf gefolgt seid!»

25. April 1985

«Liebe Kinder! — Heute möchte ich euch sagen, daß ihr an euren Herzen zu arbeiten beginnen sollt, wie ihr auf den Feldern arbeitet. Arbeitet und ändert eure Herzen, damit in eure Herzen ein neuer Geist von Gott einkehren kann. Danke, daß ihr meinem Ruf gefolgt seid!»

2. Mai 1985

«Liebe Kinder! — Heute fordere ich euch auf: Betet mit dem Herzen und nicht aus Gewohnheit. Einige kommen, wollen sich aber nicht im Gebet ändern. Deshalb möchte ich euch als Mutter aufmerksam machen: Betet, daß das Gebet jeden Augenblick in euren Herzen vorherrsche. Danke, daß ihr meinem Ruf gefolgt sei!»

9. Mai 1985

«Liebe Kinder! — Nein, es ist euch nicht bewußt, welche Gnaden Gott euch schenkt. Leider laßt ihr euch in diesen Tagen, da der Heilige Geist auf besondere Weise wirkt, nicht bewegen. Eure Herzen sind den irdischen Dingen zugewandt, die euch ganz in Beschlag nehmen. Wendet eure Herzen dem Gebet zu und bittet, der Heilige Geist möge sich über euch ergießen. Danke, daß ihr meinem Ruf gefolgt seid!»

16. Mai 1985

«Liebe Kinder! — Ich fordere euch zum aktiveren Gebet und zu einer aktiveren Teilnahme an der heiligen Messe auf. Ich wünsche, daß eure Messe ein echtes Gotteserlebnis wird. Der Jugend möchte ich vor allem mitteilen: Seid dem Heiligen Geist gegenüber ganz offen, denn Gott möchte euch in diesen Tagen, in denen der Satan so stark wirkt, ganz an sich heranziehen. Danke, daß ihr meinem Ruf gefolgt seid!»

23. Mai 1985

«Liebe Kinder! — In diesen Tagen fordere ich euch auf: Öffnet eure Herzen dem Heiligen Geist! Besonders in diesen Tagen wirkt der Heilige Geist durch euch. Öffnet eure Herzen und übergebt euer Leben Jesus, damit er durch eure Herzen wirke und euch im Glauben festige. Danke, daß ihr meinem Ruf gefolgt seid!»

30. Mai 1985

«Liebe Kinder! — Ich fordere euch erneut zum Gebet mit dem Herzen auf. Das Gebet möge euch, liebe Kinder, die tägliche Nahrung sein, besonders jetzt, wenn euch die Arbeit auf dem Feld so sehr erschöpft, daß ihr nicht mit dem Herzen beten könnt. Betet, und ihr werdet jede Erschöpfung überwinden. Das Gebet wird euch Freude und Erholung sein. Danke, daß ihr meinem Ruf gefolgt seid!»

6. Juni 1985

«Liebe Kinder! — In diesen und den folgenden Tagen werden Menschen aus allen Nationen in diese Pfarrei kommen. Deshalb rufe ich euch zur Liebe auf! Liebt zuallererst eure Familienangehörigen! Dann werdet ihr imstande sein, alle aufzunehmen und zu lieben, die hierher kommen. Danke, daß ihr meinem Ruf gefolgt seid!»

13. Juni 1985

«Liebe Kinder! — Zum Jahrestag lade ich euch ein: Eure Pfarrei soll mehr beten, und euer Gebet soll Zeichen der Hingabe an Gott sein. Liebe Kinder, ich weiß, daß ihr alle müde seid. Nein, ihr könnt euch mir nicht hingeben. Gebt euch mir in diesen Tagen ganz hin. Danke, daß ihr meinem Ruf gefolgt seid!»

20. Juni 1985

«Liebe Kinder! — Zu diesem Festtag möchte ich euch etwas sagen: Öffnet eure Herzen dem Herrn aller Herzen. Gebt mir alle eure Gefühle und alle eure Probleme. Ich möchte euch trösten in euren Versuchungen, ich möchte euch mit dem Frieden, der Freude, der Freude und der Liebe Gottes erfüllen. Danke, daß ihr meinem Ruf gefolgt seid!»

25. Juni 1985, Jahrestag der ersten Erscheinung, Botschaft an die Priester

Heute fragte Marija Unsere Liebe Frau: «Liebe Gospa, was willst du den Priestern empfehlen?»

«Ich bitte euch: Ladet alle zum Rosenkranzgebet ein! Mit dem Rosenkranzgebet werdet ihr alle Schwierigkeiten überwinden, die der Teufel in die katholische Kirche hineinbringt. Priester, betet alle den Rosenkranz! Nehmt euch Zeit für das Rosenkranzgebet!»

28. Juni 1985

«Liebe Kinder! — Heute gebe ich eine Botschaft, in der ich euch zur Demut einlade. In diesen Tagen habt ihr wegen der vielen Leute, die gekommen sind, große Freude verspürt. Ihr habt zu ihnen mit Liebe von euren Erfahrungen gesprochen. Jetzt bitte ich euch, bleibt demütig und sprecht mit offenem Herzen zu allen, die zu euch kommen. Danke, daß ihr meinem Ruf gefolgt seid!»

4. Juli 1985

«Liebe Kinder! — Ich danke euch für jedes Opfer, das ihr auf euch genommen habt. Jetzt bitte ich euch: Tragt jedes Opfer mit Liebe! Und ihr, die ihr der Hilfe bedürft, beginnt zu vertrauen! Dann wird der Herr auch euch vertrauen. Danke, daß ihr meinem Ruf gefolgt seid!»

11. Juli 1985

«Liebe Kinder! — Ich liebe eure Pfarrei und behüte sie mit meinem Mantel vor allen Angriffen des Satans. Betet, daß der Satan von der Pfarrei weiche und von jedem einzelnen, der in diese Pfarrei kommt. So werdet ihr jeden Ruf Gottes hören und mit eurem Lebenswandel darauf antworten können. Danke, daß ihr meinem Ruf gefolgt seid!»

18. Juli 1985

«Liebe Kinder! — Heute lade ich euch ein, bringt in eure Häuser mehr geweihte Sachen. Jeder trage etwas Geweihtes auf sich! Laßt alle Gegenstände segnen. So wird euch der Satan weniger versuchen, weil ihr einen Schild gegen ihn habt! Danke, daß ihr meinem Ruf gefolgt seid!»

25. Juli 1985

«Liebe Kinder! — Ich möchte euch führen, aber ihr wollt meine Botschaften nicht hören. Heute lade ich euch ein, auf die Botschaften zu hören! Dann werdet ihr alles leben können, was mir Gott anvertraut, euch zu überbringen. Öffnet euch Gott, und Er wird durch euch wirken und euch alles geben, was ihr nötig habt. Danke, daß ihr meinem Ruf gefolgt seid!»

1. August 1985

«Liebe Kinder! — Ich möchte euch sagen, daß ich diese Pfarrei auserwählt habe und daß ich sie mit meinen Händen beschütze gleich einer kleinen Blume, die nicht sterben möchte. Ich rufe euch auf: Überlaßt euch mir, damit ich euch dann Gott rein und makellos, neu und ohne Sünde übergeben kann. Der Satan hat einen Teil des Planes an sich gerissen und möchte ihn ganz erobern. Betet, daß er keinen Erfolg hat, denn ich möchte euch für mich haben, um euch dann Gott weiterzuschenken. Danke, daß ihr meinem Ruf gefolgt seid!»

8. August 1985

«Liebe Kinder! — Heute lade ich euch ein, daß ihr besonders jetzt mit dem Gebet dem Satan entgegentretet. Der Satan möchte jetzt stärker wirken, weil ihr um sein Wirken wißt. Liebe Kinder! Legt euch die Waffenrüstung an und besiegt ihn mit dem Rosenkranz in der Hand! Danke, daß ihr meinem Ruf gefolgt seid!»

15. August 1985, Fest Mariä Himmelfahrt

«Liebe Kinder! — Heute segne ich euch, und ich möchte euch sagen, daß ich euch liebe und euch ansporne, meine Botschaften zu leben. Heute segne ich euch alle mit dem feierlichen Segen, den mir der Allerhöchste gewährt. Danke, daß ihr meinem Ruf gefolgt seid!»

22. August 1985

«Liebe Kinder! — Heute möchte ich euch sagen, daß euch Gott Versuchungen schicken wird, die ihr durch das Gebet überwinden könnt. Gott versucht euch in der alltäglichen Arbeit. Jetzt betet, daß ihr jeder Versuchung in vollkommenem Frieden widersteht. Durch alle Versuchungen öffnet euch noch mehr dem Herrn und kommt Ihm in Liebe näher! Danke, daß ihr meinem Ruf gefolgt seid!»

29. August 1985

«Liebe Kinder! — Ich lade euch ein zum Gebet, besonders jetzt, wo sich der Satan der Früchte eurer Weingärten bedienen möchte. Betet, daß der Plan des Satans nicht gelingt! Danke, daß ihr meinem Ruf gefolgt seid!»

5. September 1985

«Liebe Kinder! — Heute danke ich euch für alle Gebete! Betet auch weiterhin! Und immer mehr! Dann wird der Satan diesem Ort immer ferner sein. Liebe Kinder! Der Plan des Satans ist gescheitert. Betet, daß sich verwirklicht, was Gott in dieser Pfarrei plant. Ich danke besonders den Jugendlichen für die Opfer, die sie gebracht haben. Danke, daß ihr meinem Ruf gefolgt seid!»

12. September 1985

«Liebe Kinder! — Ich möchte euch bitten, in diesen Tagen das Kreuz in den Mittelpunkt zu stellen. Betet besonders vor dem Kreuz, denn von ihm kommen große Gnaden. Weiht euch jetzt in euren Häusern besonders dem Kreuz! Versprecht, daß ihr weder Jesus noch das Kreuz beleidigen oder durch Schmähungen verspotten wollt! Danke, daß ihr meinem Ruf gefolgt seid!»

Diese Botschaft erhielt Marija, bevor das Fest der Kreuzeserhöhung gefeiert wurde. An diesem Tag war die größte Pilgerversammlung des Jahres. Es ist üblich, um den 14. September herum auf dem Berg Krizevac eine heilige Messe zu feiern.

20. September 1985

«Liebe Kinder! — Heute rufe ich euch auf, in Demut alle Botschaften zu leben, die ich euch gebe. Liebe Kinder, werdet nicht hochmütig, indem ihr die Botschaften lebt und dann weitererzählt: "Ich lebe die Botschaften!" Wenn ihr in eurem Herzen die Botschaften tragt und lebt, werden es alle fühlen, sodaß keine Worte notwendig sind, deren sich nur jene bedienen, die nicht gehorchen. Ihr braucht nicht mit Worten darüber zu sprechen. Ihr, liebe Kinder, müßt sie leben und mit eurem Leben Zeugnis ablegen. Danke, daß ihr meinem Ruf gefolgt seid!»

26. September 1985

«Liebe Kinder! — Ich bedanke mich für alle Gebete und alle Opfer und möchte euch gleichzeitig auffordern, liebe Kinder, die Botschaften, die ich euch gebe, neu zu leben. Insbesondere bitte ich euch: Versucht das Fasten durchzuhalten, denn durch das Fasten werdet ihr erreichen, daß der gesamte Plan Gottes hier in Medjugorje in Erfüllung gehen wird. Dadurch würdet ihr mir große Freude bereiten. Danke, daß ihr meinem Ruf gefolgt seid!»

3. Oktober 1985

«Liebe Kinder! — Dankt dem Herrn für alle Gnaden, die Gott euch gibt. Dankt dem Herrn auch für alle Früchte und preist ihn. Liebe Kinder, lernt deshalb zuerst in kleinen Dingen Dank zu sagen, und so werdet ihr imstande sein, auch in großen Dingen Dank zu sagen. Danke, daß ihr meinem Ruf gefolgt seid!»

10. Oktober 1985

«Liebe Kinder! — Auch heute möchte ich euch aufrufen, die Botschaften in der Pfarrei zu leben. Ich möchte besonders die Jugend dieser Pfarrei anspornen, weil mir diese Pfarrei so lieb ist. Liebe Kinder, wenn ihr die Botschaften lebt, lebt ihr das Samenkorn der Heiligkeit. Gleich einer Mutter möchte ich euch alle zur Heiligkeit aufrufen, damit ihr diese auch anderen vermitteln könnt. Ihr seid den anderen ein Spiegel. Danke, daß ihr meinem Ruf gefolgt seid!»

17. Oktober 1985

«Liebe Kinder! — Alles braucht seine Zeit. Heute lade ich euch ein, daß ihr wieder an euren Herzen zu arbeiten beginnt, denn jetzt sind alle Feldarbeiten beendet. Für die Reinigung aller unnötigen Räume nehmt ihr euch Zeit, aber das Herz bleibt unbeachtet. Deshalb arbeitet mehr daran, mit Liebe jeden Teil eures Herzens zu reinigen. Danke, daß ihr meinem Ruf gefolgt seid!»

24. Oktober 1985

«Liebe Kinder! — Ich möchte euch jeden Tag mit Heiligkeit, Güte, Gehorsam und Liebe bekleiden, damit ihr mit jedem neuen Tag schöner und bereiter werdet für den Herrn. Liebe Kinder, hört auf meine Botschaften und lebt sie! Ich möchte euch führen. Danke, daß ihr meinem Ruf gefolgt seid!»

31. Oktober 1985

«Liebe Kinder! — Heute möchte ich euch zur Mitarbeit in der Kirche einladen. Euch alle liebe ich in gleicher Weise, und ich wünsche, daß ihr alle nach euren eigenen Möglichkeiten mitwirkt. Liebe Kinder, ich weiß, daß ihr es könnt, es aber nicht tut, weil ihr euch für zu gering und zu unbedeutend für diese Dinge haltet. Seid mutig und bringt kleine Blumen für die Kirche und für Jesus dar, damit alle mit euch zufrieden sind! Danke, daß ihr meinem Ruf gefolgt seid!»

7. November 1985

«Liebe Kinder! — Ich lade euch zur Nächstenliebe ein, vor allem zur Liebe dem gegenüber, der euch Böses antut. So werdet ihr mit Liebe die wahren Absichten seines Herzens erkennen können. — Betet und liebt, liebe Kinder! Durch die Liebe seid ihr imstande, auch jenes zu vollbringen, was euch als unmöglich erscheint. Danke, daß ihr meinem Ruf gefolgt seid!»

14. November 1985

«Liebe Kinder! — Ich, eure Mutter, liebe euch und möchte euch zum Gebet aufmuntern. Liebe Kinder, ich bin unermüdlich und rufe euch auch dann, wenn ihr weit von meinem Herzen entfernt seid. Ich empfinde Schmerz über jeden, der auf Irrwege geraten ist. Aber ich bin eure Mutter und verzeihe leicht, und ich freue mich über jedes Kind, das zu mir zurückkehrt. Danke, daß ihr meinem Ruf gefolgt seid!»

21. November 1985

«Liebe Kinder! — Ich möchte euch sagen, daß das jetzt die Zeit besonders für euch aus der Pfarrei ist. Im Sommer sagt ihr, daß ihr viel Arbeit habt. Jetzt gibt es auf dem Feld keine Arbeit. Arbeitet an euch selber! Kommt zur heiligen Messe, denn das ist die Zeit, die euch geschenkt ist! — Liebe Kinder! Es sind genügend, die trotz des schlechten Wetters regelmäßig kommen, weil sie mich lieben und ihre Liebe auf eine besondere Weise zeigen wollen. Ich erwarte von euch, daß ihr mir eure Liebe erweist, indem ihr zur heiligen Messe kommt. Und der Herr wird euch reichlich belohnen. Danke, daß ihr meinem Ruf gefolgt seid!»

28. November 1985

«Liebe Kinder! — Ich möchte allen danken für alles, was sie für mich getan haben, besonders der Jugend. Ich bitte euch, liebe Kinder, geht bewußt zum Gebet, und ihr werdet die Herrlichkeit Gottes erkennen. Danke, daß ihr meinem Ruf gefolgt seid!»

5. Dezember 1985

«Liebe Kinder! — Ich wünsche, daß ihr euch mit Buße, Gebet und Taten der Liebe auf Weihnachten vorbereitet. Schaut nicht, liebe Kinder, auf das Materielle, denn so werdet ihr Weihnachten nicht erleben können. Danke, daß ihr meinem Ruf gefolgt seid!»

12. Dezember 1985

«Liebe Kinder! — Ich bitte euch, daß wir zu Weihnachten gemeinsam Jesus loben. An diesem Tag übergebe ich euch Jesus ganz besonders, und ich bitte euch, daß ihr an diesem Tag die Geburt Jesu feiert. Liebe Kinder, an diesem Tag betet mehr und preist Jesus! Danke, daß ihr meinem Ruf gefolgt seid!»

19. Dezember 1985

«Liebe Kinder! — Heute möchte ich euch zur Nächstenliebe aufrufen. Wenn ihr den Nächsten liebt, werdet ihr Jesus mehr erfahren, besonders am Weihnachtstag. Gott wird euch mit reichen Gaben beschenken, wenn ihr euch Ihm hingebt. — Am Weihnachtstag möchte ich auf besondere Weise meinen mütterlichen Segen den Müttern erteilen. Alle anderen wird Jesus mit seinem Segen beschenken. Danke, daß ihr meinem Ruf gefolgt seid!»

26. Dezember 1985

«Liebe Kinder! — Ich möchte mich bei allen bedanken, die meine Botschaften gehört und am Weihnachtstag gelebt haben, so wie ich es gesagt habe. — Von nun an möchte ich euch in der Liebe weiterführen, damit ihr nun rein von der Sünde bleibt. Übergebt mir eure Herzen! Danke, daß ihr meinem Ruf gefolgt seid!»

2. Januar 1986

«Liebe Kinder! — Ich fordere euch auf, euch ganz für Gott zu entscheiden. Ich bitte euch, liebe Kinder, daß ihr euch ganz hingebt, dann werdet ihr alles verwirklichen können, was ich euch sage. Es ist nicht schwer, sich ganz Gott hinzugeben. Danke, daß ihr meinem Ruf gefolgt seid!»

9. Januar 1986

«Liebe Kinder! — Ich rufe euch auf, mit euren Gebeten Jesus, dem Herrn, in der Verwirklichung all seiner Pläne zu helfen, die Er hier vollbringt. Bringt auch Jesus, dem Herrn, eure Opfer dar, damit alles geschieht, wie Er es geplant hat und der Satan nichts mehr tun kann! Danke, daß ihr meinem Ruf gefolgt seid!»

16. Januar 1986

«Liebe Kinder! — Auch heute rufe ich euch zum Gebet auf. Ich brauche eure Gebete, damit Gott in euch allen verherrlicht werde. Liebe Kinder, ich bitte euch, hört auf den mütterlichen Ruf und lebt ihn, denn ich rufe euch nur aus Liebe, um euch zu helfen. Danke, daß ihr meinem Ruf gefolgt seid!»

23. Januar 1986

«Liebe Kinder! — Ich fordere euch wieder zum Gebet mit dem Herzen auf. Denn wenn ihr, liebe Kinder, mit dem Herzen betet, wird das Eis in den Herzen unserer Brüder brechen, und alle Hindernisse werden beseitigt sein. Für alle, die sich bekehren wollen, wird es leicht sein, denn die Bekehrung ist ein Geschenk, das wir für alle unsere Nächsten bei Gott erbeten müssen. Danke, daß ihr meinem Ruf gefolgt seid!»

30. Januar 1986

«Liebe Kinder! — Heute rufe ich euch zum Gebet auf, damit die Pläne Gottes mit euch in Erfüllung gehen, und alles, was Er von euch will, Wirklichkeit wird. Helft, daß sich die anderen bekehren, besonders jene, die nach Medjugorje kommen. Liebe Kinder, laßt nicht zu, daß der Satan eure Herzen beherrscht, und ihr so zu seinem, statt zu meinem Abbild werdet. Ich rufe euch deshalb zum Gebet auf, damit ihr immer mehr meine Anwesenheit hier bezeugen könnt. Ohne euch kann Gott nicht vollbringen, was Er plant. Gott hat euch allen den freien Willen gegeben, und ihr verfügt darüber. Danke, daß ihr meinem Ruf gefolgt seid!»

6. Februar 1986

«Liebe Kinder! — Diese Pfarrei, die ich auserwählt habe,
ist eine besondere und unterscheidet sich von allen anderen. Und ich gebe große Gnaden all denen, die mit dem
Herzen beten. Liebe Kinder, ich gebe die Botschaften zuerst den Bewohnern dieser Pfarrei und erst dann den anderen. Zuerst müßt ihr die Botschaften annehmen und
dann die anderen. Ihr werdet meinem Sohne Jesus und
mir verantwortlich sein. Danke, daß ihr meinem Ruf
gefolgt seid!»

13. Februar 1986

«Liebe Kinder! — Diese Fastenzeit ist für euch ein besonderer Ansporn, euch zu ändern. Fangt in diesem Moment
an! Schaltet das Fernsehgerät ab und verzichtet auf alle
Dinge, die für euch unnütz sind. Liebe Kinder, ich rufe
euch auf, daß sich jeder einzelne bekehrt! Diese Zeit ist
für euch da. Danke, daß ihr meinem Ruf gefolgt seid!»

20. Februar 1986

«Liebe Kinder! — Die zweite Botschaft in der Fastenzeit
ist die, daß ihr die Gebete vor dem Kreuz erneuern sollt.
Liebe Kinder, ich gebe euch besondere Gnaden, und Jesus
schenkt euch besondere Gaben vom Kreuz. Nehmt sie an
und lebt sie! Betrachtet das Leiden Jesu und vereinigt
euch in eurem Leben mit Ihm. Danke, daß ihr meinem
Ruf gefolgt seid!»

27. Februar 1986

«Liebe Kinder! — Lebt in Demut die Botschaften, die ich
euch gebe. Danke, daß ihr meinem Ruf gefolgt seid!»

6. März 1986

«Liebe Kinder! — Auch heute rufe ich euch auf, euch
Gott mehr zu öffnen, damit Er durch euch wirken kann.
Soweit ihr euch Gott öffnet, soviele Früchte werdet ihr
von Ihm empfangen. Ich möchte euch von neuem zum
Gebet aufrufen! Danke, daß ihr meinem Ruf gefolgt
seid!»

13. März 1986

«Liebe Kinder! — Heute bitte ich euch, daß ihr mit euren kleinen Opfern diese Fastenzeit lebt. Danke für jedes Opfer, das ihr mir dargebracht habt. Liebe Kinder, lebt weiterhin so, und helft mir, mit Liebe das Opfer darzubringen. Gott wird euch dafür belohnen. Danke, daß ihr meinem Ruf gefolgt seid!»

20. März 1986

«Liebe Kinder! — Heute lade ich euch ein, aktiv zu beten. Ihr wollt alles, was ich euch sage, leben. Aber es gelingt euch nicht, weil ihr nicht betet. Liebe Kinder, ich bitte euch, öffnet euch und fangt an zu beten! Das Gebet wird euch zur Freude werden. Wenn ihr beginnt, so zu beten, wird es euch nicht langweilig sein, denn ihr werdet dann aus lauter Freude beten. Danke, daß ihr meinem Ruf gefolgt seid!»

27. März 1986, Gründonnerstag

«Liebe Kinder! — Ich danke euch für alle Opfer und rufe euch zum größten Opfer auf, dem Opfer der Liebe. Ohne Liebe könnt ihr weder mich noch meinen Sohn annehmen. Ohne Liebe könnt ihr anderen nicht Zeugnis von euren Erfahrungen geben. Daher lade ich euch ein, liebe Kinder, fangt an, die Liebe in euren Herzen zu leben. Danke, daß ihr meinem Ruf gefolgt seid!»

3. April 1986

«Liebe Kinder! — Ich möchte euch zum Mitfeiern und Miterleben der heiligen Messe einladen. Viele von euch haben die Freude und die Schönheit der heiligen Messe erfahren, aber es gibt solche, die ungern zur heiligen Messe kommen. Ich habe euch, liebe Kinder, auserwählt, und Jesus gibt euch seine Gnaden in der heiligen Messe. Daher lebt bewußt die heilige Messe, und jedes Kommen soll euch Freude bereiten. Kommt mit Liebe und nehmt mit Liebe die heilige Messe an! Danke, daß ihr meinem Ruf gefolgt seid!»

10. April 1986

«Liebe Kinder! — Ich möchte euch zum Wachsen in der Liebe einladen. Eine Blume kann ohne Wasser nicht richtig gedeihen. So könnt auch ihr, liebe Kinder, nicht ohne göttlichen Segen wachsen. Ihr müßt von Tag zu Tag um Segen bitten, damit ihr richtig wachsen und alle eure Arbeiten mit Gott verrichten könnt. Danke, daß ihr meinem Ruf gefolgt seid!»

17. April 1986

«Liebe Kinder! — Jetzt seid ihr so sehr um die materiellen Dinge besorgt und dadurch in die Gefahr geraten, all das zu verlieren, was Gott euch schenken möchte. Ich lade euch ein, liebe Kinder, betet um die Gaben des Heiligen Geistes, die ihr jetzt sehr nötig habt, damit ihr meine Anwesenheit und all das, was ich euch an diesem Ort gebe, bezeugen könnt. Liebe Kinder, überlaßt euch mir, damit ich euch in allem führen kann! Macht euch nicht so große Sorgen um die materiellen Dinge. Danke, daß ihr meinem Ruf gefolgt seid!»

24. April 1986

«Liebe Kinder! — Heute rufe ich euch zum Gebet auf! Liebe Kinder, ihr vergeßt, daß ihr alle wichtig seid! In besonderer Weise sind die Älteren in der Familie wichtig. Spornt sie zum Gebet an! Alle Jugendlichen sollen Vorbild für andere sein und durch ihr Leben Zeugnis für Jesus geben. Liebe Kinder, ich bitte euch, fangt an, euch durch das Gebet zu ändern. Dann werdet ihr auch erkennen, was ihr tun sollt. Danke, daß ihr meinem Ruf gefolgt seid!»

1. Mai 1986

«Liebe Kinder! — Ich bitte euch, daß ihr beginnt, euer Leben in den Familien zu ändern. Die Familie soll eine harmonische Blüte sein, welche ich Jesus geben möchte. Liebe Kinder, jede Familie soll aktiv im Gebet sein, und ich will, daß man eines Tages in den Familien auch die Früchte sieht. Nur so kann ich euch in der Erfüllung der göttlichen Pläne wie Blütenblätter Jesus übergeben. Danke, daß ihr meinem Ruf gefolgt seid!»

8. Mai 1986

«Liebe Kinder! — Ihr seid für die Botschaften verantwortlich. Hier ist die Gnadenquelle, und ihr, liebe Kinder, seid Gefäße, die die Geschenke überbringen. Daher, liebe Kinder, lade ich euch ein, daß ihr eure Arbeit in voller Verantwortung ausführt. Jeder wird nach eigenem Maß verantwortlich sein. Liebe Kinder, ich lade euch ein, die Gaben mit Liebe den anderen weiterzugeben und nicht nur für euch selber zu behalten. Danke, daß ihr meinem Ruf gefolgt seid!»

15. Mai 1986

«Liebe Kinder! — Heute lade ich euch ein, mir euer Herz zu schenken, damit ich es wandeln und meinem Herzen gleich machen kann. Ihr fragt euch, liebe Kinder, warum ihr nicht fähig seid, das zu tun, was ich von euch verlange. Das gelingt euch deshalb nicht, weil ihr mir euer Herz nicht geschenkt habt, damit ich es wandle. Ihr redet, aber macht es nicht. Ich rufe euch auf, alles zu tun, was ich euch sage! So werde ich mit euch sein. Danke, daß ihr meinem Ruf gefolgt seid!»

22. Mai 1986

«Liebe Kinder! — Heute möchte ich euch meine Liebe geben. Ihr wißt nicht, liebe Kinder, wie groß meine Liebe ist, und ihr könnt sie nicht annehmen! Auf verschiedene Weise möchte ich euch diese Liebe erweisen, aber ihr, liebe Kinder, erkennt es nicht. Ihr nehmt meine Worte nicht mit dem Herzen auf, deshalb könnt ihr auch meine Liebe nicht verstehen. Liebe Kinder, nehmt mich in eurem Leben an, so werdet ihr alles annehmen können, was ich euch sage und wozu ich euch einlade. Danke, daß ihr meinem Ruf gefolgt seid!»

29. Mai 1986

«Liebe Kinder! — Heute lade ich euch ein, in eurem Leben die Liebe gegenüber Gott und dem Nächsten zu leben. Ohne Liebe könnt ihr, liebe Kinder, nichts tun. Deshalb, liebe Kinder, lade ich euch ein, untereinander in Liebe zu leben. Nur so werdet ihr, liebe Kinder, mich und alle um euch, die in diese Pfarrei kommen, lieben und annehmen können. Alle werden dann meine Liebe durch euch erfahren. Darum bitte ich euch, liebe Kinder: Fangt heute an zu lieben, mit innigster Liebe, mit jener Liebe,

mit der ich euch liebe! Danke, daß ihr meinem Ruf gefolgt seid!»

5. Juni 1986

«Liebe Kinder! — Heute fordere ich euch auf, euch zu
entscheiden, ob ihr die Botschaften, die ich euch gebe,
leben wollt. Ich möchte, daß ihr alle im Leben und im
Weitergeben der Botschaften aktiv werdet. Vor allem,
liebe Kinder, möchte ich, daß ihr alle zu Jesu Widerschein
werdet, der in dieser ungläubigen Welt, die in der Finsternis wandelt, scheinen wird. Ich will, daß ihr alle Licht
werdet und daß ihr im Licht Zeugnis ablegt. Liebe Kinder, ihr seid nicht für die Finsternis, sondern für das Licht
berufen, deshalb lebt das Licht in eurem Leben! Danke,
daß ihr meinem Ruf gefolgt seid!»

12. Juni 1986

«Liebe Kinder! — Heute lade ich euch ein, daß ihr mit
lebendigem Glauben den Rosenkranz zu beten beginnt.
So werde ich euch helfen können. Ihr, liebe Kinder, wollt
viele Gnaden, betet aber nicht. Ich kann euch nicht helfen, weil ihr nicht aufbrechen wollt. Liebe Kinder, ich
rufe euch auf, den Rosenkranz so zu beten, daß euch dieses Gebet, das ihr mit Freude betet, zur Verpflichtung
wird. So werdet ihr erkennen, warum ich so lange mit
euch bin. Ich will euch beten lehren. Danke, daß ihr meinem Ruf gefolgt seid!»

19. Juni 1986

«Liebe Kinder! — In diesen Tagen hat der Herr mir erlaubt, für euch noch mehr Gnaden zu erbeten. Daher
möchte ich euch von neuem zum Gebet anspornen, liebe
Kinder. Betet ohne Unterlaß! So werde ich euch jene
Freude geben, die mir der Herr gibt. Liebe Kinder, ich
möchte, daß euch mit diesen Gnaden eure Leiden zur
Freude werden. Ich bin eure Mutter und möchte euch
helfen. Danke, daß ihr meinem Ruf gefolgt seid!»

26. Juni 1986

«Liebe Kinder! — Der Herr erlaubt mir, mit Ihm diese
Friedensoase zu errichten. Ich möchte euch einladen, sie
zu hüten, damit diese Oase immer rein bleibe. Es gibt

Menschen, die durch ihre Nachlässigkeit den Frieden und das Gebet zerstören. Ich rufe euch auf, Zeugnis abzulegen und durch euer Leben zur Bewahrung des Friedens beizutragen. Danke, daß ihr meinem Ruf gefolgt seid!»

3. Juli 1986

«Liebe Kinder! — Heute lade ich euch alle zum Gebet ein. Ohne Gebet, liebe Kinder, könnt ihr weder Gott noch mich fühlen, noch die Gnaden, die ich euch gebe. Deshalb rufe ich euch auf, daß ihr den Tag immer mit Gebet beginnt und mit Gebet beendet. Liebe Kinder! Ich möchte euch von Tag zu Tag mehr im Gebet führen. Ihr aber könnt nicht wachsen, weil ihr nicht wollt. Ich lade euch ein, liebe Kinder, dem Gebet den ersten Platz zu geben. Danke, daß ihr meinem Ruf gefolgt seid!»

10. Juli 1986

«Liebe Kinder! — Heute lade ich euch zur Heiligkeit ein. Ohne Heiligkeit könnt ihr nicht leben. Deshalb besiegt mit Liebe jede Sünde, überwindet mit Liebe alle Schwierigkeiten, die auf euch zukommen. Liebe Kinder, ich bitte euch, lebt die Liebe in euren Herzen! Danke, daß ihr meinem Ruf gefolgt seid!»

17. Juli 1986

«Liebe Kinder! — Heute lade ich euch ein, nachzudenken, warum ich so lange bei euch bleibe. Ich bin die Mittlerin zwischen euch und Gott. Deshalb, liebe Kinder, rufe ich euch auf, aus Liebe all das zu leben, was Gott von euch wünscht. Liebe Kinder, lebt in aller Demut alle Botschaften, die ich euch gebe. Danke, daß ihr meinem Ruf gefolgt seid!»

24. Juli 1986

«Liebe Kinder! — Ich freue mich über euch alle, die ihr auf dem Weg der Heiligkeit seid, und bitte euch, helft durch euer Zeugnis allen, die nicht heiligmäßig leben können. Deshalb, liebe Kinder, soll eure Familie der Ort sein, wo die Heiligkeit geboren wird. Helft allen, heilig zu leben, besonders aber eurer eigenen Familie! Danke, daß ihr meinem Ruf gefolgt seid!»

31. Juli 1986

«Liebe Kinder! — Der Haß erzeugt immer Spaltung und sieht niemanden und nichts. Ich rufe euch auf, immer Einigkeit und Frieden zu bewahren! Besonders, liebe Kinder, wirkt mit Liebe dort, wo ihr lebt. Das Wichtigste sei euch immer die Liebe. Wendet durch die Liebe alles zum Guten, was der Satan vernichten oder an sich ziehen will. Nur so werdet ihr ganz mir gehören, und ich werde imstande sein, euch zu helfen. Danke, daß ihr meinem Ruf gefolgt seid!»

7. August 1986

«Liebe Kinder! — Ihr wißt, daß ich euch eine Oase des Friedens versprochen habe. Aber ihr wißt nicht, daß rund um die Oase die Wüste ist, wo Satan lauert und jeden von euch versucht. Liebe Kinder, nur mit dem Gebet seid ihr imstande, jeden Einfluß des Satans an eurem Ort zu besiegen. Ich bin mit euch, aber ich kann euch eure Freiheit nicht nehmen. Danke, daß ihr meinem Ruf gefolgt seid!»

14. August 1986

«Liebe Kinder! — Ich lade euch ein, daß euer Gebet eine freudige Begegnung mit dem Herrn sei. Ich kann euch nicht führen, solange ihr selber nicht die Freude im Gebet verspürt. Ich möchte euch gerne tagtäglich immer mehr im Gebet führen, jedoch will ich euch nicht zwingen. Danke, daß ihr meinem Ruf gefolgt seid!»

21. August 1986

«Liebe Kinder! — Ich bedanke mich für all die Liebe, die ihr mir erweist. Ihr wißt, liebe Kinder, daß ich euch grenzenlos liebe. Ich bete täglich zum Herrn, Er möge euch helfen, die Liebe zu erfahren, die ich euch schenke. Deshalb, liebe Kinder, betet, betet, betet. Danke, daß ihr meinem Ruf gefolgt seid!»

28. August 1986

«Liebe Kinder! — Ich lade euch ein, in allem ein Vorbild für andere zu sein, besonders im Gebet und im Zeugnis. Liebe Kinder, ohne euch kann ich der Welt nicht helfen! Ich wünsche, daß ihr in allem — sogar in den kleinsten

Dingen — mit mir zusammenwirkt. Deshalb, liebe Kinder, helft mir, daß euer Gebet aus dem Herzen komme und daß ihr euch alle mir ganz anvertraut. So werde ich euch auf diesem Weg, den ich mit euch begonnen habe, lehren und führen können. Danke, daß ihr meinem Ruf gefolgt seid!»

4. September 1986

«Liebe Kinder! — Auch heute lade ich euch zum Gebet und Fasten ein. Ihr wißt, liebe Kinder, daß ich mit eurer Hilfe alles bewirken kann, sogar den Satan zwingen, daß er niemanden mehr zum Bösen verführt und sich auch von diesem Ort entfernt. Liebe Kinder, der Satan lauert auf jeden einzelnen. Er will besonders in den alltäglichen Dingen bei jedem einzelnen von euch Verwirrung stiften. Deshalb, liebe Kinder, bitte ich euch, euer Tag möge nur Gebet und vollkommene Hingabe an Gott sein. Danke, daß ihr meinem Ruf gefolgt seid!»

11. September 1986

«Liebe Kinder! — Während ihr in diesen Tagen voller Freude das Kreuz verehrt, wünsche ich euch, daß auch euer Kreuz euch zur Freude werde. Liebe Kinder, betet in besonderer Weise, daß ihr Krankheit und Leiden mit Liebe annehmen könnt, wie es auch Jesus angenommen hat. Nur so werde ich euch mit Freude die Gnaden und Heilungen schenken können, die mir Jesus erlaubt. Danke, daß ihr meinem Ruf gefolgt seid!»

18. September 1986

«Liebe Kinder! — Auch heute danke ich euch für alles, was ihr in diesen Tagen für mich getan habt. Besonders danke ich euch, liebe Kinder, im Namen Jesu für alle Opfer, die ihr in der vergangenen Woche dargebracht habt. Liebe Kinder, ihr vergeßt, daß ich von euch Opfer wünsche, um euch helfen und von euch den Satan vertreiben zu können. Daher lade ich euch von neuem ein, mit besonderer Ehrfurcht Gott Opfer darzubringen. Danke, daß ihr meinem Ruf gefolgt seid!»

25. September 1986

«Liebe Kinder! — Ich lade euch ein, durch euren Frieden beizutragen, daß die anderen den Frieden sehen und nach dem Frieden zu suchen beginnen. Ihr, liebe Kinder, seid im Frieden und könnt nicht begreifen, was Unfriede bedeutet. Deshalb rufe ich euch auf, durch euer Gebet und euer Leben zu helfen, daß in allen Menschen das Böse vernichtet und die Irreführung, derer sich der Satan bedient, aufgedeckt werde. Betet, daß die Wahrheit in allen Herzen siegen möge. Danke, daß ihr meinem Ruf gefolgt seid!»

2. Oktober 1986

«Liebe Kinder! — Auch heute rufe ich euch zum Gebet auf. Ihr, liebe Kinder, könnt nicht begreifen, wie wertvoll das Gebet ist, solange ihr selber nicht sagt: "Jetzt ist die Zeit zum Beten! Jetzt ist mir nichts anderes wichtig. Jetzt ist für mich niemand wichtig außer Gott." Liebe Kinder, weiht euch dem Gebet mit besonderer Liebe, denn so wird euch Gott mit Gnaden beschenken können. Danke, daß ihr meinem Ruf gefolgt seid!»

9. Oktober 1986

«Liebe Kinder! — Ihr wißt, daß ich euch auf dem Weg der Heiligkeit führen möchte, aber ich will euch nicht zwingen, heilig zu werden. Ich möchte, daß jeder von euch durch seine kleinen Entsagungen sich selbst und mir helfen möge, daß ich euch führen kann und daß ihr von Tag zu Tag der Heiligkeit näher kommt. — Liebe Kinder, ich will euch auch nicht zwingen, die Botschaften zu leben. Diese lange Zeit, die ich bei euch bin, ist ein Zeichen, daß ich euch unermeßlich liebe und daß ich von jedem einzelnen wünsche, daß er heilig werde. Danke, daß ihr meinem Ruf gefolgt seid!»

16. Oktober 1986

«Liebe Kinder! — Auch heute möchte ich euch sagen, wie sehr ich euch liebe. Es tut mir leid, daß ich nicht jedem von euch helfen kann, meine Liebe zu begreifen. Deshalb, liebe Kinder, rufe ich euch zum Gebet und zur völligen Hingabe an Gott auf, denn der Satan will euch durch die alltäglichen Dinge an sich ziehen und will in eurem Leben den ersten Platz einnehmen. Deshalb, liebe Kinder, betet ohne Unterlaß! Danke, daß ihr meinem Ruf gefolgt seid!»

23. Oktober 1986

«Liebe Kinder! — Auch heute lade ich euch ein, zu beten. Besonders betet, liebe Kinder, für den Frieden! Ohne eure Gebete, liebe Kinder, kann ich euch nicht helfen, daß die Botschaft verwirklicht wird, die mir der Herr für euch gegeben hat. Deshalb betet, liebe Kinder, und ihr werdet im Gebet den Frieden erfahren, den euch Gott gibt. Danke, daß ihr meinem Ruf gefolgt seid!»

30. Oktober 1986

«Liebe Kinder! — Auch heute lade ich euch ein, die Botschaften, die ich euch gebe, ernsthaft anzunehmen und zu leben. Liebe Kinder! Euretwegen bin ich so lange geblieben, damit ich euch helfe, die Botschaften, die ich euch gebe, zu verwirklichen. Deshalb, liebe Kinder, lebt aus Liebe zu mir alle Botschaften! Danke, daß ihr meinem Ruf gefolgt seid!»

6. November 1986

«Liebe Kinder! — Heute möchte ich euch einladen, Tag für Tag für die Armen Seelen im Fegfeuer zu beten. Jede Seele braucht das Gebet und die Gnade, um zu Gott und zu seiner Liebe zu gelangen. Dadurch gewinnt auch ihr, liebe Kinder, neue Fürsprecher, die euch im Leben helfen werden, zu begreifen, daß die irdischen Dinge für euch nicht wichtig sind, sondern allein der Himmel, nach dem ihr euch sehnen sollt. Deshalb, liebe Kinder, betet ohne Unterlaß, um euch und auch anderen helfen zu können, denen dieses Gebet Freude bringen wird. Danke, daß ihr meinem Ruf gefolgt seid!»

13. November 1986

«Liebe Kinder! — Auch heute lade ich euch alle von neuem ein, mit ganzem Herzen zu beten und euer Leben täglich zu ändern. Insbesondere rufe ich euch auf, liebe Kinder, beginnt durch eure Gebete und Opfer heilig zu leben. Denn ich möchte, daß jeder von euch, der an dieser Gnadenquelle gewesen ist, mit einem besonderen

Geschenk ins Paradies kommt, das er mir dann geben wird, und das ist die Heiligkeit. Deshalb, liebe Kinder, betet und ändert täglich euer Leben, auf daß ihr heilig werdet! Ich werde euch immer nahe sein. Danke, daß ihr meinem Ruf gefolgt seid!»

20. November 1986

«Liebe Kinder! — Auch heute rufe ich euch auf, alle Botschaften, die ich euch gebe, mit besonderer Liebe zu leben und zu verwirklichen. Liebe Kinder, Gott will nicht, daß ihr lau und unentschieden seid, sondern daß ihr euch ganz Ihm hingebt. Ihr wißt, daß ich euch liebe und daß ich aus Liebe für euch brenne. Deshalb, liebe Kinder, entscheidet auch ihr euch für die Liebe, damit auch ihr brennt und Tag für Tag die Liebe Gottes besser erkennt. Liebe Kinder, entscheidet euch für die Liebe, damit sie in euch allen vorherrscht, aber nicht die menschliche Liebe, sondern die Liebe Gottes. Danke, daß ihr meinem Ruf gefolgt seid!»

27. November 1986

«Liebe Kinder! — Auch heute rufe ich euch auf, mir euer Leben in Liebe zu weihen, damit ich euch mit Liebe führen kann. Liebe Kinder, ich liebe euch mit besonderer Liebe, und ich möchte euch alle zu Gott in den Himmel führen. Ich wünsche, daß ihr begreift, daß das irdische Leben im Vergleich zum ewigen Leben sehr kurz ist. Deshalb, liebe Kinder, entscheidet euch heute erneut für Gott. Nur so werde ich euch zeigen können, wie sehr ich euch liebe und wie sehr ich wünsche, daß ihr alle gerettet werdet und mit mir im Himmel seid. Danke, daß ihr meinem Ruf gefolgt seid!»

4. Dezember 1986

«Liebe Kinder! — Auch heute lade ich euch ein, eure Herzen für diese Tage vorzubereiten, in denen der Herr euch besonders von allen Sünden der Vergangenheit reinigen möchte. Ihr, liebe Kinder, könnt das nicht allein. Deshalb bin ich da, um euch zu helfen. Betet, liebe Kinder! Nur so werdet ihr all das Böse, das in euch ist, erkennen können und es dem Herrn überlassen, damit Er eure Herzen ganz reinigen kann. Deshalb, liebe Kinder, betet ohne Unterlaß und bereitet eure Herzen in Buße und mit Fasten vor! Danke, daß ihr meinem Ruf gefolgt seid!»

11. Dezember 1986

«Liebe Kinder! — Ich lade euch ein, in dieser Zeit besonders darum zu beten, daß ihr mit Freude den neugeborenen Jesus erlebt. Liebe Kinder, ich wünsche, daß ihr diese Tage so erlebt, wie ich sie erlebe. Mit Freude möchte ich euch führen und euch die Freude zeigen, zu der ich euch führen möchte. Deshalb, liebe Kinder, betet und gebt euch mir ganz hin! Danke, daß ihr meinem Ruf gefolgt seid!»

18. Dezember 1986

«Liebe Kinder! — Heute möchte ich euch erneut zum Gebet einladen. Ihr seid viel schöner, wenn ihr betet, so wie Blumen, die nach dem Schnee ihre ganze Schönheit zeigen, und alle ihre Farben werden unbeschreiblich schön. Liebe Kinder, so zeigt auch ihr nach dem Gebet viel mehr all das Schöne vor Gott, und ihr seid Ihm noch lieber. Deshalb, liebe Kinder, betet und öffnet euer Inneres dem Herrn, daß Er aus euch eine schöne, harmonische Blume für den Himmel machen kann. Danke, daß ihr meinem Ruf gefolgt seid!»

25. Dezember 1986

«Liebe Kinder! — Auch heute danke ich dem Herrn für alles, was Er mir ermöglicht, besonders für das Geschenk, daß ich auch heute mit euch sein kann. Liebe Kinder! Dies sind Tage, in denen der Vater allen, die ihre Herzen öffnen, besondere Gnaden gibt. Ich segne euch und wünsche, daß ihr, liebe Kinder, die Gnaden erkennt und alles Gott zur Verfügung stellt, damit Er durch euch verherrlicht wird. Mein Herz begleitet behutsam jeden eurer Schritte. Danke, daß ihr meinem Ruf gefolgt seid!»

1. Januar 1987

«Liebe Kinder! — Heute möchte ich euch einladen, im neuen Jahr die Botschaften, die ich euch gebe, zu leben. Liebe Kinder! Ihr wißt, daß ich euretwegen so lange geblieben bin, um euch zu lehren, wie ihr auf dem Weg der Heiligkeit fortschreiten sollt. Deshalb, liebe Kinder, betet ohne Unterlaß und lebt alle Botschaften, die ich euch gebe, denn das tue ich aus großer Liebe zu Gott und zu euch. Danke, daß ihr meinem Ruf gefolgt seid!»

8. Januar 1987

«Liebe Kinder! — Ich möchte euch Dank sagen für jede Antwort auf die Botschaften. Besonders danke ich euch, liebe Kinder, für alle eure Opfer und Gebete, die ihr mir dargebracht habt. Liebe Kinder, ich möchte euch auch weiterhin Botschaften geben, jedoch, liebe Kinder, nicht mehr jeden Donnerstag, sondern am 25. jeden Monats. Die Zeit ist gekommen, da sich verwirklicht hat, was mein Herr wünschte. Von nun an gebe ich euch weniger Botschaften, bin aber auch weiterhin bei euch. Deshalb, liebe Kinder, bitte ich euch, hört auf meine Botschaften und lebt sie, damit ich euch führen kann! Danke, daß ihr meinem Ruf gefolgt seid!»

Von da an gab die Mutter Gottes regelmäßig am 25. jeden Monats eine Botschaft.

2. Die Monat-Botschaften:
25. Januar 1987 bis 25. September 1996

Unsere Liebe Frau kündigt am 8. Januar 1987 an, sie wünsche auch weiterhin Botschaften zu geben, dies jedoch nicht mehr wöchentlich, sondern monatlich, und zwar am 25. jeden Monats. Sie ergehen alle an Marija.

— 1987—

25. Januar 1987

«Liebe Kinder! — Seht, heute möchte ich euch einladen, daß ihr alle von heute an das neue Leben zu leben beginnt. Liebe Kinder! Ich möchte, daß ihr begreift, daß Gott jeden von euch auserwählt hat, um ihn für den großen Erlösungsplan der Menschheit zu verwenden. Ihr könnt nicht erkennen, wie groß eure Rolle im Plan Gottes ist. Deshalb betet, liebe Kinder, damit ihr im Gebet den Plan Gottes mit euch verstehen könnt. Ich bin mit euch, daß ihr ihn vollkommen verwirklichen könnt. Danke, daß ihr meinem Ruf gefolgt seid!»

25. Februar 1987

«Liebe Kinder! — Heute möchte ich euch alle mit meinem Mantel umhüllen und euch auf den Weg der Umkehr führen. Liebe Kinder, ich bitte euch, gebt dem Herrn eure ganze Vergangenheit: alles Böse, das sich in euren Herzen angesammelt hat. Ich wünsche, daß jeder von euch glücklich sei, aber mit der Sünde kann es keiner sein. Deshalb, liebe Kinder, betet, und ihr werdet im Gebet diesen neuen Weg der Freude erkennen. Die Freude wird sich in euren Herzen zeigen, und so werdet ihr frohe Zeugen dessen sein, was ich und mein Sohn von euch allen wünschen. Ich segne euch! Danke, daß ihr meinem Ruf gefolgt seid!»

25. März 1987

«Liebe Kinder! — Heute möchte ich mich für eure Anwesenheit an diesem Ort, wo ich besondere Gnaden gebe, bedanken. Jeden von euch rufe ich auf, daß ihr von heute an das Leben zu leben beginnt, das Gott von euch wünscht, und daß ihr gute Taten der Liebe und der Barmherzigkeit vollbringt. Ich wünsche nicht, daß ihr, liebe Kinder, die Botschaften so lebt, daß ihr zugleich auch in der Sünde lebt, die ich nicht liebe. Deshalb, liebe Kinder, wünsche ich, daß jeder von euch das neue Leben lebt, ohne all das abzutöten, was Gott in euch erschafft und was Er euch gibt. Ich gebe euch meinen besonderen Segen und bleibe mit euch auf eurem Weg der Umkehr. Danke, daß ihr meinem Ruf gefolgt seid!»

25. April 1987

«Liebe Kinder! — Auch heute lade ich euch zum Gebet ein. Ihr wißt, liebe Kinder, daß Gott im Gebet besondere Gnaden gibt. Deshalb sucht und betet, daß ihr all das erkennen könnt, was ich euch hier gebe. Ich rufe euch, liebe Kinder, zum Gebet mit dem Herzen auf! Ihr wißt, daß ihr ohne Gebet nicht erkennen könnt, was Gott mit

jedem einzelnen von euch plant. Deshalb betet! Ich wünsche, daß sich durch jeden von euch der Plan Gottes erfüllt und daß alles wachse, was euch Gott ins Herz gegeben hat. Deshalb betet, daß euch Gottes Segen vor all
dem Bösen, das euch droht, beschützt. Ich segne euch,
liebe Kinder. Danke, daß ihr meinem Ruf gefolgt seid!»

25. Mai 1987

«Liebe Kinder! — Jeden von euch rufe ich auf, daß er in
der Liebe Gottes zu leben beginnt. Liebe Kinder, ihr seid
bereit, Sünden zu begehen und euch ohne Überlegung in
die Hände Satans zu übergeben. Ich rufe euch auf, daß
sich jeder von euch bewußt für Gott und gegen den Satan
entscheidet. Ich bin eure Mutter und möchte alle zur
vollkommenen Heiligkeit führen. Ich wünsche, daß jeder
von euch hier auf Erden glücklich sei, und daß jeder von
euch mit mir im Himmel sein möge. Dies ist, liebe Kinder,
das Ziel meines Kommens und mein Wunsch. Danke, daß
ihr meinem Ruf gefolgt seid!»

25. Juni 1987

«Liebe Kinder! — Heute bedanke ich mich bei euch für
alles und möchte euch alle zum Frieden Gottes aufrufen.
Ich will, daß jeder von euch in seinem Herzen den Frieden
erlebt, den Gott gibt. Ich möchte euch heute alle segnen.
Ich segne euch mit dem Segen Gottes und bitte euch,
liebe Kinder, daß ihr meinem Weg folgt und ihn lebt. Ich
liebe euch, liebe Kinder, und deshalb rufe ich euch auf, ich
weiß nicht, zum wievielten Male, und ich bedanke mich
für alles, was ihr für meine Anliegen tut. Ich bitte euch,
helft mir, euch Gott darzubringen, euch zu retten und
auf dem Weg des Heiles zu führen. Danke, daß ihr meinem Ruf gefolgt seid!»

25. Juli 1987

«Liebe Kinder! — Ich bitte euch, von heute an den Weg
der Heiligkeit anzunehmen. Ich liebe euch, und deshalb
wünsche ich, daß ihr heilig werdet. Ich möchte nicht, daß
euch Satan auf diesem Weg hindert. Liebe Kinder, betet
und nehmt alles an, was euch Gott auf diesem Weg, der
bitter ist, anbietet. Wer aber diesen Weg zu gehen beginnt, dem enthüllt Gott die ganze Wonne, und er wird

gerne jedem Ruf Gottes folgen. Richtet die Aufmerksamkeit nicht auf die kleinen Dinge. Strebt nach dem Himmel! Danke, daß ihr meinem Ruf gefolgt seid!»

25. August 1987

«Liebe Kinder! — Auch heute rufe ich euch auf, daß sich jeder von euch entscheidet, die Botschaft zu leben. Gott hat mir erlaubt, auch in diesem Jahr, welches die Kirche mir geweiht hat, zu euch zu sprechen und euch zur Heiligkeit anzuspornen. Liebe Kinder, erbittet von Gott die Gnaden, die Er euch durch mich schenkt. Ich bin bereit, von Gott alles zu erbitten, wonach ihr strebt, damit eure Heiligkeit vollkommen werde. Deshalb, liebe Kinder, vergeßt nicht zu bitten, denn Gott hat mir erlaubt, euch Gnaden zu erbitten. Danke, daß ihr meinem Ruf gefolgt seid!»

25. September 1987

«Liebe Kinder! — Heute will ich euch alle zum Gebet aufrufen. Das Gebet soll euch das Leben sein. Liebe Kinder, widmet die Zeit nur Jesus, und Er wird euch alles geben, was ihr sucht. Er wird sich euch in der Vollkommenheit offenbaren. Liebe Kinder! Der Satan ist stark, und er wartet darauf, jeden von euch zu versuchen. Betet, so wird er euch nicht schaden und euch auf dem Weg der Heiligkeit nicht hinderlich sein können. Liebe Kinder, wachst im Gebet von Tag zu Tag immer mehr zu Gott hin. Danke, daß ihr meinem Ruf gefolgt seid!»

25. Oktober 1987

«Meine lieben Kinder! Heute will ich euch alle aufrufen, daß sich jeder von euch für das Paradies entscheidet. Der Weg ist für diejenigen schwer, die sich nicht für Gott entschieden haben. — Liebe Kinder, entscheidet euch und glaubt, daß Gott sich euch in seiner Fülle anbietet. Ihr seid berufen, und ihr sollt auf den Ruf des Vaters antworten, der euch durch mich ruft. Betet, denn im Gebet wird jeder von euch die vollkommene Liebe erreichen können. Ich segne euch und möchte euch helfen, daß sich jeder von euch unter meinem mütterlichen Mantel befinden möge. Danke, daß ihr meinem Ruf gefolgt seid!»

25. November 1987

«Liebe Kinder! — Auch heute lade ich euch ein, daß sich jeder von euch entscheidet, mir erneut alles ganz zu übergeben. Nur so werde ich jeden von euch Gott darbringen können. Liebe Kinder, ihr wißt: Ich liebe euch unermeßlich und wünsche, daß jeder von euch mir gehöre! Aber Gott hat jedem die Freiheit gegeben, die ich in Liebe achte und vor der ich mich in Demut verneige. Ich wünsche, daß ihr, liebe Kinder, helft, daß sich alles, was Gott in dieser Pfarrei vorhat, verwirklicht. Wenn ihr nicht betet, werdet ihr meine Liebe und die Pläne, die Gott mit dieser Pfarrei sowie mit jedem einzelnen hat, nicht entdecken können. Betet, daß euch Satan nicht mit seinem Hochmut und seiner trügerischen Stärke an sich zieht. Ich bin mit euch und wünsche, daß ihr mir glaubt, daß ich euch liebe. Danke, daß ihr meinem Ruf gefolgt seid!»

25. Dezember 1987

«Liebe Kinder! — Freut euch mit mir! Mein Herz ist froh über Jesus, den ich euch heute schenken möchte. Ich wünsche mir, liebe Kinder, daß jeder von euch sein Herz Jesus öffnet. Ich schenke Ihn euch mit Liebe! Ich wünsche, liebe Kinder, daß Er euch ändert, lehrt und behütet. Heute bete ich auf besondere Weise für jeden von euch und bringe euch Gott dar, auf daß Er sich in euch offenbare. Ich rufe euch zum wahren Gebet mit dem Herzen auf, damit jedes eurer Gebete eine Begegnung mit Gott werde. Gebt Gott in der Arbeit und in eurem alltäglichen Leben den ersten Platz! Heute rufe ich euch mit großem Ernst auf, auf mich zu hören und das zu tun, wozu ich euch aufrufe. Danke, daß ihr meinem Ruf gefolgt seid!»

— 1988 —

25. Januar 1988

«Liebe Kinder! — Auch heute lade ich euch zur vollkommenen Umkehr ein, die für diejenigen schwer ist, die sich nicht für Gott entschieden haben. Liebe Kinder, ich lade euch zur vollkommenen Umkehr ein. Gott kann euch alles geben, was ihr von Ihm erbittet. Ihr aber wendet euch Gott erst dann zu, wenn euch Krankheiten, Probleme und Schwierigkeiten dazu bewegen. Dann glaubt ihr, daß Gott weit von euch entfernt ist, daß Er euch nicht hört und eure Gebete nicht wahrnimmt. — Nein, liebe Kinder, das ist nicht wahr. Wenn ihr weit von Gott entfernt seid, könnt ihr keine Gnaden empfangen, weil ihr sie nicht mit dem festen Glauben erbittet. Tag für Tag bete ich für euch und will euch immer näher zu Gott hinführen, aber ich kann dies nicht, wenn ihr es nicht wollt. Deshalb, liebe Kinder, legt euer Leben in die Hände Gottes. Ich segne euch. Danke, daß ihr meinem Ruf gefolgt seid!»

25. Februar 1988

«Liebe Kinder! — Auch heute möchte ich euch zum Gebet und zur vollkommenen Hingabe an Gott einladen. Ihr wißt, daß ich euch liebe und aus Liebe zu euch hierher komme, um euch den Weg des Friedens und der Rettung eurer Seelen zu zeigen. Ich wünsche, daß ihr auf mich hört und Satan nicht erlaubt, euch irre zu führen. Liebe Kinder, Satan ist ziemlich stark, deshalb bitte ich euch, daß ihr mir eure Gebete für diejenigen darbringt, die unter seinem Einfluß stehen, damit sie gerettet werden. Gebt Zeugnis mit eurem Leben. Opfert euer Leben für die Rettung der Welt. Ich bin mit euch und danke euch. Im Himmel werdet ihr vom Vater den Lohn empfangen, den Er euch verheißen hat. Deshalb habt keine Angst, meine lieben Kinder, denn wenn ihr betet, kann euch Satan nichts anhaben, denn ihr seid Kinder Gottes und Gott wacht über euch. Betet! — Der Rosenkranz sei immer in euren Händen als Zeichen dem Satan gegenüber, daß ihr mir gehört. Danke, daß ihr meinem Ruf gefolgt seid!»

25. März 1988

«Liebe Kinder! — Auch heute rufe ich euch zur vollkommenen Hingabe an Gott auf. Ihr, liebe Kinder, seid euch nicht bewußt, mit wieviel Liebe Gott euch liebt. Deshalb erlaubt Er mir, mit euch zu sein, euch zu belehren und euch zu helfen, den Weg des Friedens zu finden. Aber diesen Weg könnt ihr nicht erkennen, wenn ihr nicht betet. Darum, liebe Kinder, löst euch von allem und widmet Gott eure Zeit, dann wird Er euch beschenken und segnen. Liebe Kinder, vergeßt nicht, daß euer Leben vergänglich ist wie eine Frühlingsblüte, die heute wunderschön ist und von der man morgen nichts mehr weiß. Deshalb betet so, daß euer Gebet und eure Hingabe an Gott wie Wegweiser stehen bleiben. So wird euer Zeugnis nicht nur für euer Leben, sondern für die ganze Ewigkeit bestehen. Danke, daß ihr meinem Ruf gefolgt seid!»

25. April 1988

«Liebe Kinder! — Gott möchte euch heilig machen. Deshalb lädt Er euch durch mich zur vollkommenen Hingabe ein. Die heilige Messe soll euch das Leben sein. Begreift, daß die Kirche der Palast Gottes ist, der Ort, wo ich euch versammeln und den Weg zu Gott zeigen möchte.

Kommt und betet! Schaut nicht auf die andern und redet nicht über sie. Euer Leben soll vielmehr Zeugnis auf dem Weg der Heiligkeit sein.

Den Gotteshäusern, die geweiht sind, gebührt Ehrfurcht, denn in ihnen wohnt Tag und Nacht Gott, der Mensch geworden ist. Darum, liebe Kinder, glaubt und betet, daß euch der Vater den Glauben vermehre und sucht dann, was für euch notwendig ist. Ich bin mit euch und freue mich über eure Umkehr und beschütze euch mit meinem mütterlichen Mantel. Danke, daß ihr meinem Ruf gefolgt seid!»

25. Mai 1988

«Liebe Kinder! — Ich lade euch zur vollkommenen Hingabe an Gott ein. Betet, liebe Kinder, daß der Satan euch nicht hin und her schwinge wie Zweige im Wind. Seid stark in Gott. Ich wünsche, daß durch euch die ganze Welt den Gott der Freude erkenne. Gebt mit eurem Leben Zeugnis von der Freude Gottes! Seid nicht ängstlich und besorgt. Gott wird euch helfen und euch den Weg zeigen.

Ich wünsche, daß ihr mit meiner Liebe alle liebt, Gute und Böse. Nur so wird die Liebe in der Welt herrschen. Meine lieben Kinder, ihr seid mein. Ich liebe euch und wünsche, daß ihr euch mir anvertraut, damit ich euch zu

Gott führen kann. Betet ohne Unterlaß, damit euch Satan nicht ausnützen kann. Betet um die Erkenntnis, daß ihr mein seid. Ich segne euch mit dem Segen der Freude. Danke, daß ihr meinem Ruf gefolgt seid!»

25. Juni 1988

«Liebe Kinder! — Heute lade ich euch zur Liebe ein, die Gott treu ist und Ihm gefällt. Meine lieben Kinder, die Liebe nimmt alles an, auch was hart und bitter ist, um Jesu willen, der die Liebe ist. Deshalb, liebe Kinder, bittet Gott, daß Er euch zu Hilfe kommt, aber nicht euren Wünschen gemäß, sondern nach seiner Liebe. Übergebt euch Gott, damit Er euch heilen und trösten kann und all das, was euch auf dem Weg der Liebe hindert, verzeiht. So kann Gott euer Leben formen, und ihr werdet in Liebe wachsen. Verherrlicht Gott, meine lieben Kinder, entsprechend dem hohen Lied der Liebe, so daß die Liebe Gottes in euch von Tag zu Tag bis zur Vollkommenheit wachsen kann. Danke, daß ihr meinem Ruf gefolgt seid!» (Hinweis: Das hohe Lied der Liebe finden Sie im 1 Korintherbrief, 13. Kapitel.)

25. Juli 1988

«Liebe Kinder! — Auch heute lade ich euch zur vollkommenen Hingabe an Gott ein. Alles was ihr tut, alles was ihr besitzt, übergebt Gott, damit Er in eurem Leben herrsche wie ein König über alles, was ihr besitzt. So kann euch Gott durch mich in die Tiefen geistlichen Lebens führen. Meine lieben Kinder, habt keine Angst, denn ich bin mit euch, auch dann, wenn ihr denkt, es gebe keinen Ausweg und daß der Satan die Herrschaft an sich gerissen hätte. Ich bringe euch den Frieden. Ich bin eure Mutter und die Königin des Friedens. Ich segne euch mit dem Segen der Freude, damit euch Gott alles im Leben sei. Danke, daß ihr meinem Ruf gefolgt seid!»

25. August 1988

«Liebe Kinder! — Heute lade ich euch alle ein, euch über das Leben zu freuen, das Gott euch gibt. Meine lieben Kinder, freut euch über Gott den Schöpfer, der euch so wunderbar geschaffen hat. Betet, daß euer Leben eine freudige Danksagung sei, die aus eurem Herzen wie ein

Fluß der Freude strömt. Meine lieben Kinder, dankt ohne Unterlaß für alles, was ihr besitzt, auch für jede kleine Gabe, die euch Gott geschenkt hat. So wird immer ein freudenreicher Segen von Gott auf euer Leben herabkommen. Danke, daß ihr meinem Ruf gefolgt seid!»

25. September 1988

«Liebe Kinder! — Ich lade euch alle, ohne Unterschied, zum Weg der Heiligkeit in eurem Leben ein. Gott hat euch die Gabe der Heiligkeit geschenkt. Betet, damit ihr diese Gabe immer mehr erkennen könnt, dann werdet ihr Gott immer mehr mit eurem Leben bezeugen können. Liebe Kinder, ich segne euch, und ich trete bei Gott für euch ein, damit euer Weg und euer Zeugnis vollkommen seien und Gott zur Freude werden. Danke, daß ihr meinem Ruf gefolgt seid!»

25. Oktober 1988

«Liebe Kinder! — Meine Einladung ist, die Botschaft die ich euch gebe, täglich zu leben, besonders weil ich euch, liebe Kinder, mehr zum Herzen Jesu führen möchte. Deshalb, liebe Kinder, lade ich euch heute ein, euch meinem lieben Sohn zu weihen, damit jedes eurer Herzen Ihm gehöre. Ich lade euch auch zur Weihe an mein unbeflecktes Herz ein. Ich wünsche, daß ihr euch persönlich weiht, als Familie und als Pfarrei, damit alles durch meine Hände Gott gehöre. Liebe Kinder, betet, damit ihr die Größe dieser Botschaft, die ich euch gebe, versteht. Ich wünsche nichts für mich, sondern alles für die Rettung eurer Seelen. Der Satan ist stark. Deshalb liebe Kinder, bindet euch durch beharrliches Gebet an mein mütterliches Herz. Danke, daß ihr meinem Ruf gefolgt seid!»

25. November 1988

«Liebe Kinder! — Ich lade euch zum Gebet ein, damit ihr im Gebet Gott begegnet. Gott bietet sich euch an. Er verschenkt sich an euch. Von euch aber wünscht Er, daß ihr in eurer Freiheit auf seinen Ruf antwortet. Deshalb, liebe Kinder, bestimmt am Tag eine Zeit, in der ihr in Frieden und Demut beten und Gott dem Schöpfer begegnen könnt. Ich bin mit euch und trete vor Gott für euch ein. Deshalb wachet, damit jede Begegnung im Gebet eine freudige Begegnung mit Gott sei. Danke, daß ihr meinem Ruf gefolgt seid!»

25. Dezember 1988

«Liebe Kinder! — Ich lade euch zum Frieden ein. Lebt den Frieden in euren Herzen und in eurer Umgebung, damit alle den Frieden erkennen, der nicht von euch kommt, sondern von Gott. Meine lieben Kinder, heute ist ein großer Tag. Freut euch mit mir. Feiert die Geburt Jesu mit meinem Frieden, mit dem ich gekommen bin als eure Mutter, die Königin des Friedens. Heute gebe ich euch meinen besonderen Segen. Bringt ihn zu jedem Geschöpf, damit es Frieden hat. Danke, daß ihr meinem Ruf gefolgt seid!»

— 1989—

25. Januar 1989

«Liebe Kinder! — Heute lade ich euch zum Weg der Heiligkeit ein. Betet, damit ihr die Schönheit und die Größe dieses Weges erfaßt, auf dem sich Gott euch auf besondere Weise offenbart. Betet, daß ihr für alles, was Gott durch euch tun will, offen sein könnt. Und betet, daß ihr Gott für alles in eurem Leben danken und euch über alles, was Er durch jeden einzelnen tut, freuen könnt. Ich segne euch. Danke, daß ihr meinem Ruf gefolgt seid!»

25. Februar 1989

«Liebe Kinder! — Heute lade ich euch zum Gebet mit dem Herzen ein. In dieser Zeit der Gnade wünsche ich, daß jeder von euch mit Jesus eins werde. Aber ohne das immerwährende Gebet könnt ihr die Schönheit und die Größe der Gnade, die Gott euch anbietet, nicht begreifen. Deshalb, liebe Kinder, füllt eure Herzen die ganze Zeit hindurch auch mit kleinsten Gebeten. Ich bin mit euch und wache ohne Unterlaß über jedes Herz, das sich mir schenkt. Danke, daß ihr meinem Ruf gefolgt seid!»

25. März 1989

«Liebe Kinder! — Ich lade euch zur vollkommenen Hingabe an Gott ein. Ich rufe euch zur großen Freude und zum Frieden auf, die nur Gott euch gibt. Ich bin mit euch und trete tagtäglich bei Gott für euch ein. Meine lieben Kinder, ich lade euch ein, auf mich zu hören und die Botschaften, die ich euch schon seit Jahren gebe, zu leben. Ihr alle seid zur Heiligkeit aufgerufen, aber ihr seid noch fern davon. Ich segne euch. Danke, daß ihr meinem Ruf gefolgt seid!»

25. April 1989

«Liebe Kinder! — Ich lade euch zur vollkommenen Hingabe an Gott ein. Alles, was ihr besitzt, soll in Gottes Händen sein, denn nur so werdet ihr Freude im Herzen haben. Meine lieben Kinder, freut euch in allem, was ihr habt, und dankt Gott, denn alles ist ein Geschenk Gottes an euch. So werdet ihr im Leben für alles danken und Gott in allem erkennen können, auch in der kleinsten Blüte. Ihr werdet große Freude erfahren. Ihr werdet Gott erfahren. Danke, daß ihr meinem Ruf gefolgt seid!»

25. Mai 1989

«Liebe Kinder! — Ich lade euch ein, euch Gott zu öffnen. Seht, meine lieben Kinder, wie sich die Natur öffnet und Leben und Frucht hervorbringt, so lade auch ich euch zum Leben mit Gott und zur vollkommenen Hingabe an Ihn ein. Meine lieben Kinder, ich bin bei euch und will euch unaufhörlich in die Freude des Lebens einführen. Ich wünsche, daß jeder von euch die Freude und die Liebe entdecke. die sich nur in Gott finden und die nur Gott geben kann.

Gott wünscht nichts anderes von euch als eure Hingabe. Deshalb, meine lieben Kinder, entscheidet euch ernstlich für Gott, denn alles andere ist vergänglich. Gott allein ist nicht vergänglich. Betet, damit ihr die Größe und Freude des Lebens entdeckt, die Gott euch gibt. Danke, daß ihr meinem Ruf gefolgt seid!»

25. Juni 1989

«Liebe Kinder! — Heute rufe ich euch alle auf, die Botschaften zu leben, die ich euch in den vergangenen acht Jahren gegeben habe. Diese Zeit ist eine Zeit der Gnade, und ich wünsche, meine lieben Kinder, daß die Gnade Gottes für jeden einzelnen groß sei. Ich segne euch und liebe euch mit einer besonderen Liebe. Danke, daß ihr meinem Ruf gefolgt seid!»

25. Juli 1989

«Liebe Kinder! — Heute lade ich euch zur Erneuerung des Herzens ein. Öffnet euch Gott und übergebt Ihm alle eure Schwierigkeiten und Kreuze, damit Gott alles in Freude verwandle. Meine lieben Kinder, ihr könnt euch Gott nicht öffnen, wenn ihr nicht betet. Deshalb entscheidet euch, von heute an eine Zeit am Tage nur der Begegnung mit Gott in Stille zu widmen. So werdet ihr mit Gott meine Anwesenheit hier bezeugen können. Liebe Kinder, ich will euch nicht zwingen, sondern gebt Gott als Kinder Gottes freiwillig eure Zeit. Danke, daß ihr meinem Ruf gefolgt seid!»

25. August 1989

«Liebe Kinder! — Ich rufe euch zum Gebet auf. Durch das Gebet, meine lieben Kinder, bekommt ihr Freude und Frieden. Durch das Gebet werdet ihr reicher an Gnaden Gottes. Deshalb, meine lieben Kinder, soll das Gebet für jeden von euch das Leben sein.

Besonders rufe ich euch auf, für all jene zu beten, die weit weg von Gott sind, damit sie sich bekehren. Dann werden unsere Herzen reicher sein, denn Gott wird in den Herzen aller Menschen herrschen. Deshalb, meine lieben Kinder, betet, betet, betet. Das Gebet soll in der ganzen Welt zu herrschen beginnen. Danke, daß ihr meinem Ruf gefolgt seid!»

25. September 1989

«Liebe Kinder! — Heute lade ich euch ein, Gott für alle Gaben zu danken, die ihr im Laufe eures Lebens erkannt habt, auch für die kleinste Gabe, die ihr wahrgenommen habt. Ich danke mit euch und wünsche, daß ihr alle die

Freude der Gaben empfindet und daß Gott für jeden von euch alles sei. Dann, meine lieben Kinder, werdet ihr unaufhörlich auf dem Weg der Heiligkeit wachsen können. Danke, daß ihr meinem Ruf gefolgt seid!»

25. Oktober 1989

«Liebe Kinder! — Auch heute lade ich euch zum Gebet ein. Ich lade euch stets ein, aber ihr seid noch fern. Deshalb entscheidet euch, von heute an ernsthaft die Zeit Gott zu widmen. Ich bin mit euch und möchte euch lehren, mit dem Herzen zu beten. Im Gebet mit dem Herzen werdet ihr Gott begegnen. Deshalb, meine lieben Kinder, betet, betet, betet! Danke, daß ihr meinem Ruf gefolgt seid!»

25. November 1989

«Liebe Kinder! — Ich rufe euch seit Jahren durch die Botschaften auf, die ich euch gebe. Meine lieben Kinder, durch die Botschaften möchte ich ein wunderschönes Mosaik in euren Herzen schaffen, so daß sich jedes von euch als Originalbild Gott darbringen kann. Deshalb, meine lieben Kinder, wünsche ich, daß eure Entscheidungen vor Gott frei seien, denn Er hat euch die Freiheit gegeben. Deshalb betet, daß ihr euch ohne jeden satanischen Einfluß nur für Gott entscheidet. Ich bete für euch vor Gott und verlange eure Hingabe an Gott. Danke, daß ihr meinem Ruf gefolgt seid!»

25. Dezember 1989

«Liebe Kinder! — Heute segne ich euch auf besondere Weise mit meinem mütterlichen Segen, und ich halte bei Gott für euch Fürsprache, damit Er euch das Geschenk der Umkehr des Herzens gebe.

Seit Jahren rufe ich euch auf und sporne euch an zu einem tiefen, geistlichen Leben in Einfachheit, aber ihr seid so kalt. Deshalb, meine lieben Kinder, nehmt die Botschaften ernsthaft an und lebt sie, damit eure Seele nicht traurig wird, wenn ich nicht mehr mit euch bin und euch nicht mehr wie unsichere Kinder bei den ersten Schritten führen werde.

Deshalb, meine lieben Kinder, lest jeden Tag die Botschaften, die ich euch gegeben habe, und setzt sie ins Leben um. Ich liebe euch. Deshalb rufe ich euch alle zum Weg des Heiles mit Gott auf. Danke, daß ihr meinem Ruf gefolgt seid!»

— 1990 —

25. *Januar 1990*

«Liebe Kinder! — Heute lade ich euch ein, euch von neuem für Gott zu entscheiden, Gott vor alles und über alles zu stellen, damit Er in eurem Leben Wunder wirken kann, und damit euer Leben von Tag zu Tag zur Freude mit Ihm werde. Deshalb, meine lieben Kinder, betet und laßt nicht zu, daß Satan in eurem Leben, durch Mißverständnisse, durch "einander-nicht-Verstehen und durch nicht annehmen-Wollen" wirkt. Betet, damit ihr das Geschenk des Lebens in seiner Größe und Schönheit verstehen könnt. Danke, daß ihr meinem Ruf gefolgt seid!»

25. *Februar 1990*

«Liebe Kinder! — Ich lade euch zur Hingabe an Gott ein. In dieser Zeit wünsche ich besonders, daß ihr den Dingen widersagt, an die ihr euch gebunden habt, die aber eurem geistlichen Leben schaden. Deshalb, meine lieben Kinder, entscheidet euch vollkommen für Gott und erlaubt Satan nicht, daß er in euer Leben eintritt, durch jene Dinge, die euch und eurem geistlichen Leben schaden.

Meine lieben Kinder, Gott bietet sich euch in der Vollkommenheit an. Ihr könnt Ihn nur im Gebet entdecken und erkennen. Deshalb, entscheidet euch für das Gebet. Danke, daß ihr meinem Ruf gefolgt seid!»

25. *März 1990*

«Liebe Kinder! — Ich bin mit euch, auch wenn ihr euch dessen nicht bewußt seid. Ich möchte euch vor all dem beschützen, was euch Satan anbietet und wodurch er euch vernichten möchte. Wie ich Jesus in meinem Schoß getragen habe, so möchte ich auch euch, meine lieben Kinder, zur Heiligkeit hintragen. Gott möchte euch retten und sendet euch Botschaften durch Menschen, durch

die Natur und durch viele Dinge, die euch nur helfen
können zu begreifen, daß ihr die Richtung eures Lebens
ändern sollt. Deshalb, meine lieben Kinder, begreift auch
die Größe des Geschenkes, das Gott euch durch mich
gibt, daß ich euch mit meinem Mantel beschütze und zur
Freude des Lebens führe. Danke, daß ihr meinem Ruf
gefolgt seid!»

25. April 1990

«Liebe Kinder! — Heute lade ich euch ein, daß ihr die
Botschaften, die ich euch gebe, ernsthaft annehmt und sie
lebt. Ich bin mit euch, liebe Kinder, und wünsche, daß
jeder von euch meinem Herzen immer näher sei. Deshalb
meine lieben Kinder, betet und sucht den Willen Gottes
in eurem täglichen Leben. Ich wünsche, daß jeder von
euch den Weg der Heiligkeit entdecke und auf ihm
wachse, bis in die Ewigkeit hinein. Ich werde für euch
beten und bei Gott für euch Fürsprache halten, damit ihr
die Größe dieses Geschenkes begreift, das Gott euch gibt,
daß ich mit euch sein kann. Danke, daß ihr meinem Ruf
gefolgt seid!»

25. Mai 1990

«Liebe Kinder! — Ich lade euch ein, euch ernsthaft zu
entscheiden, diese Novene zu leben. Weiht die Zeit dem
Gebet und dem Opfer! Ich bin mit euch und möchte euch
helfen, in Entsagung und Abtötung zu wachsen, damit
ihr die Schönheit der Menschen begreifen könnt, die sich
mir auf besondere Weise schenken.

Liebe Kinder, Gott segnet euch von Tag zu Tag und
wünscht die Veränderung eures Lebens. Deshalb betet,
damit ihr die Kraft habt, euer Leben zu ändern. Danke,
daß ihr meinem Ruf gefolgt seid!»

25. Juni 1990

«Liebe Kinder! — Heute möchte ich euch für alle Opfer
und für alle Gebete danken. Ich segne euch mit meinem
besonderen mütterlichen Segen. Ich rufe euch auf, daß
ihr euch alle für Gott entscheidet und daß ihr von Tag zu
Tag seinen Willen im Gebet entdeckt. Ich möchte euch
alle, liebe Kinder, zur vollkommenen Umkehr einladen,
damit in euren Herzen Freude sei. Ich bin glücklich, daß

ihr heute in so großer Anzahl hier seid. Danke, daß ihr meinem Ruf gefolgt seid!»

25. Juli 1990

«Liebe Kinder! — Heute lade ich euch zum Frieden ein. Als Königin des Friedens bin ich hierher gekommen und möchte euch mit meinem mütterlichen Frieden bereichern. Liebe Kinder, ich liebe euch und möchte euch alle zum Frieden hinführen, den nur Gott gibt und der jedes Herz bereichert. Ich rufe euch auf, Träger und Zeugen meines Friedens in dieser friedlosen Welt zu werden. Der Friede soll in der ganzen Welt, die friedlos ist und sich nach dem Frieden sehnt, zu herrschen beginnen. Ich segne euch mit meinem mütterlichen Segen. Danke, daß ihr meinem Ruf gefolgt seid!»

25. August 1990

«Liebe Kinder! — Heute möchte ich euch einladen, daß ihr die Botschaften, die ich euch gebe, ernsthaft annehmt und sie ins Leben umsetzt. Ihr wißt, meine lieben Kinder, daß ich mit euch bin und daß ich euch alle auf dem gleichen Weg in den Himmel führen möchte, der für diejenigen schön ist, die ihn im Gebet entdecken. Deshalb, meine lieben Kinder, vergeßt nicht, daß ihr diese Botschaften, die ich euch gebe, in eurem täglichen Leben verwirklichen sollt, damit ihr dann sagen könnt: "Ich habe die Botschaften angenommen und versucht sie zu leben."

Liebe Kinder, mit meinem Gebet zum himmlischen Vater schütze ich euch. Danke, daß ihr meinem Ruf gefolgt seid!»

25. September 1990

«Liebe Kinder! — Ich rufe euch zum Gebet mit dem Herzen auf, damit euer Gebet ein Gespräch mit Gott sei. Ich wünsche, daß jeder von Euch Gott mehr Zeit widmet. Satan ist stark und will euch vernichten und auf viele Arten betrügen. Deshalb, meine lieben Kinder, betet jeden Tag, damit euer Leben für euch selbst gut sei und für alle, denen ihr begegnet. Ich bin mit euch und beschütze euch, wenn auch Satan meine Pläne vernichten und die Wünsche des himmlischen Vaters, die Er hier verwirklichen möchte, aufhalten will. Danke, daß ihr meinem Ruf gefolgt seid!»

25. Oktober 1990

«Liebe Kinder! — Heute rufe ich euch auf, auf besondere Weise zu beten und Opfer und gute Taten für den Frieden in der Welt darzubringen. Satan ist stark und will mit allen Kräften den Frieden zerstören, der von Gott kommt. Deshalb, liebe Kinder, betet mit mir auf besondere Weise um den Frieden. Ich bin mit euch und möchte euch mit meinen Gebeten helfen und euch auf dem Weg des Friedens führen. Ich segne euch mit meinem mütterlichen Segen. Vergeßt nicht, die Botschaften des Friedens zu leben. Danke, daß ihr meinem Ruf gefolgt seid!»

25. November 1990

«Liebe Kinder! — Heute rufe ich euch auf, Werke der Barmherzigkeit mit Liebe und aus Liebe zu mir und zu euren und meinen Brüdern und Schwestern zu tun. Liebe Kinder, alles, was ihr für die andern tut, tut es mit großer Freude und Demut Gott gegenüber.

Ich bin mit euch und bringe Tag für Tag eure Opfer und Gebete Gott für die Rettung der Welt dar. Danke, daß ihr meinem Ruf gefolgt seid!»

25. Dezember 1990

«Liebe Kinder! — Heute rufe ich euch auf, besonders um den Frieden zu beten. Liebe Kinder, ohne Frieden könnt ihr die Geburt des kleinen Jesus weder heute, noch in eurem täglichen Leben erfahren. Deshalb bittet den Herrn des Friedens, daß Er euch mit seinem Mantel beschütze und daß Er euch helfe, die Größe und die Wichtigkeit des Friedens in euren Herzen zu begreifen. So werdet ihr den Frieden aus euren Herzen in die ganze Welt verbreiten können.

Ich bin mit euch und halte bei Gott für euch Fürsprache. Betet, denn Satan möchte meine Pläne des Friedens zerstören. Versöhnt euch und helft mit eurem Leben, daß der Friede auf der ganzen Welt zu herrschen beginnt. Danke, daß ihr meinem Ruf gefolgt seid!»

— 1991 —

25. Januar 1991

«Liebe Kinder! — Heute, wie nie zuvor, lade ich euch zum Gebet ein. Euer Gebet sei ein Gebet um den Frieden! Satan ist stark und möchte nicht nur Menschenleben zerstören, sondern auch die Natur und den Planeten, auf dem ihr lebt. Deshalb, liebe Kinder, betet, damit ihr euch durch das Gebet mit dem Gottessegen des Friedens schützt.

Gott hat mich zu euch gesandt, damit ich euch helfe. Wenn ihr das wollt, nehmt den Rosenkranz. Schon allein der Rosenkranz kann in der Welt und in eurem Leben Wunder wirken.

Ich segne euch und bleibe mit euch, solange es Gott will. Ich danke euch, daß ihr meiner Gegenwart hier nicht die Treue brechen werdet, und ich danke euch, denn eure Antwort dient dem Guten und dem Frieden. Danke, daß ihr meinem Ruf gefolgt seid.»

25. Februar 1991

«Liebe Kinder! — Heute lade ich euch ein, euch für Gott zu entscheiden, denn die Entfernung von Gott ist die Frucht des Unfriedens in eurem Herzen.

Gott ist der Friede selbst. Deshalb nähert euch Ihm durch euer persönliches Gebet, und dann lebt den Frieden in eurem Herzen. So wird der Friede aus eurem Herzen wie ein Fluß in die ganze Welt strömen.

Sprecht nicht vom Frieden, sondern macht Frieden! Ich segne jeden von euch und jede eurer guten Entscheidungen. Danke, daß ihr meinem Ruf gefolgt seid.»

25. März 1991

«Liebe Kinder! — Auch heute lade ich euch ein, das Leiden Jesu im Gebet und in der Einheit mit Ihm zu leben. Entscheidet euch, Gott, der euch diese Tage der Gnade geschenkt hat, mehr Zeit zu schenken. Deshalb, liebe Kinder, betet und erneuert auf besondere Weise die Liebe zu Jesus in eurem Herzen. — Ich bin mit euch und begleite euch mit meinem Segen und meinen Gebeten. Danke, daß ihr meinem Ruf gefolgt seid!»

25. April 1991

«Liebe Kinder! — Heute lade ich euch alle zum Gebet mit dem Herzen ein. Jeder von euch soll Zeit für das Gebet finden, so daß ihr im Gebet Gott entdeckt.

Ich wünsche nicht, daß ihr über das Gebet redet, sondern daß ihr betet. Jeder Tag soll Gott gegenüber mit Dankgebet erfüllt sein. Dankt für das Leben und für alles, was ihr habt. Ich wünsche nicht, daß euer Leben im Gerede vergeht, sondern preist Gott durch Taten!

Ich bin mit euch und danke Gott für jeden Augenblick, den ich mit euch verbringe. Danke, daß ihr meinem Ruf gefolgt seid!»

25. Mai 1991

«Liebe Kinder! — Heute lade ich euch alle ein, die ihr meine Botschaft des Friedens gehört habt, daß ihr sie ernsthaft und mit Liebe im Leben verwirklicht. Viele sind es, die glauben, viel zu tun, indem sie über die Botschaften reden, sie aber nicht leben. Ich lade euch, liebe Kinder, zum Leben der Botschaften ein und zur Veränderung all dessen, was in euch negativ ist, damit sich alles zum Positiven und zum Leben wandle.

Liebe Kinder, ich bin mit euch und wünsche jedem von euch zu helfen, daß ihr das Evangelium lebt und im Leben bezeugt. Ich bin hier, liebe Kinder, um euch zu helfen und euch in den Himmel zu führen. Im Himmel ist Freude; durch sie könnt ihr ihn jetzt schon erleben. Danke, daß ihr meinem Ruf gefolgt seid!»

25. Juni 1991

«Liebe Kinder! — Heute, an dem großen Tag, den ihr mir geschenkt habt, möchte ich euch alle segnen und euch sagen: Das sind Tage der Gnade, solange ich mit euch bin! Ich möchte euch lehren und euch helfen, den Weg der Heiligkeit zu gehen.

Es sind viele Menschen, die meine Botschaft nicht begreifen und das, was ich sage, nicht ernsthaft annehmen wollen. Deshalb rufe ich euch auf und bitte euch, im täglichen Leben meine Gegenwart zu bezeugen.

Wenn ihr betet, wird Gott euch helfen, den wahren Grund meines Kommens zu entdecken. Deshalb, meine lieben Kinder, betet und lest die Heilige Schrift, damit ihr durch die Heilige Schrift die Botschaft für euch durch mein wiederholtes Kommen entdeckt! Danke, daß ihr meinem Ruf gefolgt seid!»

25. Juli 1991

«Liebe Kinder! — Heute rufe ich euch auf, für den Frieden zu beten! In dieser Zeit ist der Friede auf besondere Weise bedroht, und ich erbitte von euch, daß ihr das Fasten und das Gebet in euren Familien erneuert.

Liebe Kinder, ich wünsche, daß ihr den Ernst der Situation begreift und daß ihr begreift, daß vieles von dem, was geschehen wird, von eurem Gebet abhängt. Aber ihr betet wenig!

Liebe Kinder, ich bin mit euch und rufe euch auf, daß ihr ernsthaft zu beten und zu fasten beginnt, wie in den ersten Tagen meines Kommens. Danke, daß ihr meinem Ruf gefolgt seid!»

25. August 1991

«Liebe Kinder! — Auch heute rufe ich euch zum Gebet auf — jetzt wie niemals zuvor —, seit sich mein Plan zu verwirklichen begonnen hat.

Satan ist stark und möchte die Pläne des Friedens und der Freude verwirren und euch zu verstehen geben, daß mein Sohn in seinen Entscheidungen nicht stark sei. Deshalb rufe ich euch alle auf, liebe Kinder, daß ihr noch mehr betet und fastet. Ich rufe euch zur Entsagung für neun Tage auf, sodaß mit eurer Hilfe alles, was ich durch die Geheimnisse, die ich in Fatima begonnen habe, verwirklicht werde.

Ich rufe euch auf, liebe Kinder, daß ihr jetzt die Wichtigkeit meines Kommens und den Ernst der Situation begreift! Ich will alle Seelen retten und sie Gott darbringen. Deshalb betet, daß sich alles gänzlich verwirkliche, was ich begonnen habe. Danke, daß ihr meinem Ruf gefolgt seid!»

25. September 1991

«Liebe Kinder! — Heute rufe ich euch alle auf besondere Weise zum Gebet und zur Entsagung auf. Denn jetzt wie nie zuvor will Satan der Welt sein schändliches Gesicht zeigen, durch welches er immer mehr Menschen auf den Weg des Todes und der Sünde hin verführen will. Deshalb, liebe Kinder, helft, daß mein unbeflecktes Herz in der Welt der Sünde zu herrschen beginnt. Ich bitte euch alle, daß ihr die Gebete und Opfer für meine Anliegen darbringt, damit auch ich sie Gott für das, was am Nötigsten ist, darbringen kann. Vergeßt eure Wünsche und betet, liebe Kinder, für das, was Gott wünscht und nicht für das, was ihr wünscht. Danke, daß ihr meinem Ruf gefolgt seid!»

25. Oktober 1991

«Liebe Kinder! — Betet, betet, betet!»

25. November 1991

«Liebe Kinder! — Auch diesmal rufe ich euch zum Gebet auf. Betet, damit ihr begreifen könnt, was euch Gott durch meine Gegenwart und durch die Botschaften, die ich euch gebe, sagen möchte. Ich möchte euch alle immer näher zu Jesus und seinem verwundeten Herzen bringen, damit ihr seine unermeßliche Liebe begreifen könnt, die sich für jeden von euch geschenkt hat. Deshalb, liebe Kinder, betet, damit aus eurem Herzen eine Quelle der Liebe auf jeden Menschen — auch auf jenen, der euch haßt und verachtet — zu fließen beginnt. So werdet ihr mit der Liebe Jesu das ganze Elend in dieser traurigen Welt besiegen können, die ohne Hoffnung ist für diejenigen, die Jesus nicht kennen.

Ich bin mit euch und liebe euch mit der unermeßlichen Liebe Jesu. Danke für alle Opfer und Gebete! Betet, damit ich euch noch mehr helfen kann! Eure Gebete sind mir notwendig. Danke, daß ihr meinem Ruf gefolgt seid!»

25. Dezember 1991

«Liebe Kinder! — Heute bringe ich euch auf besondere Weise den kleinen Jesus, damit Er euch mit seinem Segen des Friedens und der Liebe segne. Liebe Kinder, vergeßt nicht, daß dies eine Gnade ist, die viele Menschen nicht begreifen und annehmen. Deshalb, gebt alles von euch, ihr, die ihr sagt, mir zu gehören und meine Hilfe zu suchen. Zuerst gebt eure Liebe und euer Beispiel in euren Familien. Ihr sagt, daß Weihnachten ein Familienfeiertag ist. Deshalb, liebe Kinder, gebt Gott in euren Familien den ersten Platz, damit Er euch den Frieden gibt, und damit Er euch nicht nur vor dem Krieg, sondern auch im Frieden vor jeder satanischen Versuchung schützt. Wenn Gott mit euch ist, habt ihr alles; aber wenn ihr Ihn abweist, seid ihr armselig und verloren und wißt nicht, auf wessen Seite ihr steht.

Deshalb, liebe Kinder, entscheidet euch für Gott, und dann werdet ihr alles bekommen. Danke, daß ihr meinem Ruf gefolgt seid!»

— 1992 —

25. Januar 1992

«Liebe Kinder! — Heute rufe ich euch zur Erneuerung des Gebetes in euren Familien auf, so daß jede Familie meinem Sohn Jesus zur Freude werde. Deshalb, liebe Kinder, betet und sucht mehr Zeit für Jesus; dann werdet ihr alles begreifen und annehmen können, auch die schwersten Krankheiten und Kreuze.

Ich bin mit euch und möchte euch in mein Herz aufnehmen und euch beschützen, aber ihr habt euch noch nicht entschieden. Deshalb, liebe Kinder, verlange ich von euch, daß ihr betet, und daß ihr mir durch das Gebet erlaubt, euch zu helfen.

Betet, meine lieben Kinder, damit euch das Gebet zur täglichen Nahrung werde! Danke, daß ihr meinem Ruf gefolgt seid!»

25. Februar 1992

«Liebe Kinder! — Heute rufe ich euch auf, daß ihr euch Gott durch das Gebet noch mehr nähert. Nur so werde ich euch helfen und euch vor jedem satanischen Angriff beschützen können. Ich bin mit euch und halte bei Gott für euch Fürsprache, damit Er euch beschütze. Doch eure Gebete sind mir dafür notwendig — und auch euer Ja.

Ihr verliert euch leicht in materiellen und menschlichen Dingen und vergeßt, daß Gott euer höchster Freund ist.

Deshalb, meine lieben Kinder, nähert euch Gott, daß Er euch beschütze, und daß Er euch vor allem Bösen bewahre. Danke, daß ihr meinem Ruf gefolgt seid!»

25. März 1992

«Liebe Kinder! — Heute, wie nie zuvor, rufe ich euch auf, meine Botschaften zu leben und sie in eurem Leben zu verwirklichen. Ich bin zu euch gekommen, um euch zu helfen, und deshalb rufe ich euch auf, euer Leben zu ändern, denn ihr habt einen beklagenswerten Weg eingeschlagen, den Weg des Verderbens. Als ich zu euch sprach: "Kehrt um, betet, fastet, versöhnt euch", habt ihr diese Botschaften oberflächlich angenommen. Ihr habt angefangen, sie zu leben, aber ihr habt es aufgegeben, weil es zu schwer für euch war. Nein, liebe Kinder, wenn etwas gut ist, sollt ihr im guten verharren und nicht denken: "Gott sieht mich nicht, hört nicht, hilft nicht!" So habt ihr euch eures beklagenswerten Interesses wegen von Gott und von mir entfernt.

Ich wollte durch euch eine Oase des Friedens, der Liebe und der Güte schaffen. Gott wollte, daß ihr durch eure Liebe und mit seiner Hilfe Wunder wirkt und so ein Beispiel gebt. Deshalb sage ich euch folgendes: Der Satan spielt mit euch und euren Seelen, und ich kann euch nicht helfen, denn ihr seid weit weg von meinem Herzen. Deshalb betet und lebt meine Botschaften, dann werdet ihr Wunder der Liebe Gottes in eurem täglichen Leben sehen. Danke, daß ihr meinem Ruf gefolgt seid!»

25. April 1992

«Liebe Kinder! — Auch heute rufe ich euch zum Gebet auf. Nur durch das Gebet und das Fasten kann der Krieg aufgehalten werden. Deshalb, meine lieben Kinder, betet und bezeugt durch euer Leben, daß ihr mein seid und daß ihr mir gehört; denn Satan möchte in diesen düsteren Tagen so viele Seelen wie möglich verführen. Deshalb rufe ich euch auf, daß ihr euch für Gott entscheidet. Er wird euch beschützen und euch zeigen, was ihr tun und welchen Weg ihr gehen sollt.

Ich rufe alle auf, die mir "Ja" gesagt haben, daß sie ihre Weihe an meinen Sohn Jesus und an sein Herz und die Weihe an mich erneuern, damit wir euch noch intensiver zum Werkzeug des Friedens, in dieser unruhigen Welt, machen können. Medjugorje ist ein Zeichen und ein Aufruf an alle, zu beten und die Tage, die Gott euch gibt, als Tage der Gnade zu leben. Deshalb, liebe Kinder, nehmt den Aufruf zum Gebet ernsthaft an. Ich bin mit euch, und euer Leid ist auch mein Leid. Danke, daß ihr meinem Ruf gefolgt seid!»

25. Mai 1992

«Liebe Kinder! — Auch heute rufe ich euch von neuem zum Gebet auf, damit ihr euch Gott durch das Gebet noch mehr nähert. Ich bin mit euch und möchte euch alle auf dem Weg des Heiles, den euch Jesus gibt, führen. Von Tag zu Tag bin ich euch näher, wenn ihr euch dessen auch nicht bewußt seid und euch nicht eingestehen wollt, daß ihr wenig mit mir durch das Gebet verbunden seid. Wenn ihr in Versuchung geratet und Probleme habt, dann sagt ihr: "O, Gott, o, Mutter, wo seid Ihr?" Und ich warte nur auf euch, daß ihr mir euer "Ja" gebt, damit ich es Jesus übergebe und daß Er euch mit seiner Gnade beschenke. Deshalb, nehmt noch einmal meinen Aufruf an und fangt von neuem an zu beten, bis das Gebet euch zur Freude wird. Dann werdet ihr entdecken, daß Gott in eurem täglichen Leben allmächtig ist. Ich bin mit euch und warte auf euch. Danke, daß ihr meinem Ruf gefolgt seid!»

25. Juni 1992

«Liebe Kinder! — Heute bin ich glücklich, wenngleich in meinem Herzen noch etwas Traurigkeit wegen all jener ist, die diesen Weg begonnen und ihn dann aufgegeben haben. Der Grund meiner Anwesenheit hier ist, euch auf den neuen Weg, den Weg des Heiles zu führen. Deshalb rufe ich euch von Tag zu Tag zur Umkehr auf. Aber wenn ihr nicht betet, könnt ihr nicht sagen, daß ihr euch bekehrt. Ich bete für euch und halte bei Gott Fürsprache um den Frieden; zuerst um den Frieden in euren Herzen, und dann um den äußeren Frieden, damit Gott euer Friede sei. Danke, daß ihr meinem Ruf gefolgt seid!»

Die Mutter Gottes gab anschließend allen ihren besondern Segen.

25. Juli 1992

«Liebe Kinder! — Auch heute rufe ich euch alle von neuem zum Gebet auf, und zwar zum Gebet der Freude, damit niemand von euch in diesen traurigen Tagen im Gebet Trauer, sondern eine freudige Begegnung mit Gott, seinem Schöpfer, erfahre. Betet, meine lieben Kinder, damit ihr mir näher seid und durch das Gebet erfahren könnt, was ich von euch wünsche. Ich bin mit euch und segne euch jeden Tag mit meinem mütterlichen Segen, damit Gott euch alle mit der Fülle der Gnade für euer alltägliches Leben beschenke. Dankt Gott für die Gabe, daß ich mit euch sein kann. Ich sage euch: Es ist eine große Gnade. Danke, daß ihr meinem Ruf gefolgt seid!»

25. August 1992

«Liebe Kinder! — Heute möchte ich euch sagen, daß ich euch liebe. Ich liebe euch mit meiner mütterlichen Liebe und rufe euch auf, daß ihr euch mir ganz öffnet, damit ich durch jeden von euch die Welt bekehren und retten kann, in der es viel Sünde gibt und viel von dem, was nicht gut ist. Deshalb, meine lieben Kinder, öffnet euch mir ganz, damit ich euch mehr zu dieser wunderbaren Liebe Gottes, des Schöpfers, führen kann, der sich euch von Tag zu Tag offenbart. Ich bin mit euch und möchte euch Gott, der euch liebt, offenbaren und zeigen. Danke, daß ihr meinem Ruf gefolgt seid!»

25. September 1992

«Liebe Kinder! — Auch heute möchte ich euch sagen: Ich bin mit euch, auch in diesen friedlosen Tagen, in denen Satan alles zerstören möchte, was ich und mein Sohn Jesus aufbauen. Er möchte besonders eure Seelen zerstören und euch möglichst weit weg vom christlichen Leben führen, sowie von den Geboten, zu denen euch die Kirche aufruft, sie zu leben. Satan möchte all das zerstören, was in euch und um euch herum heilig ist. Deshalb, meine lieben Kinder, betet, betet, betet, um all das begreifen zu können, was euch Gott durch mein Kommen gibt. Danke, daß ihr meinem Ruf gefolgt seid!»

25. Oktober 1992

«Liebe Kinder! — Ich rufe euch zum Gebet auf, jetzt wo Satan so stark ist und sich so vieler Seelen wie möglich bemächtigen will. Betet, liebe Kinder, und habt mehr Vertrauen zu mir, denn ich bin hier, um euch zu helfen und um euch auf einem neuen Weg zu einem neuen Leben zu führen. Deshalb, meine lieben Kinder, hört und lebt, was ich euch sage; denn es ist wichtig für euch, wenn ich nicht mehr bei euch sein werde, daß ihr euch an meine Worte erinnert und an all das, was ich euch immer wieder sagte. Ich rufe euch auf, daß ihr von Anfang an beginnt, euer Leben zu ändern, und daß ihr euch für die Umkehr entscheidet, nicht mit Worten, sondern mit dem Leben. Danke, daß ihr meinem Ruf gefolgt seid!»

25. November 1992

«Liebe Kinder! — Heute, wie nie zuvor, rufe ich euch auf zu beten! Euer Leben soll vollständig zum Gebet werden. Ohne Liebe könnt ihr nicht beten, deshalb rufe ich euch auf, zuerst Gott, den Schöpfer eures Lebens, zu lieben, und dann werdet ihr auch in allen Menschen Gott erkennen und lieben, wie Er euch liebt. Liebe Kinder, das ist eine Gnade, daß ich mit euch bin. Deshalb nehmt meine Botschaften an und lebt sie zu eurem Wohl. Ich liebe euch, und deshalb bin ich mit euch, um euch zu lehren und zu einem neuen Leben des Verzichtens und der Umkehr zu führen. Nur so werdet ihr Gott und all das, was euch jetzt fern ist, entdecken. Deshalb betet, meine lieben Kinder. Danke, daß ihr meinem Ruf gefolgt seid!»

25. Dezember 1992

«Liebe Kinder! — Heute möchte ich euch alle unter meinen Schutzmantel nehmen und euch vor allen satanischen Angriffen beschützen. Heute ist der Tag des Friedens, aber in der ganzen Welt ist viel Unfriede, deshalb rufe ich euch auf, daß ihr alle mit mir durch das Gebet eine neue Welt des Friedens aufbaut. Ich kann das ohne euch nicht tun, deshalb rufe ich euch alle mit meiner mütterlichen Liebe auf. Und den Rest wird Gott machen!

Daher, öffnet euch Gottes Plänen und seinen Absichten, damit ihr mit Ihm für den Frieden und das Heil mitarbeiten könnt. Und vergeßt nicht, daß euer Leben nicht euch gehört, sondern ein Geschenk ist, mit dem ihr andere erfreuen und zum ewigen Leben führen sollt. Liebe Kinder, die Zärtlichkeit meines kleinen Jesus soll euch immer begleiten. Danke, daß ihr meinem Ruf gefolgt seid!»

— 1993 —

25. Januar 1993

«Liebe Kinder! — Heute rufe ich euch auf, daß ihr meine Botschaften ernsthaft annehmt und sie lebt. Diese Tage sind Tage, in denen ihr euch für Gott, für den Frieden und für das Gute entscheiden müßt. Jeder Haß und jede Eifersucht sollen aus eurem Leben und euren Gedanken weichen, und nur die Liebe zu Gott und zum Nächsten soll in euch wohnen. So, nur so, werdet ihr die Zeichen dieser Zeit erkennen. Ich bin mit euch und führe euch in eine neue Zeit, eine Zeit, die euch Gott als Gnade gibt, um Ihn noch mehr zu erfahren. Danke, daß ihr meinem Ruf gefolgt seid!»

25. Februar 1993

«Liebe Kinder! — Heute segne ich euch mit meinem mütterlichen Segen und lade euch alle zur Umkehr ein. Ich wünsche, daß sich jeder von euch für die Veränderung des Lebens entscheide und daß jeder von euch in der Kirche mehr tue, nicht durch Worte und Gedanken, sondern durch das Beispiel, so daß euer Leben ein freudiges Zeugnis für Jesus sei. Ihr könnt nicht sagen, daß ihr umgekehrt seid, weil euer Leben zur täglichen Umkehr werden muß. Um zu begreifen, was ihr tun müßt, liebe Kinder, betet, und Gott wird euch geben, was ihr konkret tun und wo ihr euch ändern sollt. Ich bin mit euch und nehme euch alle unter meinen Schutzmantel. Danke, daß ihr meinem Ruf gefolgt seid!»

25. März 1993

«Liebe Kinder! — Heute, wie nie zuvor, rufe ich euch auf, für den Frieden zu beten, für den Frieden in euren Herzen, für den Frieden in euren Familien und für den Frieden in der ganzen Welt; denn Satan möchte den Krieg, möchte den Unfrieden, möchte all das zerstören, was gut ist. Deshalb, liebe Kinder, betet, betet, betet. Danke, daß ihr meinem Ruf gefolgt seid!»

25. März 1993

«Liebe Kinder! — Heute rufe ich euch alle auf, daß ihr eure Herzen für die Liebe erweckt. Geht in die Natur und schaut, wie die Natur erwacht; und es wird euch eine Hilfe sein, eure Herzen der Liebe Gottes, des Schöpfers, zu öffnen. Ich wünsche, daß ihr die Liebe in euren Familien erweckt, damit dort, wo Unruhe und Haß sind, die Liebe zu herrschen beginnt. Und wenn die Liebe in euren Herzen ist, dann ist auch das Gebet da. Und, liebe Kinder, vergeßt nicht, daß ich mit euch bin und euch durch mein Gebet helfe, daß Gott euch die Kraft gibt zu lieben. Ich segne und liebe euch mit meiner mütterlichen Liebe. Danke, daß ihr meinem Ruf gefolgt seid!»

25. Mai 1993

«Liebe Kinder! — Heute rufe ich euch auf, daß ihr euch durch das Gebet Gott öffnet, damit der Heilige Geist in euch und durch euch anfange, Wunder zu wirken. Ich bin mit euch und halte bei Gott für jeden von euch Fürsprache, weil, liebe Kinder, jeder von euch in meinem Rettungsplan wichtig ist. Ich lade euch ein, Träger des Guten und des Friedens zu sein. Gott kann euch den Frieden nur dann geben, wenn ihr umkehrt und betet. Daher, meine lieben Kinder, betet, betet, betet und tut das, was euch der Heilige Geist eingibt. Danke, daß ihr meinem Ruf gefolgt seid!»

25. Juni 1993

«Liebe Kinder! — Auch heute freue ich mich über eure Gegenwart hier. Ich segne euch mit meinem mütterlichen Segen und halte für jeden von euch bei Gott Fürsprache. Ich rufe euch von neuem auf, daß ihr meine Botschaften lebt und sie im Leben in die Praxis umsetzt. Ich bin mit euch und segne euch alle von Tag zu Tag. Liebe Kinder, dies sind besondere Zeiten, und daher bin ich mit euch, um euch zu lieben und zu schützen, um eure Herzen vor dem Satan zu schützen und um euch alle dem Herzen meines Sohnes Jesus näher zu bringen. Danke, daß ihr meinem Ruf gefolgt seid!»

25. Juli 1993

«Liebe Kinder! — Ich danke euch für eure Gebete und für die Liebe, die ihr mir erweist. Ich rufe euch auf, daß ihr euch entscheidet, für meine Anliegen zu beten. Liebe Kinder, bringt Novenen dar und opfert sie dafür auf, wo ihr euch am stärksten gebunden fühlt. Ich wünsche, daß euer Leben mit mir verbunden sei. Ich bin eure Mutter und wünsche, liebe Kinder, daß euch Satan nicht verführe, da er euch auf den falschen Weg führen will; aber er kann es nicht, wenn ihr es ihm nicht erlaubt. Deshalb, liebe Kinder, erneuert das Gebet in euren Herzen, und dann werdet ihr meinen Ruf und meinen lebendigen Wunsch, euch zu helfen, verstehen. Danke, daß ihr meinem Ruf gefolgt seid!»

25. August 1993

«Liebe Kinder! — Ich wünsche, daß ihr begreift, daß ich eure Mutter bin und daß es mein Wunsch ist, euch zu helfen und euch zum Gebet einzuladen. Nur durch das Gebet könnt ihr meine Botschaften begreifen und annehmen und sie ins Leben umsetzen. Lest die Heilige Schrift, lebt sie und betet, damit ihr die Zeichen dieser Zeit begreifen könnt. Dies ist eine besondere Zeit! Deshalb bin ich mit euch, damit ich euch meinem Herzen und dem Herzen meines Sohnes Jesus näher bringe. Liebe Kinder, ich wünsche, daß ihr Kinder des Lichtes und nicht der Fin-

sternis seid! Deshalb lebt das, was ich euch sage. Danke,
daß ihr meinem Ruf gefolgt seid!»

25. September 1993

«Liebe Kinder! — Ich bin eure Mutter und lade euch ein,
euch durch das Gebet Gott zu nähern, da nur Er euer
Friede ist und euer Retter. Daher, liebe Kinder, sucht
nicht materiellen Trost, sondern sucht Gott. Ich bete für
euch und halte bei Gott für jeden einzelnen Fürsprache.
Ich ersuche euer Gebet, damit ihr mich annehmt und
meine Botschaften lebt, wie in den ersten Tagen der Erscheinungen. Nur dann, wenn ihr die Herzen öffnet und
betet, werden Wunder geschehen. Danke, daß ihr meinem Ruf gefolgt seid!»

25. Oktober 1993

«Liebe Kinder! — In diesen Jahren habe ich euch immer
wieder aufgerufen zu beten, das zu leben, was ich euch
sage, aber ihr lebt meine Botschaften wenig. Ihr redet
nur, aber lebt sie nicht, deshalb, meine lieben Kinder,
dauert dieser Krieg so lange. Ich rufe euch auf, euch Gott
zu öffnen und in eurem Herzen mit Gott das Gute zu
leben und meine Botschaften zu bezeugen. Ich liebe euch
und möchte euch vor allem Bösen beschützen, aber ihr
wollt es nicht. Liebe Kinder, ich kann euch nicht helfen,
wenn ihr die Gebote Gottes nicht lebt, wenn ihr die heilige Messe nicht lebt, wenn ihr euch von der Sünde nicht
abwendet. Ich lade euch ein, Apostel der Liebe und Güte
zu sein.
Bezeugt Gott und die Liebe Gottes in dieser unruhigen
Welt, und Gott wird euch segnen und das geben, was ihr
von Ihm erbittet. Danke, daß ihr meinem Ruf gefolgt
seid!»

25. November 1993

«Liebe Kinder! — Ich rufe euch auf, euch in dieser Zeit,
wie nie zuvor, auf das Kommen Jesu vorzubereiten. Der
kleine Jesus soll in eurem Herzen zu herrschen beginnen,
nur dann werdet ihr glücklich sein, wenn Jesus euer
Freund ist. Es wird euch nicht schwerfallen zu beten,
Opfer darzubringen, die Größe Jesu in eurem Leben zu
bezeugen, denn Er wird euch Kraft und Freude in dieser

Zeit geben. Ich bin euch mit meiner Fürsprache und meinen Gebeten nahe und liebe und segne euch alle. Danke, daß ihr meinem Ruf gefolgt seid!»

25. Dezember 1993

«Liebe Kinder! — Heute freue ich mich mit dem kleinen Jesus und wünsche, daß die Freude Jesu in jedes Herz einkehre. Meine lieben Kinder, durch die Botschaft gebe ich euch den Segen mit meinem Sohn Jesus, damit in jedem Herzen der Friede zu herrschen beginne. Ich liebe euch, meine lieben Kinder, und lade euch alle ein, mir durch das Gebet näherzukommen. Ihr redet, redet, aber betet nicht. Deshalb, meine lieben Kinder, entscheidet euch für das Gebet. Nur so werdet ihr glücklich sein und Gott wird euch geben, was ihr von Ihm erbittet. Danke, daß ihr meinem Ruf gefolgt seid!»

— 1994 —

25. Januar 1994

«Liebe Kinder! — Ihr seid alle meine Kinder. Ich liebe euch. Aber, meine lieben Kinder, vergeßt nicht, daß ihr ohne Gebet mir nicht nahe sein könnt. In dieser Zeit will Satan in euren Herzen und in euren Familien Unordnung stiften.
Meine lieben Kinder, laßt nicht zu, daß er euch und euer Leben lenkt. Ich liebe euch und halte bei Gott für euch Fürsprache. Meine lieben Kinder, betet. Danke, daß ihr meinem Ruf gefolgt seid!»

25. Februar 1994

«Liebe Kinder! Heute danke ich euch für eure Gebete. Ihr alle habt mir geholfen, daß dieser Krieg so bald wie möglich aufhört. Ich bin euch nahe und bete für jeden von euch und bitte euch, daß ihr betet, betet, betet. Nur durch das Gebet können wir das Böse besiegen und all das beschützen, was der Satan in euerem Leben zerstören möchte. Ich bin eure Mutter und liebe euch alle gleich und halte bei Gott für euch Fürsprache. Danke, daß ihre meinem Ruf gefolgt seid!»

25. März 1994

«Liebe Kinder, heute freue ich mich mit euch und lade euch ein, euch mir zu öffnen, um in meinen Händen ein Werkzeug für die Rettung der Welt zu werden.
Ich wünsche, meine lieben Kinder, daß ihr alle, die ihr den Wohlgeruch der Heiligkeit durch diese Botschaften, die ich euch gebe, verspürt habt, diese in die Welt tragt, die nach Gott und Gottes Liebe hungert.
Ich danke euch allen, daß ihr in solcher Anzahl geantwortet habt, und ich segne euch alle mit meinem mütterlichen Segen. Danke, daß ihr meinem Ruf gefolgt seid!»

25. April 1994

«Liebe Kinder, heute lade ich euch alle ein, euch zu entscheiden, für mein Anliegen zu beten.
Meine lieben Kinder, ich rufe euch auf, daß jeder von euch hilft, daß sich mein Plan durch diese Pfarrei verwirklicht. Jetzt rufe ich euch besonders auf, meine lieben Kinder, euch zu entscheiden, auf dem Weg der Heiligkeit zu gehen. Nur so werdet ihr mir nahe sein. Ich liebe euch und möchte euch alle mit mir in das Paradies führen. Aber wenn ihr nicht betet und ihr nicht demütig und gegenüber den Botschaften, die ich euch gebe, gehorsam seid, kann ich euch nicht helfen. Danke, daß ihr meinem Ruf gefolgt seid!»

25. Mai 1994

«Liebe Kinder! — Ich lade euch alle ein, mehr Vertrauen zu mir zu haben und meine Botschaften tiefer zu leben.
Ich bin mit euch und halte bei Gott für euch Fürsprache, aber ich erwarte auch, daß sich eure Herzen meinen Botschaften öffnen. Freut euch, denn Gott liebt euch und gibt euch täglich die Möglichkeit, euch zu bekehren und mehr an Gott, den Schöpfer, zu glauben. Danke, daß ihr meinem Ruf gefolgt seid!»

25. Juni 1994

«Liebe Kinder! — Heute freue ich mich in meinem Herzen während ich euch alle hier anschaue. Ich segne euch und lade euch alle ein, euch zu entscheiden, meine Botschaften zu leben, die ich euch hier gebe. Ich wünsche, Kindlein, euch alle zu Jesus zu führen, da er eure Rettung

ist. Daher, Kindlein, je mehr ihr betet desto mehr werdet ihr mein und meines Sohnes Jesus sein.
Ich segne euch alle mit meinem mütterlichen Segen und danke, daß ihr meinem Ruf gefolgt seid.»

25. Juli 1994

«Liebe Kinder! — Heute rufe ich euch auf, euch zu entscheiden, dem Gebet geduldig Zeit zu widmen. Kindlein, ihr könnt nicht sagen daß ihr mein seid und daß ihr durch meine Botschaften Umkehr erlebt habt, wenn ihr nicht bereit seid, Gott jeden Tag Zeit zu widmen. Ich bin euch nahe und segne euch alle. Kindlein, vergeßt nicht, daß wenn ihr nicht betet, seid ihr weder mir noch dem Heiligen Geist nahe, der euch auf dem Weg der Heiligkeit führt. Danke, daß ihr meinem Ruf gefolgt seid.»

25. August 1994

«Liebe Kinder! — Heute bin ich auf besondere Weise mit euch vereint, für die Gabe der Gegenwart meines geliebten Sohnes in eurer Heimat betend.
Betet, Kindlein, für die Gesundheit meines viel geliebten Sohnes, der leidet, aber den ich für diese Zeiten auserwählt habe.
Ich bete und halte bei meinem Sohne, Jesus, Fürsprache, damit sich der Traum erfüllt, den euere Väter hatten.
Betet, Kindlein, auf besondere Weise, denn Satan ist stark und will die Hoffnung in eurem Herzen zerstören.
Ich segne euch. Danke, daß ihr meinem Ruf gefolgt seid!»

25. September 1994

«Liebe Kinder,! — Ich freue mich mit euch, und lade euch zum Gebet ein.
Kindlein, betet auf mein Anliegen. Euere Gebete sind mir notwendig, durch welche ich euch Gott näherbringen möchte: Er ist euere Rettung.
Gott schickt mich um euch zu helfen und euch ins Paradies zu führen, welches euer Ziel ist. Daher, Kindlein, betet, betet, betet! Danke, daß ihr meinem Ruf gefolgt seid.»

25. Oktober 1994

«Liebe Kinder,! — Ich bin mit euch und freue mich auch heute, daß mir der Allerhöchste geschenkt hat, mit euch zu sein, daß ich euch lehre und auf dem Weg der Vollkommenheit führe.

Kindlein, ich wünsche, daß ihr ein wunderschöner Blumenstrauß seid, den ich Gott für den Tag Allerheiligen schenken möchte.

Ich rufe euch auf, daß ihr euch öffnet, und lebt, die Heiligen als Beispiel nehmend. Mutter Kirche hat sie auserwählt, daß sie euch eine Anregung für euer tägliches Leben seien. Danke, daß ihr meinem Ruf gefolgt seid.»

25. November 1994

«Liebe Kinder,! — Heute rufe ich euch zum Gebet auf. Ich bin mit euch und liebe euch alle. Ich bin euere Mutter und wünsche, daß euere Herzen meinem Herzen ähnlich seien.

Kindlein, ohne Gebet könnt ihr nicht leben und sagen, daß ihr mein seid. Gebet ist Freude. Gebet ist das, was das menschliche Herz wünscht. Daher, nähert euch, Kindlein, meinem unbefleckten Herzen, und ihr werdet Gott entdecken. Danke, daß ihr meinem Ruf gefolgt seid!»

25. Dezember 1994

«Liebe Kinder! — Heute freue ich mich mit euch und bete mit euch für den Frieden: Frieden in eueren Herzen, Frieden in eueren Familien, Frieden in eueren Wünschen, Frieden in der ganzen Welt. Möge der König des Friedens euch heute segnen und den Frieden schenken.

Ich segne euch und trage jeden von euch im Herzen. Danke, daß ihr meinem Ruf gefolgt seid.»

— 1995 —

25. Januar 1995

«Liebe Kinder! — Ich lade euch ein, die Türe eueres Herzens Jesus zu öffen, wie die Blume sich der Sonne öffnet. Jesus wünscht, euere Herzen mit Frieden und Freude zu erfüllen. Ihr könnt nicht, Kindlein, den Frieden verwirklichen, wenn ihr nicht mit Jesus im Frieden seid. Daher lade ich euch zur Beichte ein, damit Jesus euere Wahrheit und euer Friede sei.

Kindlein, betet, um die Kraft zu haben das zu verwirklichen, was ich euch sage. Ich bin mit euch und liebe euch. Danke, daß ihr meinem Ruf gefolgt seid!»

25. Februar 1995

«Liebe Kinder! — Heute lade ich euch ein, Missionare meiner Botschaften zu werden, die ich hier durch meinen lieben Ort gebe.
Gott hat mir erlaubt, so lange mit euch zu bleiben. Daher, Kindlein, lade ich euch ein, mit Liebe die Botschaften, die ich euch gebe, zu leben und sie in der ganzen Welt zu übertragen, so daß der Fluß der Liebe ins Volk voll von Haß und ohne Friede fließe.
Ich lade euch ein, Kindlein, dort Friede wo Unfriede herrscht und Licht wo Finsternis ist zu werden, so daß jedes Herz Licht und Weg des Heiles annehme. Danke, daß ihr meinen Ruf gefolgt seid!»

25. März 1995

«Liebe Kinder! — Heute lade ich euch ein, den Frieden in euren Herzen und Familien zu leben. Es gibt keinen Frieden, Kindlein, wo man nicht betet und keine Liebe wo kein Glaube ist.
Deshalb, Kindlein, lade ich euch alle ein, daß ihr euch heute von neuem für die Umkehr entscheidet.
Ich bin euch nahe und lade euch alle, Kindlein, in meinen Schoß ein, um euch zu helfen, aber ihr wünscht es nicht und so versucht euch der Teufel und in den kleinsten Dingen vergeht euer Glaube. Deshalb, Kindlein, betet, und durch das Gebet werdet ihr den Segen und den Frieden haben. Danke, daß ihr meinem Ruf gefolgt seid!»

25. April 1995

«Liebe Kinder! — Heute lade ich euch zur Liebe ein. Kindlein, ohne Liebe könnt ihr weder mit Gott noch mit Brüdern leben. Deshalb lade ich euch ein, eure Herzen der Liebe Gottes zu öffnen, die übergroß und offen für jeden von euch ist. Gott hat mich aus Liebe zu den Menschen unter euch gesandt, um euch den Weg des Heils, den Weg der Liebe zu zeigen. Wenn ihr nicht zuerst Gott liebt, werdet ihr den Nächsten noch den, den ihr haßt, fähig sein, zu lieben.

Deshalb, Kindlein, betet, und durch das Gebet werdet ihr die Liebe entdecken. Danke, daß ihr meinem Ruf gefolgt seid.»

25. Mai 1995

«Liebe Kinder! — Ich rufe euch auf, kleine Kinder, mir mit euren Gebeten zu helfen, soviele Herzen wie möglich meinem Unbefleckten Herzen nahezubringen. Satan ist stark und wünscht, mit allen Kräften soviele Personen wie möglich sich und der Sünde nahezubringen. Deshalb liegt er auf der Lauer, um in jedem Moment noch mehr einzufangen. Ich bitte euch, kleine Kinder, betet und helft mir, euch zu helfen. Ich bin eure Mutter und ich liebe Euch und deshalb möchte ich euch helfen. Danke, daß ihr meinem Ruf gefolgt seid!»

25. Juni 1995

«Liebe Kinder! — Heute bin ich glücklich, weil ihr so zahlreich gekommen seid mit der Absicht, meine Botschaften zu leben. Ich lade euch ein, Kindlein, in dieser friedlosen Welt meine freudigen Friedensträger zu werden. Betet für den Frieden, damit so bald wie möglich eine Zeit des Friedens herrsche, welche mein Herz ungeduldig erwartet. Ich bin euch nahe, Kindlein, und halte für jeden von euch vor dem Allerhöchsten Fürsprache, und segne euch alle mit meinem mütterlichen Segen. Danke, daß ihr meinem Ruf gefolgt seid!»

25. Juli 1995

«Liebe Kinder! — Auch heute lade ich euch zum Gebet ein, da ihr nur im Gebet mein Hierherkommen verstehen könnt. Der Heilige Geist wird euch im Gebet erleuchten, damit ihr versteht, daß ihr umkehren müßt. Kindlein, ich wünsche aus euch einen wunderschönen Blumenstrauß zu machen, der für die Ewigkeit vorbereitet ist, aber ihr nehmt den Weg der Umkehr, den Weg des Heiles nicht an, den ich euch durch diese Erscheinungen anbiete. Kindlein, betet, bekehrt euere Herzen und kommt mir näher. Möge das Gute über das Böse siegen. Ich liebe euch und segne euch. Danke, daß ihr meinem Ruf gefolgt seid!»

25. August 1995

«Liebe Kinder! — Heute lade ich euch zum Gebet ein. Das Gebet soll für euch Leben sein. Eine Familie kann nicht sagen, daß sie im Frieden ist, wenn sie nicht betet. Daher soll Euer Morgen mit dem Morgengebet beginnen, und der Abend soll mit Danksagung enden. Kindlein, ich bin mit euch, liebe euch und segne euch, und wünsche, daß jeder von euch in meiner Umarmung sei. Ihr könnt nicht in meiner Umarmung sein, wenn Ihr nicht bereit seid, jeden Tag zu beten. Danke, daß Ihr meinem Ruf gefolgt seid!»

25. September 1995

«Liebe Kinder! — Heute lade ich euch ein, euch in das Allerheiligste Sakrament des Altares zu verlieben. Betet Ihn, Kindlein, in eueren Pfarreien an, und so werdet ihr mit der ganzen Welt verbunden sein. Jesus wird euer Freund werden, und ihr werdet nicht über Ihn sprechen wie über jemanden, den ihr kaum kennt. Die Einheit mit Ihm wird euch zur Freude werden, und ihr werdet Zeugen der Liebe Jesu werden, die Er für jedes Geschöpf hat. Kindlein, wenn ihr Jesus anbetet, seid ihr auch mir nahe. Danke, daß ihr meinem Ruf gefolgt seid.»

25. Oktober 1995

«Liebe Kinder! — Heute lade ich euch ein, in die Natur hinauszugehen, denn dort werdet ihr Gott dem Schöpfer begegnen.
Heute lade ich euch ein, Kindlein, Gott für all das zu danken was Er euch gibt. Dankend werdet ihr den Allhöchsten und all die Güter, die euch umgeben, entdecken.
Kindlein, Gott ist groß, und seine Liebe zu jedem Geschöpf ist groß. Daher, betet, um Gottes Liebe und Güte begreifen zu können. In der Güte und der Liebe Gottes des Schöpfers bin ich auch mit euch als Geschenk. Danke, daß ihr meinem Ruf gefolgt seid!»

25. November 1995

«Liebe Kinder! — Heute lade ich euch ein, daß jeder von euch von Neuem beginne Gott zuerst zu lieben, der jeden von euch gerettet und erlöst hat, und dann die Brüder und Schwestern in euerer Nähe.

Ohne Liebe, Kindlein, könnt ihr nicht in die Heiligkeit wachsen, und könnt ihr keine guten Werke tun. Daher, Kindlein, betet, betet ohne Unterlaß, daß Gott euch seine Liebe offenbare.

Ich habe euch alle eingeladen, euch mit mir zu vereinen und zu lieben. Auch heute bin ich mit euch und lade euch ein, die Liebe in eueren Herzen und in den Familien zu entdecken. Damit Gott in eueren Herzen leben kann, müßt ihr lieben. Danke, daß ihr meinem Rufe gefolgt seid.»

25. Dezember 1995

Liebe Kinder! — Auch heute freue ich mich mit euch und bringe euch den kleinen Jesus, damit Er euch segne.

Ich lade euch ein, liebe Kinder, daß euer Leben mit Ihm vereint sei. Jesus ist der König des Friedens, und nur Er kann euch den Frieden geben, den ihr sucht. Ich bin mit euch und bringe euch auf besondere Weise Jesus dar, jetzt in dieser Neuen Zeit, in der man sich für Ihn entscheiden soll. Diese Zeit ist die Zeit der Gnade. Danke, daß ihr meinem Ruf gefolgt seid!

— 1996 —

25. Januar 1996

«Liebe Kinder! — Heute lade ich euch ein, euch für den Frieden zu entscheiden. Betet, daß Gott euch den wahren Frieden schenkt. Lebt den Frieden in euren Herzen und ihr werdet verstehen, liebe Kinder, daß der Friede ein Geschenk Gottes ist.

Liebe Kinder, ohne Liebe könnt ihr den Frieden nicht leben. Die Frucht des Friedens ist die Liebe und die Frucht der Liebe ist die Versöhnung. Ich bin bei euch und lade euch alle ein, kleine Kinder, vor allem anderen in der Familie zu verzeihen, dann werdet ihr auch fähig sein, anderen zu verzeihen. Danke, daß ihr meinem Ruf gefolgt seid!»

25. Februar 1996

«Liebe Kinder! — Heute lade ich euch zur Umkehr ein! Es ist die wichtigste Botschaft, die ich euch hier gegeben habe.
Kindlein, ich wünsche, daß jeder von euch zum Träger meiner Botschaften werde. Ich lade euch ein, Kindlein, die Botschaften, die ich euch in diesen Jahren gegeben habe, zu leben.
Diese Zeit ist Zeit der Gnade. Besonders jetzt, da euch die Kirche zu Gebet und Umkehr aufruft. Auch ich, Kindlein, lade euch ein, meine Botschaften zu leben, die ich euch in dieser Zeit, seit ich hier erscheine, gegeben habe. Danke, daß Ihr meinem Ruf gefolgt seid!»

25. März 1996

«Liebe Kinder! — Ich lade euch ein, daß ihr euch von neuem entscheidet, Gott über alles zu lieben. In dieser Zeit, in der man wegen einer konsumistischen Geisteshaltung vergißt, was es bedeutet, zu lieben und die wahren Werte zu schätzen, lade ich euch, kleine Kinder, vom neuen ein, Gott auf den ersten Platz eures Lebens zu setzen. Laßt euch nicht von Satan durch die materiellen Güter anziehen, sondern entscheidet euch für Gott, der Freiheit und Liebe ist. Wählt das Leben und nicht den Tod der Seelen!
Kleine Kinder, in dieser Zeit, in der ihr das Leiden und den Tod Jesu betrachtet, lade ich euch ein, daß ihr euch für das Leben entscheidet, daß durch die Auferstehung erblüht ist und daß sich euer Leben heute durch die Umkehr erneuere, die euch zum ewigen Leben führen wird. Danke, daß ihr meinem Ruf gefolgt seid!»

25. April 1996

«Liebe Kinder! — Heute lade ich euch von neuem ein, in euren Familien das Gebet an die erste Stelle zu stellen. Meine lieben Kinder, wenn Gott an der ersten Stelle eures Lebens steht, werdet ihr in allem, was ihr tut, den Willen Gottes suchen. So wird für euch die tägliche Umkehr leichter werden.
Meine lieben Kinder, sucht demütig danach, was in euren Herzen nicht in Ordnung ist, und dann werdet ihr be-

greifen, was ihr tun müßt. Die Umkehr wird eine tägliche Aufgabe sein, die ihr mit Freude verrichten werdet.
Meine lieben Kindern, ich bin mit euch und segne euch alle und lade euch ein, durch Gebet und Umkehr meine Zeugen zu werden! Danke, daß ihr meinem Ruf gefolgt seid!»

25. Mai 1996

«Liebe Kinder! — Heute möchte ich euch danken für all eure Gebete und Opfer, die ihr mir in diesem Monat, der mir geweiht ist, dargebracht habt.
Meine lieben Kinder, ich wünsche, daß ihr alle in dieser Zeit aktiv werdet, die durch mich auf besonderere Weise mit dem Himmel verbunden ist. Betet, um verstehen zu können, daß ihr alle durch euer Leben und Beispiel am Werk der Erlösung mitwirken sollt. Ich möchte, daß die Menschen umkehren und in euch mich und meinen Sohn Jesus erkennen. Ich werde für euch Fürsprache halten und euch helfen, daß ihr Licht werdet. Indem ihr den anderen helft, findet auch ihre Seele Heil. Danke, daß ihr meinem Ruf gefolgt seid!»

25. Juni 1996

«Liebe Kinder! — Heute bedanke ich mich bei euch für alle eure Opfer, die ihr mir in diesen Tagen dargebracht haben. Ich lade euch ein, daß ihr euch mir öffnet und daß ihr euch für die Umkehr entscheidet. Eure Herzen, meine lieben Kinder, sind mir noch nicht ganz geöffnet; deshalb rufe ich euch von Neuem auf, daß ihr euch dem Gebet öffnet, damit euch der Heilige Geist im Gebet helfe, so daß eure Herzen aus Fleisch und nicht aus Stein werden. Meine lieben Kinder, danke, daß ihr meinem Ruf gefolgt seid und daß ihr euch entschieden habt, mit mir den Weg der Heiligkeit zu gehen.»

25. Juli 1996

«Liebe Kinder! — Heute lade ich euch ein, euch jeden Tag für Gott zu entscheiden.
Meine lieben Kinder, ihr sprecht viel über Gott, aber ihr gebt nur wenig Zeugnis mit eurem Leben. Darum, meine lieben Kinder, entscheidet euch für die Umkehr, damit euer Leben wahrhaftig sei vor Gott, so daß ihr in der

Wahrheit eures Lebens die Schönheit, die Gott euch geschenkt hat, bezeugt.

Meine lieben Kinder, ich lade euch von neuem ein, euch für das Gebet zu entscheiden, denn nur durch das Gebet könnt ihr die Umkehr leben. Jeder von euch wird in der Einfachheit einem Kind ähnlich werden, das für die Liebe des Vaters offen ist.»

25. August 1996

«Liebe Kinder, hört, denn heute möchte ich zu euch sprechen und euch aufrufen, mehr Glauben und Vertrauen in Gott zu haben, der euch unendlich liebt. Meine lieben Kinder, ihr wißt nicht in der Gnade Gottes zu leben, daher rufe ich euch von neuem auf, das Wort Gottes in euren Herzen zu tragen. Meine lieben Kinder, setzt die Heilige Schrift an einen sichtbaren Ort in euren Familien, lest sie und lebt sie. Lehrt eure Kinder, denn wenn ihr ihnen kein Beispiel gebt, gehen Kinder in die Gottlosigkeit. Betrachtet und betet und dann wird Gott in euren Herzen geboren werden und euer Herz wird froh sein. Danke daß ihr meinem Ruf gefolgt seid!»

25. September 1996

Liebe Kinder, heute lade ich euch ein, eure Kreuze und Leiden in meinem Anliegen darzubringen. Liebe Kinder, ich bin eure Mutter und möchte euch helfen, indem ich euch die Gnade bei Gott erbitte. Meine lieben Kinder, bringt euer Leiden Gott dar, damit sie zu einer wunderschönen Blume der Freude werden. Deshalb liebe Kinder, betet damit ihr begreift, daß das Leiden zur Freude werden kann und das Kreuz zum Weg der Freude. Danke daß ihr meinem Ruf gefolgt seid.

Kapitel 3

Innere Ansprachen
an Jelena und Marijana
(Februar 1982 bis Juli 1987)

Jelena und Marijana Vasilj erhalten innere Ansprachen und innere Schauungen. Durch diese beiden jungen Mädchen leitet die Gottesmutter eine Gebetsgruppe und erteilt der Pfarrei von Medjugorje geistliche Ratschläge.

Jelena und Marijana sehen Maria zweidimensional (nach ihrer Aussage «wie im Film»).

Ende Februar und Anfang März 1982

Botschaften, die Jelena erhalten hat:

> «Liebe Kinder, wenn ihr wüßtet, wie sehr ich euch liebe, würde euer Herz weinen.»
> «Wenn jemand euch um etwas bittet, dann gebt es ihm.»
> «Auch ich stehe vor vielen Herzen, die sich nicht öffnen wollen. Betet, daß die Welt meine Liebe annehme.»
> «Liebe Kinder, ich wollte, die ganze Welt wäre mein Kind; aber sie will es nicht. Ich möchte alles für sie hingeben. Betet dafür.»

4. und 10. April 1982

Jelena bittet Unsere Liebe Frau um die Erklärung ihrer Schauung. Sie hatte gesehen, wie Jesus Marias Hand hielt. Auf dem Arm und in der Hand Jesu standen viele Worte geschrieben. In Jesu Hand konnte Jelena die Inschrift «Herrlichkeit» erkennen.

«Das sind die Namen derer, die in Jesu Herz geschrieben sind.»

29. Dezember 1982

Jelena fragt, ob auch ihr die zehn Geheimnisse offenbart würden.

«Ich erscheine dir nicht wie den sechs anderen, weil ich eine andere Absicht verfolge. Ihnen habe ich Botschaften und Geheimnisse anvertraut. Verzeih mir, daß ich dir die Geheimnisse nicht sagen kann, die ich ihnen anvertraut habe; es handelt sich dabei um eine besondere Gnade für sie, nicht aber für dich. Ich erscheine dir, damit du im geistlichen Leben Fortschritte machst, und will die Menschen durch deine Vermittlung zur Heiligkeit führen.»

— 1983 —

Anfang 1983

Jelena fragt die Jungfrau Maria, ob die Erscheinungen der sechs Seher echt seien, und möchte etwas über das von ihr versprochene Zeichen wissen.

«Verzeih mir, aber das kannst du nicht erfahren. Es ist eine nur ihnen zugedachte Gabe. Was dich angeht, so sollst du wie alle anderen daran glauben. Es ist jedoch alles wahr, was sie sagen.»

Dienstag, der 1. März 1983

Zu Jelena:

«Schreibe alle Lehren ab, die ich dir für das geistliche Leben gebe; später sollst du sie den kirchlichen Autoritäten überreichen.»

4. April 1983

Jelena übermittelt Pater Tomislav Vlasic eine Botschaft bezüglich einer Schwierigkeit, die in der Pfarrei aufgetaucht war, von der sie aber nichts wußte:

«Sucht bei niemandem Hilfe. Wenn ihr Schwierigkeiten habt, sollt ihr nicht aufhören zu lächeln und beten. Wenn Gott ein Werk angefangen hat, kann ihn keiner aufhalten.»

Unsere Liebe Frau sagte:

> «Betet, fastet, laßt Gott wirken.»
> «Beklagt euch bei niemandem. Wenn die Polizei euch Schwierigkeiten bereitet, setzt euren Weg ruhig und fröhlich fort. Betet für sie. Wenn Gott sich an die Arbeit macht, kann ihn keiner aufhalten.»

Nach Pater Vlasic bekam Jelena die folgenden inneren Ansprachen nach dem 15. Dezember 1982:

> «Beeilt euch mit eurer Umkehr. Wartet nicht auf das große Zeichen. Für die Ungläubigen wird es dann zu spät sein, sich zu bekehren. Für alle, die glauben, wird es eine großartige Gelegenheit zur Umkehr und Vertiefung des Glaubens sein. Fastet vor jedem Fest bei Wasser und Brot und bereitet euch im Gebet darauf vor.
> Fastet zu Ehren des Heiligen Geistes einmal in der Woche außer am Freitag bei Wasser und Brot. Betet die Novene zum Heiligen Geist in möglichst großer Zahl, damit er auf die Kirche herabkommt.
> Betet und fastet für den Bischof.»

Mittwoch, der 20. April 1983

Die Gottesmutter sagte unter Tränen zu Jelena:

> «Denen, die schwer sündigen, gebe ich alle Gnaden, aber sie bekehren sich nicht. Betet, betet für sie! Wartet nicht den Freitag ab, betet jetzt. Ich brauche eure Gebete und eure Buße schon heute.»

Montag, der 25. April 1983

> «Bekehrt euch. Wenn das Zeichen kommt, ist es zu spät dazu. Vorher wird die Welt einige Vorankündigungen erhalten. Man soll sich schleunigst bekehren. Ich brauche eure Gebete und eure Buße.»

Freitag, der 29. April 1983

Jelena fragt, warum die elfjährige Marijana, die die Gottesmutter zugleich mit ihr sieht, sie nicht hören könne.

> «Ich will euch nicht trennen.»

Will die Gospa damit sagen, daß die beiden Mädchen einander ergänzen?

Mittwoch, der 25. Mai 1983

«Rufe ungefähr zwanzig Jugendliche zusammen, die bereit sind, Jesus rückhaltlos zu folgen. Versammle sie nach einem Monat. Ich will sie dann ins geistliche Leben einführen. Es können sogar mehr als zwanzig sein. Erwachsene und Kinder dürfen auch dabei sein: alle, die die geistlichen Regeln anerkennen werden.
Ich will sie bitten, in einigen Anliegen Buße zu tun. Sie sollen für den Bischof fasten und beten. Sie sollen auf alles verzichten, woran sie am meisten hängen, auf Getränke, Kaffee, Vergnügen oder Fernsehen. Es sollen Menschen darunter sein, die sich dem religiösen Leben weihen wollen, und andere, die sich besonders dem Beten und Fasten weihen wollen. Ich will ihnen eine Regel geben, nach der sie leben sollen.[1]
Die dieser Regel folgen wollen, sollen ohne Ansehen ihres Lebensstandes geweiht werden.»

Samstag, der 28. Mai 1983

«Es ist sehr schön donnerstags zur Anbetung meines Sohnes im Allerheiligsten Sakrament des Altars zu bleiben. Es ist auch sehr schön, wenn freitags das Kreuz verehrt wird. Ich wünsche, daß ihr mir, der die Kirche den Samstag gewidmet hat, an diesem Tag wenigstens eine Viertelstunde weiht. Versenkt euch in dieser Zeit in mein Leben und meine Botschaften und betet!»

Freitag, der 10. Juni 1983

Nach einem Streit zwischen Marijana, Jelena und Anita versöhnen sich die beiden ersteren und gehen gemeinsam in die Kirche hinein. Als auch Anita hereinkommt, streckt sie ihnen die Hand hin. Das macht sie alle sehr froh.
Unsere Liebe Frau sagt:

«Ich habe schon eine Weile auf euren Sieg gewartet. Macht so weiter!»

Donnerstag, der 16. Juni 1983

Unsere Liebe Frau diktiert Jelena die Regel der Gebetsgruppe, deren Gründung sie am 25. Mai gewünscht hatte:

---

1 Siehe 16. Juni 1983.

«1. Verzichtet auf alle Leidenschaften und ungeordneten Wünsche. Verzichtet auf das Fernsehen, besonders auf schädliche Sendungen, vermeidet Sport im Übermaß sowie den unangebrachten Genuß von Speisen und Getränken, Alkohol, Tabak und so weiter.

2. Gebt euch vollkommen uneingeschränkt Gott hin.

3. Verbannt endgültig alle Angst. Wer sich Gott hingibt, hat im Herzen keinen Platz für die Angst. Die Schwierigkeiten werden zwar weiterhin bestehen, aber sie sollen dem geistlichen Wachstum dienen und Gott verherrlichen.

4. Liebt eure Feinde. Verbannt aus eurem Herzen Haß, Bitterkeit und Vorurteile. Betet für eure Feinde und ruft Gottes Segen auf sie herab.

5. Fastet zweimal wöchentlich bei Wasser und Brot. Geht mindestens einmal in der Woche in die Gruppe.

6. Weiht drei Stunden täglich dem Gebet, davon mindestens eine halbe Stunde abends und morgens. Diese Gebetszeit umfaßt die heilige Messe und das Rosenkranzgebet. Schafft euch während des Tages die Möglichkeit zu einem kurzen Gebet und empfangt die heilige Kommunion, wenn immer es geht. Betet in großer innerer Sammlung. Schaut nicht ständig auf die Uhr, sondern laßt euch von Gottes Gnade führen. Sorgt euch nicht zu sehr um die Dinge dieser Welt, sondern vertraut alles das im Gebet unserem himmlischen Vater an. Man kann nicht gut beten, wenn man sich zu viele Sorgen macht; denn dann fehlt die innere Gelassenheit. Wenn man sich für Gottes Angelegenheiten offenhält, wird er seinerseits dazu beitragen, daß unsere irdischen Angelegenheiten zu einem guten Ende kommen. — Wer zur Schule geht oder arbeitet, soll morgens und abends eine halbe Stunde beten und möglichst an der Eucharistie teilnehmen. Man muß den Geist des Gebets auf die tägliche Arbeit ausdehnen, das heißt man soll die Arbeit mit dem Gebet begleiten.

7. Seid vorsichtig, denn der Teufel versucht alle, die den Entschluß gefaßt haben, sich Gott zu weihen, und zwar diese ganz besonders. Er wird ihnen eingeben, sie beteten oder fasteten zu viel und sie sollten doch wie die anderen Jugendlichen sein und ihr Vergnügen suchen. Sie sollen nicht hinhören und Ihm nicht gehorchen! Sie sollen auf

die Stimme der Jungfrau Maria achtgeben. Der Teufel
kann sie nicht mehr verführen, wenn sie im Glauben ge-
festigt sind.
8. Betet viel für den Bischof und die Verantwortlichen der
Kirche. Diesem Anliegen soll nicht weniger als die Hälfte
ihres Betens und Opferns geweiht sein.»

Zu Jelena:

«Ich bin gekommen, um der Welt zu sagen: Gott ist
Wahrheit. Er existiert. In ihm ist das wahre Glück und
Lebensfülle. Ich bin als Königin des Friedens hier, um der
Welt zu sagen, daß zum Heil der Welt Frieden notwendig
ist. In Gott ist die wahre Freude, aus der der wahre Friede
fließt.»

Frühling 1983

Im Hinblick auf Anita, der die Jungfrau Maria erscheint, die wegen ihrer Pflichten aber nicht mit Jelena und Marijana zusammen
sein kann.

«Wenn sie wegen ihrer Pflichten nicht kommen kann,
dann soll sie wenigstens eine Viertelstunde beten, und ich
will ihr erscheinen und sie segnen.»

Mittwoch, der 22. Juni 1983

«Liebt eure Feinde und segnet sie!»

Dienstag, der 28. Juni 1983

«Betet täglich drei Stunden. Ihr betet zu wenig. Betet
wenigstens morgens und abends eine halbe Stunde.»

Samstag, der 2. Juli 1983

«Weiht dem Heiligsten Herzen Jesu fünf Minuten. Jede
Familie ist sein Abbild.»

Montag, der 4. Juli 1983

«Ihr habt begonnen, drei Stunden täglich zu beten. Aber
ihr schaut auf die Uhr und seid in Gedanken bei der Arbeit. Seid bei dem einzig Wichtigen. Laßt euch ganz und
gar vom Heiligen Geist führen. Dann wird eure Arbeit
gelingen. Beeilt euch nicht. Laßt euch führen, und ihr
werdet sehen, alles kommt zu einem guten Ende.»

Dienstag, der 26. Juli 1983

«Seid wachsam. Diese Zeit ist für euch gefährlich. Der Teufel will versuchen, euch von diesem Weg abzubringen. Wer sich Gott hingibt, ist ein Ziel für seine Angriffe.»

Mittwoch, der 2. August 1983

«Weiht euch dem Unbefleckten Herzen. Gebt euch vollkommen hin. Ich beschütze euch. Ich will den Heiligen Geist bitten. Bittet auch ihr Ihn.»

Montag, der 15. August

«Seht, wie glücklich ich hier bin! Viele ehren mich. Vergeßt dabei aber nicht, daß mich an anderen Orten noch viel mehr Menschen verletzen und beleidigen.»

«Beunruhigt euch nicht. Der Friede möge eure Herzen vereinigen. Jede Störung kommt vom Satan.»

Zu den Jugendlichen, die wieder zur Schule müssen:

«Achtet darauf, daß der Geist des Gebets nicht abnimmt.»

«Satan wütet gegen alle, die fasten und sich bekehren.»

Freitag, der 16. September 1983

Eine Botschaft an Jelena für den Papst:

«Bete, bete, bete! Verliere nicht den Mut! Sei im Frieden; denn Gott gewährt dir die Gnade, Satan zu besiegen.»

«Ich empfehle in meinen Botschaften allen, besonders dem Heiligen Vater, die Botschaft bekanntzugeben, die ich hier in Medjugorje von meinem Sohn bekommen habe. Ich möchte dem Papst das Wort anvertrauen, mit dem ich hierher gekommen bin: "Mir", Friede, den er überall verbreiten soll. Hier eine Botschaft eigens für ihn: Er möge das Christenvolk durch seine Worte und Predigten wieder vereinigen. Er möchte die Botschaften, die ihm der Vater im Gebet eingibt, besonders bei den Jugendlichen verbreiten.»

Donnerstag, der 29. September 1983

«Ich wünsche, daß großer Friede und große Liebe in euch wachsen. Folglich betet!»

Für einige Priester aus Liverpool:

«Predigen Sie meine Botschaften. Sprechen Sie von den Ereignissen in Medjugorje. Wachsen Sie weiter in Ihrem Beten!»

Herbst 1983

«Liebe Kinder! Wir leben nicht allein von der Arbeit, wir leben auch vom Gebet.»

Donnerstag, der 20. Oktober 1983

Zu Jelena für die Gebetsgruppe:

«Ich bitte euch um eine Verpflichtung für vier Jahre. Es ist noch nicht die Zeit, daß ihr euch für eine Berufung entscheidet. Das Wichtigste ist zunächst, das Beten zu lernen. Später könnt ihr die richtige Entscheidung treffen.»

Für die Pfarrei:

«Alle Familien sollen sich täglich dem Heiligsten Herzen weihen. Ich bin sehr glücklich, wenn die ganze Familie jeden Morgen eine halbe Stunde zusammen betet.»

Montag, der 24. Oktober 1983

Zu Jelena für die Gebetsgruppe:

«Wenn ihr betet, fließt aus eurem Herzen eine Lebensquelle. Wenn ihr kraftvoll betet, wenn ihr mit Glauben betet, werdet ihr aus dieser Quelle Gnaden empfangen, und eure Gruppe wird gestärkt.»

Dienstag, der 25. Oktober 1983

Zu Jelena:

«Betet, betet; das Gebet wird euch alles geben. Mit dem Gebet könnt ihr alles erreichen.»

Mittwoch, der 26. Oktober 1983

Zu Jelena:

«Ich breite meinen Segen über euch aus, und mein Herz wünscht, bei euch zu sein.»

Donnerstag, der 27. Oktober 1983

Zu Jelena:

«Betet, betet, betet! Im Geplauder gewinnt ihr nichts, sondern nur im Gebet. Wenn man euch über mich und meine Mitteilungen ausfragt, so antwortet: "Es nützt nichts, das zu erklären. Wir verstehen es besser, wenn wir beten."»

Freitag, der 28. Oktober 1983
Zu Jelena:

> «Ich sehe, daß ihr müde seid. Ich wünsche euch in euren Bemühungen zu unterstützen, ich möchte euch in die Arme nehmen, damit ihr bei mir seid. Allen, die mir Fragen stellen möchten, werde ich erwidern: "Es gibt nur eine Antwort: Betet!» Fester Glaube, inniges Gebet und Fasten.»

Samstag, der 29. Oktober 1983
Zu Jelena:

> «Ich schenke euch mein Herz! Nehmt es an! Ich möchte euch keinen Kummer machen und auch nicht aufhören, zu euch zu sprechen; aber ich kann nicht immer bei euch sein. Ihr müßt euch daran gewöhnen. Ich möchte aber trotzdem mit dem Herzen ständig mit euch sein. Man muß viel beten, und nicht sagen: "Es ist nicht so schlimm, daß wir heute nicht gebetet haben." Ihr müßt euch bemühen, zu beten. Das Gebet ist der einzige Weg zum Frieden. Wenn ihr betet und fastet, bekommt ihr alles, um was ihr bittet.»

Sonntag, der 30. Oktober 1983
Zu Jelena:

> «Warum vertraut ihr euch mir nicht an? Ich weiß, daß ihr lange betet, aber liefert euch doch wirklich aus. Gebt Jesus eure Sorgen ab. Hört auf das Evangelium: "Wer aber vermag in seinen Sorgen seinem Leben eine einzige Elle hinzuzufügen?"»[1]
> «Betet auch am Abend, nachdem ihr euer Tagwerk beendet habt. Setzt euch in euer Zimmer und sagt zu Jesus: "Danke!"»
> «Wenn du abends friedlich und im Gebet einschläfst, wachst du am Morgen mit dem Gedanken an Jesus auf. Dann kannst du ihn um Frieden bitten. Wenn du dage-

---

1 Mat 6, 27.

gen zerstreut einschläfst, ist der nächste Morgen unklar, und du wirst sogar vergessen zu beten.»

Montag, der 31. Oktober 1983
Zu Jelena:

«Ich weiß, daß ihr heute gebetet und eure Arbeit betend getan habt. Ich habe aber ein besonderes Anliegen, für das ich euch täglich sieben Vaterunser, sieben Gegrüßet seist du, Maria, sowie das Glaubensbekenntnis zu beten bitte.»

Freitag, der 4. November 1983
Zu Jelena:

«Ich wünsche, daß du ihnen sagst, daß morgen ein Fastentag sein soll, damit ihr euch im Heiligen Geist heiligt. Betet auch! Meine Botschaft soll an die Gruppe weitergegeben werden.»

Samstag, der 5. November 1983
Jelena: — Unsere Liebe Frau sah uns zärtlich an und sagte:

«Ich weiß, meine Kinder, daß ihr heute gearbeitet und gebetet habt. Ich bitte euch aber, seid freigebig, seid standhaft und betet weiter.»

Sonntag, der 6. November 1983
Zu Jelena:

«Wo sind die Gebete, die ihr an mich gerichtet habt? Meine Kleider waren schön glänzend, nun sind sie von Tränen naß. Oh, wenn ihr wüßtet, wie tief die Welt heute in der Sünde steckt! Euch scheint, als sündige die Welt nicht mehr, weil ihr hier in einer friedlichen Umgebung lebt, wo weder Unordnung noch Verkehrtheit herrscht. Wenn ihr wüßtet, wie viele im Glauben lau sind und wie viele nicht auf Jesus hören! Ach, wenn ihr wüßtet, wie sehr ich leide, dann würdet ihr nicht mehr sündigen! Oh, wie sehr brauche ich eure Gebete! Betet!»

Montag, der 7. November 1983
Zu Jelena:

«Beichtet nicht gewohnheitsmäßig und bleibt danach, wie ihr wart. Nein, das ist nicht gut. Die Beichte soll für euch ein Glaubensanstoß sein. Sie soll euch anregen und näher zu Jesus bringen. Wenn die Beichte euch in Wirklichkeit nichts bedeutet, könnt ihr euch nur schwer bekehren.»

Dienstag, der 8. November 1983
Zu Jelena:

«Betet und fastet! Alles was ihr für mich tun könnt, ist zu beten und zu fasten.»

Mittwoch, der 9. November 1983
Zu Jelena:

«Betet! Ich brauche euer Gebet so nötig. Schenkt mir euer Herz.»

Donnerstag, der 10. November 1983
Zu Jelena:

«Ich bitte euch zu beten. Das ist alles, was ich von euch erwarte. Vergeßt nicht, morgens und abends zum Herrn zu beten. Betet, betet!»

Freitag, der 11. November 1983
Zu Jelena:

«Betet! Ihr könnt alles, ja, alles durch das Gebet. Bringt zu Hause ein Bild von den Herzen Jesu und Marias an.»

Samstag, der 12. November 1983
Zu Jelena:

«Schenkt mir euer Herz, öffnet es mir.»
«Ihr sollt eure Anstrengungen verdoppeln. Werdet von Tag zu Tag eifriger.»

Sonntag, der 13. November 1983
Zu Jelena:

«Betet, und zwar mit Eifer. Schließt die ganze Welt in euer Gebet ein. Betet, denn das Gebet schenkt Leben.»

Auf eine Frage antwortet die Gospa einfach:

«Betet, und eines Tages werdet ihr es verstehen.»

Montag, der 14. November 1983
Zu Jelena:

> «Betet; denn das Gebet ist Leben. Ihr lebt durch das Gebet und im Gebet.»

Dienstag, der 15. November 1983
Zu Jelena:

> «Betet und fastet!»

Für die Gruppe:

> «Ich habe euch oft Vorwürfe gemacht. Betet mit mir. Fangt jetzt damit an.»

Mittwoch, der 16. November 1983
Zu Jelena:

> «Betet und fastet. Alle Mitglieder der Gebetsgruppe sollen am Dienstag kommen, und zwar so zahlreich wie möglich. Sprecht zu ihnen über das Fasten. Fastet für den Bischof drei Tage in der Woche. Wenn das nicht allen am selben Tag möglich ist, soll jeder es tun, wann er kann.»

Donnerstag, der 17. November 1983
Zu Jelena:

> «Betet! Wenn ich euch ständig zum Beten auffordere, denkt nicht, eure Gebete seien nicht gut. Ich bitte euch jedoch, euer persönliches Gebet zu verlängern und inständiger für die anderen zu beten.»

Freitag, der 18. November 1983
Zu Jelena:

> «Viele hatten in Medjugorje gut begonnen, haben sich dann aber den materiellen Gütern zugewandt und vergessen das einzige Gut.»

Samstag, der 19. November 1983
Zu Jelena:

> «Meine Kinder, betet nur!»

Sonntag, der 20. November 1983
Zu Jelena:

> «Meine Kinder, glaubt nicht alles, was man euch erzählt. Man muß deswegen nicht im Glauben schwach werden.»

Montag, der 21. November 1983
Zu Jelena:

> «Am Dienstag, also morgen, wird die ganze Gebets-
> gruppe im Gebet Frieden finden, und alle Mitglieder wer-
> den im Gebet erfrischt werden, wie es Jesu Wunsch ist. Er
> vertraut jedem etwas an und wünscht auch etwas von
> jedem. Sie sollen zu ihren anfänglichen Versprechen zu-
> rückkehren und beten.»

Dienstag, der 22. November 1983
Zu Jelena:

> «Betet, betet, betet... Betet, meine Kinder. Betet, denn nur
> das Gebet kann euch retten.»

Mittwoch, der 23. November 1983
Zu Jelena:

> «O, meine süßen Kinder, betet! Ich bitte euch nur zu
> beten. Ihr seht selbst, daß nur das Gebet euch retten
> kann.»

Donnerstag, der 24. November 1983
Zu Jelena:

> «Betet und fastet!»

Freitag, der 25. November 1983
Zu Jelena:

> «Betet und fastet!»

Samstag, der 26. November 1983
Zu Jelena:

> «Gebet und Fasten!»

Sonntag, der 27. November 1983
Zu Jelena:

> «Meine Kinder, betet und haltet eure Seele rein. Ich wün-
> sche stets mit euch zu sein.»

Montag, der 28. November 1983

Zu Jelena:

«Betet, betet! Die Pfarrei soll während der Novene der Unbefleckten Empfängnis täglich zu den Herzen Jesu und Marias beten.»

An jenem Tag wurden ihr Gebete «diktiert»:

Weihe an das Herz Jesu:

O, Jesus, wir wissen, daß Du sanftmütig bist (Mat 11, 29)
und Dein Herz für uns gegeben hast;
durch unsere Sünden wurde es mit Dornen gekrönt.
Wir wissen, daß Du auch heute für uns bittest,
damit wir nicht verloren gehen.
Jesus, gedenke unser, wenn wir in Sünde fallen.
Durch Dein allerheiligstes Herz
gib, daß wir alle einander lieben.
Gib, daß der Haß zwischen den Menschen verschwindet.
Zeige uns Deine Liebe.
Auch wir lieben Dich und möchten, daß Du uns behütest
mit Deinem Herzen des guten Hirten.
Komm in jedes Herz, Herr Jesus!
Klopfe an die Türe unseres Herzens.
Sei mit uns geduldig und fest.
Wir sind noch in uns selbst verkapselt,
weil wir Deinen Willen nicht verstanden haben.
Klopfe unermüdlich an, o, Jesus,
gib, daß unser Herz sich wenigstens dann für Dich
öffnet, wenn wir Deiner Leiden gedenken
und daß Du für uns gelitten hast. Amen.

Weihe an das Unbefleckte Herz Marias:

O, unbeflecktes Herz Marias, das von Güte überfließt,
zeige uns Deine Liebe zu uns.
Möge die Flamme Deines Herzens, o, Maria,
auf alle Völker herabkommen.
Wir lieben Dich unermeßlich.
Präge unserem Herzen wahre Liebe ein.
Möge unser Herz sich nach Dir sehnen.
O, sanftmütige und von Herzen demütige Maria,
gedenke unser, wenn wir sündigen.
Du weißt, daß wir Menschen sündig sind.

Heile uns durch Dein heiligstes Mutterherz
von jeder geistlichen Krankheit.
Mache uns fähig, die Güte
Deines Mutterherzens zu betrachten,
damit wir uns bekehren
duch die Flamme deines Herzens. Amen.

Dienstag, der 29. November 1983

«Betet!»

Im Anliegen der Gebetsgruppe:

«Ich bin eure Mutter voller Güte, und Jesus ist euer großer Freund. Fürchtet in seiner Gegenwart nichts,
schenkt ihm euer Herz. Sagt ihm aus tiefstem Herzen,
woran ihr leidet. So werdet ihr im Gebet neu belebt, mit
freiem Herzen und in einem Frieden ohne Furcht.»

Mittwoch, der 30. November 1983

«Betet!»

November 1983

Die Gottesmutter sagt zu Jelena, von nun an solle vor der Messe
das Gebet zum Heiligen Geist gebetet werden:

«Vor der Messe muß zum Heiligen Geist gebetet werden.»

Donnerstag, der 1. Dezember 1983

«Dank euch allen, die ihr in diesem Jahr trotz Schnee,
Glatteis und schlechten Wetters so zahlreich hierher gekommen seid, um zu Jesus zu beten. Macht so weiter,
haltet in euren Leiden durch. Ihr wißt, daß ihr einem
Freund geben sollt, wenn er euch um etwas bittet. So ist
es auch bei Jesus: Wenn ihr ihn unablässig bittet und
trotz eurer Müdigkeit hierher kommt, dann gibt er euch
alles, was ihr von ihm erbittet. Darum, betet!»

Freitag, der 2. Dezember 1983

Zu Jelena:

«Danke, danke euch allen!»

Über den sehr kalten Abend:

> «Seid so gut und kommt in die Messe, ohne nach einer Entschuldigung zu suchen. Zeigt mir, daß ihr ein großmütiges Herz habt.»

Sonntag, der 4. Dezember 1983

Zu Jelena:

> «Betet, betet, betet nur! Das Gebet soll für euch nicht nur eine Gewohnheit, sondern eine Quelle des Glücks sein. Ihr sollt vom Gebet leben.»

Dienstag, der 6. Dezember 1983

Zu Jelena:

> «Betet, betet! Wenn ihr betet, beschütze ich euch und bin mit euch.»

Mittwoch, der 7. Dezember 1983, Vorabend des Festes der Unbefleckten Empfängnis

Zu Jelena:

> «Der Tag morgen wird für euch wirklich ein gesegneter Tag sein, wenn jeder Augenblick meinem Unbefleckten Herzen geweiht wird. Liefert euch mir aus. Bemüht euch darum, eure Freude wachsen zu lassen, im Glauben zu leben und euer Herz zu ändern.»

Donnerstag, der 8. Dezember 1983

Zu Jelena:

> «Danke, meine Kinder, danke, daß ihr so zahlreich gekommen seid. Fahrt mit euren Bemühungen fort, seid standhaft und ausdauernd. Betet ohne Unterlaß.»

Sonntag, der 11. Dezember 1983

Zu Jelena:

> «Betet und fastet! Ich wünsche, daß sich das Gebet in eurem Herzen jeden Tag erneuert. Betet jeden Tag mehr, ja mehr.»

Montag, der 12. Dezember 1983

Zu Jelena:

«Betet, betet, so beschütze ich euch. Betet und gebt mir euer Herz hin, denn ich wünsche mit euch zu sein.»

Dienstag, der 13. Dezember 1983

Zu Jelena:

«Betet und fastet! Ich will euch nichts anderes sagen.»

Mittwoch, der 14. Dezember 1983

Zu Jelena:

«Betet und fastet! Ich bitte euch um das Gebet.»

Donnerstag, der 15. Dezember 1983

«Laßt am Donnerstag und Freitag für den Bischof fasten.»

Hinsichtlich vorhergesagter Unglücke:

«Das kommt von falschen Propheten. Sie sagen, an diesem oder jenem Tag und Datum komme ein Unglück. Ich habe immer gesagt, daß das Unglück eintritt, wenn die Welt sich nicht bekehrt. Ruft die Welt zur Umkehr. Alles hängt von eurer Umkehr ab.»

Freitag, der 16. Dezember 1983

«Betet und fastet nur!»

Samstag, der 17. Dezember 1983

Zu Jelena:

«Betet und fastet!»

Sonntag, der 18. Dezember 1983

Zu Jelena:

«Ich bitte euch, betet in dieser Novene vor Weihnachten, so viel ihr könnt.»

Montag, der 19. Dezember 1983

Zu Jelena:

«Betet!»

Dienstag, der 20. Dezember 1983

Zu Jelena:

«Betet!»

Für die Gebetsgruppe:

«Fastet am Mittwoch, Donnerstag und Freitag.»

Mittwoch, der 21. Dezember 1983

Zu Jelena:

«Meine Kinder, ich sage es euch noch einmal, betet und fastet.»

Donnerstag, der 22. Dezember 1983

Zu Jelena:

«Betet! Das Wichtigste für euren Leib ist das Gebet. Betet!»

Freitag, der 23. Dezember 1983

Zu Jelena:

«Betet, betet besonders morgen. Ich sehne mich nach euren Gebeten.»

Samstag, der 24. Dezember 1983

Zu Jelena:

«Betet, betet, meine Kinder. Ich wünsche, daß diese ganze Nacht im Gebet verbracht wird.»

Sonntag, der 25. Dezember 1983, Weihnachten

Zu Jelena:

«Meine Kinder, betet! Ich kann euch nichts anderes sagen als: Betet! Wißt, daß in eurem Leben nichts wichtiger ist als das Gebet.»

Montag, der 26. Dezember 1983

Zu Jelena:

«Meine Kinder, betet, betet weiter. Man soll nicht sagen, Unsere Liebe Frau wiederhole immer nur: "Betet"; ich kann euch nichts anderes sagen als zu beten. Es ist für euch notwendig, diese Weihnachten im Gebet zu verbringen. Ihr habt euch zwar sehr über dieses Weihnachtsfest gefreut, euer Herz hat aber nicht erlangt und erlebt, was ihr euch gewünscht hattet. Keiner hat sich in sein Zimmer zurückgezogen, um Jesus zu danken.»

Dienstag, der 27. Dezember 1983
Zu Jelena:

> «Meine Kinder, betet, betet, betet! Denkt daran, daß das Wichtigste in eurem Leben das Gebet ist.»

Mittwoch, der 28. Dezember 1983

> «Meine Kinder, begreift, daß das Wichtigste in eurem Leben das Gebet ist.»

Donnerstag, der 29. Dezember 1983
Zu Jelena:

> «Ich wünsche, daß eine einzige Liebe und ein einziger Friede über euch blühe; darum betet.»

Freitag, der 30. Dezember 1983
Zu Jelena:

> «Meine Kinder, betet und fastet! Ich wünsche euch stärker zu machen, aber das Gebet ist eure einzige Stärke.»

Samstag, der 31. Dezember 1983
Zu Jelena:

> «Ich wünsche für euch nur das eine, daß das neue Jahr wirklich heilig sei. Geht also am Neujahrstag beichten und reinigt euch.»

Die Gruppe wurde um Gebete für den Bischof gebeten.

1983

> «Wenn die anderen euch Schwierigkeiten bereiten, verteidigt euch nicht, sondern betet.»

1983

> «Ich wünsche, daß ihr Blumen seid, die zu Weihnachten für Jesus blühen. Blumen, die auch nach Weihnachten weiterblühen. Ich wünsche, daß ihr das Herz eines Hirten für Jesus habt.»

> «Liebe Kinder, wenn euch jemand um einen Gefallen bittet, dann antwortet darauf mit der Erfüllung dieser Bitte. Ich stand vor so vielen Herzen, die sich für mich nicht öffnen wollten. Betet, daß die Welt meine Liebe mit ganzem Herzen annimmt.»

1983

«Nehmt mich ernst. Wenn Gott unter die Menschen kommt, kommt er nicht aus Spaß, sondern um ernsthaft zu ihnen zu sprechen.»

— 1984 —

Montag, der 2. Januar 1984

«Warum sprecht ihr nicht mehr das Gebet zum Heiligen Geist? Ich habe euch gebeten, stets und ständig darum zu bitten, daß der Heilige Geist sich über euch alle ausbreite. Fangt daher wieder an, es zu beten.»

— Wir hatten aufgehört, um den Heiligen Geist zu bitten, weil wir dachten, sie habe uns nur bis Weihnachten dazu aufgefordert.

Dienstag, der 3. Januar 1984

«Meine Kinder, betet; ich wiederhole: betet! Wißt, daß das Wichtigste in eurem Leben das Gebet ist.»

Mittwoch, der 4. Januar 1984

«Vor allem, betet! Ich bitte euch unaufhörlich darum.»

Sonntag, der 15. Januar 1984

«Ich weiß, daß ich sehr oft vom Beten zu euch spreche. Ihr müßt aber wissen, daß es auf der Welt sehr viele Menschen gibt, die nicht beten, ja die nicht einmal wissen, was sie im Gebet sagen sollen.»

Dienstag, der 17. Januar 1984

«Betet und fastet! Ich wünsche, daß in eurem Herzen Gebet und Fasten blühen.»

Mittwoch, der 18. Januar 1984

Zu Jelena:

«Betet und fastet!»

Für die Gruppe:

«Alle sollen früh aufstehen, die einen, um zur Schule zu gehen, die anderen zur Arbeit, wieder andere, um anderen Armen, wie sie selbst es sind, zu helfen, sowie allen, die Hilfe brauchen.»

Donnerstag, der 19. Januar 1984

«Betet und fastet; denn ohne das Gebet könnt ihr nichts tun.»

Samstag, der 21. Januar 1984

«Betet und fastet. Hört nicht auf zu meditieren. Meditiert zu Hause mindestens eine halbe Stunde.»

Sonntag, der 22. Januar 1984

«Betet und fastet. Allen, die sich abtöten, erlaube ich dies höchstens dreimal in der Woche. Länger sollen sie es nicht tun.»

Montag, der 23. Januar 1984

«Betet und fastet. Ihr habt noch nicht recht verstanden, was es heißt zu beten. Wenn ihr es doch begreifen könntet! Ich wünsche es so sehr.»

Dienstag, der 24. Januar 1984

«Betet viel! Ich möchte euch durchdrungen machen vom Gebet.»

Mittwoch, der 25. Januar 1984

«Betet und fastet! Ihr braucht im Gebet Kraft. Wenn ihr doch gesammelt, lange und mit Inbrunst beten könntet!»

Donnerstag, der 26. Januar 1984

«Danke, daß ihr meinen Sohn in der Hostie anbetet. Das bewegt mich tief. Was euch angeht, so betet! Ich wünsche euch glücklich zu sehen.»

Freitag, der 27. Januar 1984

«Betet und fastet. Ich wünsche, daß ihr euer Leben laufend im Gebet vertieft. Verrichtet jeden Morgen das Weihegebet an das Herz Marias. Tut es in der Familie. Sprecht jeden Morgen "Der Engel des Herrn", fünf Vaterunser, Gegrüßet seist du, Maria, und zu Ehren der Heiligen Passion fünf Ehre sei dem Vater sowie ein sechstes für unseren Heiligen Vater, den Papst. Darauf sprecht das Glaubensbekenntnis und das Gebet zum Heiligen Geist. Es wäre auch gut, einen Rosenkranz zu beten, wenn das möglich ist.»

Samstag, der 28. Januar 1984

«Ich wünsche, daß ihr alle betet und daß mein Herz sich über die ganze Welt ausbreite. Ich wünsche mit euch zu sein.»

Sonntag, der 29. Januar 1984

«Betet und fastet! Ich wünsche, daß ihr euer Herz reinigt. Reinigt es und öffnet es mir.»

Montag, der 30. Januar 1984

«Betet! Ich wünsche eure Herzen zu reinigen. Betet, das ist unbedingt nötig; denn Gott schenkt euch größere Gnaden, wenn ihr betet.»

Dienstag, der 31. Januar 1984

Zu Jelena:

«Betet! Denkt an nichts und betet. Denkt an nichts anderes als an die, für die ihr betet. Dann wird das Gebet besser, und ihr seid darin treu.»

Zur Gruppe:

«Sie sollen weiterhin den Armen und Kranken helfen und für die Toten beten. Sie sollen sich in keiner Weise fürchten. Sie sollen sich vollkommen frei machen und mir ihr Herz hingeben, so daß ich mit ihnen sein kann. Sie sollen auf mich hören und mich in dem Armen und in jedem Menschen entdecken.»

Mittwoch, der 1. Februar 1984

«Jetzt regnet es, und ihr sagt: "Es ist nicht vernünftig, bei diesem Matsch in die Kirche zu gehen; warum regnet es so viel und hört nicht wieder auf?" Sagt so etwas nie. Ihr habt Gott unablässig gebeten, euch Regen zu schicken, der die Erde fruchtbar macht. Nun wendet euch nicht gegen Gottes Segen. Vor allem dankt ihm durch Gebet und Fasten.»

Donnerstag, der 2. Februar 1984

> «Betet; denn ich brauche mehr Gebete. Versöhnt euch, denn ich wünsche Versöhnung unter euch und mehr gegenseitige, geschwisterliche Liebe. Ich wünsche, daß sich in euch Gebet, Friede und Liebe entfalten.»

Freitag, der 3. Februar 1984

Zu Jelena:

> «Euch gebührt es zu beten, und ich will mich um alles übrige kümmern. Ihr könnt euch nicht einmal vorstellen, wie mächtig Gott ist. Darum betet. Betet, denn Er will mit euch sein und von aller Sünde reinigen.»

Unsere Liebe Frau gab uns diese Botschaft, nachdem wir sie wegen eines bischöflichen Dokuments («Der Fall des Tagebuchs über die Erscheinungen von Vicka Ivanovic») befragt hatten und von ihr wissen wollten, was wir daraufhin tun sollten.

Samstag, der 4. Februar 1984

> «Betet, denn ihr braucht das Gebet sehr nötig. Mit dem Gebet findet ihr in Leib und Seele wieder zum Frieden. Einige Jugendliche haben sich mir geweiht, doch in der Pfarrei sind noch manche, die sich nicht vollständig geweiht haben. Wenn die Messe aus ist, drängen sie aus der Kirche hinaus. Das ist nicht gut. Auf diese Weise werden sie sich niemals vollständig hingeben können. Es ist nicht gut, um die Kirche herumzulungern. Man muß fromm sein und den anderen ein gutes Beispiel geben, um in ihnen den Glauben zu wecken. Es ist notwendig, so viel wie möglich zu beten und dabei sein Herz darzubringen. Die Betreffenden sollen sich weihen, damit sie sich wirklich bessern können.»

Sonntag, der 5. Februar 1984

> «Betet und fastet. Ich möchte in eurem Herzen wohnen.»

Und eigens für die Gebetsgruppe:

> «Einige haben noch eine Woche Pause. Sie fasten nicht. (...) Andere sind hergekommen und fasten mittwochs, donnerstags und freitags. Andere helfen Armen und Kranken. Die nächsten lieben alle Menschen und wollen in jedem einzelnen Jesus entdecken. Die einen sind nicht

überzeugt, andere sind es. Sie sind mein. Seht, wie sie
mich verherrlichen. Bringt sie her zu mir, damit ich sie
segne.»

Montag, der 6. Februar 1984

«Betet, betet, ich bitte euch darum.»

Mittwoch, der 8. Februar 1984

Zu Jelena:

«Ich erwarte nur das Gebet von euch. So betet also!»

Donnerstag, der 9. Februar 1984

«Betet, betet! Wie viele sind nicht anderen Glaubensrich-
tungen oder Sekten gefolgt und haben Jesus Christus
verlassen. Sie machen sich eigene Götter; sie beten Göt-
zen an. Wie weh mir das tut! Könnten sie sich doch bekehren! Wie zahlreich sind die Ungläubigen! Das kann
sich nur ändern, wenn ihr mir mit euren Gebeten helft.»

Freitag, der 10. Februar 1984

«Betet und fastet! Ich wünsche Demut von euch. Ihr
könnt aber nur durch Gebet und Fasten demütig werden.»

Samstag, der 11. Februar 1984

«Öffnet mir euer Herz, ich wünsche euch in Fülle zu segnen.»

Sonntag, der 12. Februar 1984

«Betet und fastet! Ich bitte euch darum. Betet um Frieden und Demut eures Herzens.»

Montag, der 13. Februar 1984

Zu Jelena:

«Betet und fastet! Gebt mir eure Herzen. Ich wünsche sie
vollkommen zu ändern. Ich wünsche, daß sie rein seien.»

Dienstag, der 14. Februar 1984

«Betet und fastet! Ich wünsche eure Herzen vollkommen
zu reinigen. Ich wünsche euch glücklich zu machen.»

Mittwoch, der 15. Februar 1984

Bei sehr kaltem Wetter mit eisigem Wind:

«Der Wind ist mein Zeichen. Ich werde im Wind kommen. Wenn er weht, dann wißt, daß ich mit euch bin. Ihr habt gelernt, daß das Kreuz Christus darstellt; es ist ein Zeichen für ihn. So ist es auch mit dem Kruzifix in euren Häusern. Bei mir ist es anders. Ihr kommt zur Kirche, wenn es kalt ist, ihr wollt alles Gott aufopfern. Dann bin ich mit euch. Ich bin im Wind mit euch. Fürchtet euch nicht.»

Freitag, der 17. Februar 1984

«Meine Kinder, betet! Die Welt ist einen großen Strudel geraten. Sie weiß nicht, was sie tut. Sie macht sich nicht klar, in welche Sünde sie sich stürzt. Sie braucht eure Gebete, damit ich sie aus dieser Gefahr retten kann.»

Montag, der 20. Februar 1984

«Betet und fastet! Ich erwarte von eurem Herzen Freigebigkeit und Gebete.»

Donnerstag, der 23. Februar 1984

«Ich halte euch alle in meinen Armen. Ihr seid mein. Ich brauche eure Gebete, damit ihr ganz mein seid. Ich wünsche, ganz die eure zu sein und daß ihr ganz mein seid. Ich nehme alle eure Gebete entgegen. Ich empfange sie mit Freude.»

Freitag, der 24. Februar 1984

«Betet und fastet! Ich wünsche immer mit euch zu sein. Ich wünsche immer in euren Herzen zu sein und daß ihr in dem meinen seid.»

Samstag, der 25. Februar 1984

«Wißt, daß ich euch alle liebe. Wißt, daß ihr alle mein seid. Niemandem wünsche ich mehr zu geben als euch. Kommt alle her zu mir. Bleibt bei mir. Ich will eure Mutter sein. Kommt, ich sehne mich nach euch allen.»

Sonntag, der 26. Februar 1984

> «Betet und fastet! Wißt, daß ich euch liebe. Ich halte euch auf meinen Knien.»

Montag, der 27. Februar 1984

> «Seid nicht müde. Ich wünsche mit euch zu sein.»

Dienstag, der 28. Februar 1984

> «Betet und fastet! Liebt alle Menschen auf der Erde, wie ihr euch selbst liebt.»

Für die Gebetsgruppe:

> «Jeder möge für sich selbst entscheiden. Es wäre aber gut, wenn sie in dieser Woche am Donnerstag fasteten. Sie sollen in der Bibel lesen und darüber meditieren.»

Mittwoch, der 29. Februar 1984

> «Betet! Es mag euch seltsam vorkommen, daß ich immer vom Gebet spreche. Trotzdem sage ich: betet! Warum zögert ihr? Ihr habt in der Heiligen Schrift gehört: "Sorgt euch nicht um den morgigen Tag... Jeder Tag hat genug an seiner eigenen Plage" (Mat 6, 34). Sorgt euch also nicht um die anderen Tage. Begnügt euch damit, zu beten. Ich, eure Mutter, kümmere mich um das Übrige.»

Donnerstag, der 1. März 1984

Botschaft an Marijana:

> «Betet und fastet. Wenn ich euch beten heiße, denkt nicht, ihr solltet mehr beten; betet einfach. Möge in eurem Herzen Gebet und Glauben erwachen.»

Zu Jelena:

> «Lest donnerstags vor dem Allerheiligsten im Evangelium immer den Abschnitt Matthäus 6, 24-34. Wenn es euch nicht möglich ist, in die Kirche zu kommen, lest es in der Familie.»

Montag, der 5. März 1984

Zu Jelena:

> «Betet und fastet!
> Bittet den Heiligen Geist, eure Seele zu erneuern und die ganze Welt zu erneuern.»

Samstag, der 17. März 1984

Zu Jelena während der Novene zur Vorbereitung auf das Verkündigungsfest:

> **«Betet und fastet, damit Gott euch während dieser Novene mit seiner Macht reich beschenkt.»**

Mittwoch, der 21. März 1984

Zu Jelena:

> **«Heute freue ich mit allen meinen Engeln: Der erste Teil meines Programms ist abgeschlossen.»**

Dann weinend:

> **«So viele Menschen leben in der Sünde.
> Auch hier unter euch sind einige, die mein Herz beleidigt haben. Betet und fastet für sie.»**

Donnerstag, der 22. März 1984

Zu Jelena:

> **«Gestern abend habe ich gesagt, daß der erste Wunsch meines Plans sich erfüllt hat.»**

Dienstag, der 27. März 1984

Zu Jelena:

> **«Einige in der Gruppe haben sich Gott hingegeben, damit er sie leite.
> Laßt Gottes Willen sich in euch verwirklichen.»**

Freitag, der 30. März 1984

Zu Jelena:

> **«Meine Kinder ich wünsche, daß die heilige Messe für euch das Geschenk des Tages sei. Erwartet sie, sehnt ihren Beginn herbei. In der Messe schenkt sich Jesus euch selbst. So wartet sehnlichst auf diesen Augenblick, in dem ihr gereinigt seid. Betet viel darum, daß der Heilige Geist eure Pfarrei erneuere. Wenn die Menschen in der Messe lau sind, gehen sie kalt und mit leerem Herzen nach Hause.»**

Dienstag, der 3. April 1984

Zu Jelena:

> **«Ich bitte euch, für die Umkehr aller Menschen zu beten. Dazu brauche ich Gebete.»**

Samstag, der 14. April 1984

Zu Jelena:

«Wie könnt ihr nicht glücklich sein? Jesus schenkt sich euch. Ich wünsche die Seelen ganz zu überströmen. Ich bin heute abend traurig, weil viele sich nicht auf Ostern vorbereitet haben. Sie erlauben es Jesus nicht, sich an diesem Tag mit ihrer Seele zu vereinigen.»

15. bis 22. April 1984, Karwoche

Zu Jelena:

«Erhebt eure Hände und öffnet euer Herz. Jesus wünscht euch jetzt in der Zeit der Auferstehung ein besonderes Geschenk zu machen. Dieses Geschenk meines Sohnes ist mein Geschenk. Es ist dies: Ihr werdet Prüfungen unterworfen und werdet sie sehr leicht ertragen. Wir sind bereit, euch zu zeigen, wie ihr wieder herauskommt, wenn ihr uns annehmt. Sagt nicht, das Heilige Jahr sei nun zu Ende und es sei nicht mehr nötig zu beten. Verdoppelt im Gegenteil die Gebete, denn das Heilige Jahr ist genau ein Schritt vorwärts.»

In diesem Augenblick erschien der auferstandene Jesus. Aus seinen Wunden kamen Strahlen hervor. Er sagte:

«Empfangt meine Gnaden und sagt der ganzen Welt, daß es kein Glück gibt, außer durch mich.»

Gründonnerstag, 19. April 1984

An jenem Tag habe die Jungfrau Maria Jelena das folgende Gebet «diktiert»:

Wie man sich Maria, der Mutter der Güte, der Liebe und Barmherzigkeit, hingibt.

O, meine Mutter!
Du Mutter der Güte, Liebe und Barmherzigkeit!
Ich liebe Dich unendlich
und bringe mich Dir dar.
Durch Deine Güte,
Liebe und Gnade rette mich.
Ich will Dein sein.
Ich liebe Dich unendlich
und möchte, daß Du mich behütest.

Von Herzen bitte ich Dich,
Du Mutter der Güte,
gib mir Deine Güte, um mit ihr
den Himmel zu erwerben.
Ich bitte Dich
um Deiner unendlichen Liebe willen,
gib mir die Gnade,
daß ich jeden so lieben kann,
wie Du Jesus Christus geliebt hast.
Ich bitte Dich um die Gnade,
Dir gegenüber gnädig sein zu können.[1]
Ich bringe mich Dir ganz dar
und möchte, daß Du bei mir seist
bei jedem meiner Schritte,
weil Du voll der Gnade bist.
Und ich wünsche,
diese Gnade nie zu vergessen.
Wenn ich sie aber verliere, so bitte ich Dich,
sie mir zurückzugeben. Amen.

Auf die durch Jelena übermittelte Frage von Pater Vlasic, mit welcher Methode Jesus die ganze Nacht beten konnte:

«Er hatte große Sehnsucht nach Gott und dem Heil der Seelen.»

Karfreitag, 20. April 1984

Zu Jelena:

«Ihr solltet voller Freude sein.
Heute ist Jesus um eures Heiles willen gestorben. Er ist in die Unterwelt hinabgestiegen und hat die Tore des Paradieses geöffnet.
Möge Freude in euren Herzen herrschen!
Wenn ihr betet, solltet ihr mehr beten. Gebet ist Gespräch mit Gott. Beten heißt, auf den Herrn zu hören.
Das Gebet ist für mich ein Dienst, denn danach wird alles klar.
Durch das Gebet lernt man das Glück kennen.»

---

1   Jelena wurde von einem Priester gefragt, wie dies zu verstehen sei; sie antwortete: «Gott oder der Mutter Gottes gnädig zu sein, heißt, Gott und der Gospa zu verzeihen, daß Gott uns Nöte und Kreuze schickt oder daß er unsere Gebete nicht so erhört, wie wir es wünschen würden.» (Aus: Jörg Müller, «Aufruf Mariens in Medjugorje», Miriam-Verlag, 1990.)

Karsamstag, 21. April 1984
Zu Jelena:

«Erhebt die Hände, streckt euch nach Jesus aus, denn er will euch in seiner Auferstehung mit Gnaden beschenken. Seid von der Auferstehung begeistert!
Wir alle im Himmel sind glücklich; aber wir brauchen eure Herzensfreude.
Seht meines Sohnes und meine Gabe in diesem Augenblick: Ihr werdet in euren Prüfungenen Erleichterung verspüren; sie werden leichter für euch sein, weil wir dann bei euch sind. Wenn ihr auf uns hört, zeigen wir euch, wie ihr sie überwinden könnt.
Betet morgen viel. Jesus möge in euren Familien wirklich auferstehen. Wo Krieg ist, möge sich Friede einstellen. Ich wünsche, daß ein neuer Mensch in euren Herzen geboren wird.
Meine Kinder, ich danke euch. Erweckt weiterhin Jesu Auferstehung in allen Menschen.
Das Heilige Jahr ist zu Ende, aber es ist ein weiterer Schritt in eurem Leben. Betet weiter.»

Dienstag, der 24. April 1984
Zu Jelena:

«Sehr, sehr oft kam ich weinend von euch zurück, wenn ich die Gerechtigkeit und eure Sünden gesehen hatte. Ich konnte nichts mehr sagen. Ich bin eure Mutter und will mich in keiner Weise gegen euch stellen. Aber es hängt von euch ab, was ich in euch tun kann.
Wir sollen Jesus Freude bereiten und ihn glücklich machen.»

Samstag, der 19. Mai 1984
Zu Jelena:

«Liebe Kinder, in dieser Zeit ist es besonders notwendig, euch selbst mir und meinem Herzen zu weihen.
Liebt, betet und fastet!»

Montag, der 21. Mai 1984
Zu Jelena:

«Liebe Kinder, wie sehr wünschte ich, ihr würdet euch wirklich zu mir kehren. Stellt euch vor, meine Lieben, das

Schuljahr wäre zu Ende, und ihr wäret noch bei der ersten Hälfte; darum müßt ihr jetzt ein bißchen ernsthafter werden.»

Mittwoch, der 23. Mai 1984

Zu Jelena:

«Ich wünsche, daß die Pfarrei sich mit einer Novene auf den Empfang des Sakraments der Firmung am Fest Christi Himmelfahrt (am 31. Mai) vorbereite.»

Freitag, der 25. Mai 1984

Zu Jelena:

«Ich wünsche, daß ihr am Pfingsttag wirklich rein seid. Betet, betet, daß euer Geist sich an diesem Tag gewandelt hat!»

Samstag, der 26. Mai 1984

Zu Jelena:

«Liebe Kinder, danke für jedes Gebet. Versucht ständig zu beten und vergeßt nicht, daß ich euch liebe und wünsche, daß ihr alle einander liebt.»

Zu Jelena, die von allen gebeten wird, der Jungfrau Maria Fragen zu stellen:

«Es gibt auf alle diese Fragen nur die eine Antwort: Bittet den Heiligen Geist um Erleuchtung, und ihr werdet alles wissen, was ihr wollt.»

Montag, der 28. Mai 1984

Zu Jelena:

«Die Liebe ist eine Gottesgabe. Bittet also Gott, er möge euch diese Gabe gewähren.»

Mittwoch, der 30. Mai 1984

Zu Jelena:

«Die Priester sollten die Familien besuchen, vor allem die, die den Glauben nicht mehr ausüben und Gott vergessen haben. Die Priester sollten das Evangelium Jesu unter das Volk bringen und es lehren, wie man betet. Die Priester sollten auch selbst mehr beten und fasten. Was sie selbst nicht brauchen, sollten sie den Armen geben.»

Mai 1984

Zu Jelena, nachdem sie darum gebeten hatte, man möge am 5. August dieses Jahres ihren zweitausendsten Geburtstag feiern:

> **«Ich habe mich euch im Laufe der Jahrhunderte unbegrenzt geschenkt. Ist es nun zu viel, mir drei Tage zu geben? Arbeitet an diesen Tagen nicht, nehmt euren Rosenkranz und betet!»**
>
> **«In den letzten fünfundzwanzig Jahren ist das Fasten in der katholische Kirche vergessen worden.»**

Jelena: «Ich weiß, daß alle Familien täglich vier Stunden beten können. Die Leute werden allerdings zurückweichen, wenn ich ihnen das sage.»

> **«Begreifst du nicht, daß das nur ein Sechstel des Tages ist?»**

Freitag, der 1. Juni 1984

Zu Jelena:

> **«Möge Gottes Liebe immer in euch sein; denn ohne sie könnt ihr euch nicht vollständig bekehren. Möge euch der Rosenkranz in euren Händen an Jesus erinnern.»**
>
> **«Liebe Kinder, bemüht euch, die Messe so tief zu erfassen, wie ihr sollt.»**

Samstag, der 2. Juni 1984

Zu Jelena:

> **«Danke für jedes Gebet. Betet weiter, doch betet mit dem Herzen.»**
>
> **«Liebe Kinder, es ist wiederum nötig, daß ihr zum Heiligen Geist betet, und es wäre gut, wenn ihr in der Kirche sieben Vaterunser beten würdet, wie das vor Pfingsten üblich ist.»**

Während der Novene zur Vorbereitung auf Pfingsten bittet der Priester einleitend vor jedem Vaterunser um die sieben Gaben des Heiligen Geistes.

Montag, der 4. Juni 1984

> **«Liebe Kinder, ich bin glücklich, daß ihr so zu beten beginnt, wie ich euch gesagt habe. Macht so weiter.»**

Freitag, der 8. Juni 1984

Zu Jelena:

> «Liebe Kinder, ihr braucht die Liebe, das habe ich euch schon oft gesagt, und ich erinnere euch wieder daran.
> Betet nur weiter und seid glücklich, denn ich bin mit euch.»

Montag, der 11. Juni 1984

Zu Jelena:

> «Ich wünsche, daß ihr weiterhin betet und fastet.»

Zur Gruppe:

> «Ich wünsche, daß die Gruppe wie eine Frühlingsblume wird.
> Die Liebe ist groß, die ich euch schenke; aber ihr weist sie manchmal zurück, und dann wird sie kleiner. Nehmt meine Gaben immer sofort an, um sie richtig zu nutzen.»

Donnerstag, der 21. Juni 1984

Zu Jelena:

> «Wenn ihr wüßtet, wie sehr ich euch liebe, würdet ihr vor Freude weinen. Wenn euch jemand um etwas bittet, gebt ihr es ihm. Ich aber stehe vor so vielen Herzen, die verschlossen bleiben. Betet, daß die Welt meine Liebe annimmt.
> Jedes Mitglied der Gruppe ist wie eine Blume; wenn jemand euch abreißen will, sollt ihr wachsen und versuchen, noch weiter zu wachsen. Wenn jemand euch ein wenig zerdrückt, sollt ihr euch wieder aufrichten, und wenn jemand euch ein Blütenblatt ausreißt, sollt ihr weiterwachsen, als wäret ihr unversehrt.»

Zu Marijana:

> «Es ist mein einziger Wunsch, daß ihr wieder genauso fröhlich und begeistert seid wie in den ersten Tagen meines Erscheinens.»

Samstag, der 23. Juni 1984

> «Liebe Kinder, ich bin sehr glücklich, daß heute abend so viele hier sind. Dankt allein Gott.»

Seit Ostern spricht Unsere Liebe Frau nicht täglich zu Jelena und Marijana, sondern vor allem dienstags, mittwochs, samstags und sonntags.

Anfang August 1984

Zu Jelena:

> «Diese Botschaft ist für den Papst und alle Christen bestimmt. Bereitet meinen zweitausendsten Geburtstag am 5. August 1984 vor. Ich habe euch im Lauf der Jahrhunderte mein ganzes Leben geweiht. Ist es jetzt zu viel für euch, mir drei Tage zu weihen? Arbeitet an diesem Tag nicht, sondern nehmt euren Rosenkranz und betet.»

Donnerstag, der 2. August 1984

Zu Jelena:

> «Ich bin froh über deine Teilnahme an der Messe. Mache so weiter wie heute abend. Danke, daß du der Versuchung des Satans widerstanden hast.»

August 1984

> «Die Christen irren sich, wenn sie an die Zukunft denken und dabei die Kriege und das Böse im Auge haben. Es gibt für einen Christen nur eine einzige Haltung in bezug auf die Zukunft. Das ist die Hoffnung auf das Heil.»
>
> «Ihr habt die Pflicht, den Frieden Gottes anzunehmen, darin zu leben und ihn zu verbreiten, aber nicht mit Worten, sondern durch euer Leben.»

August 1984

> «Die einzige Haltung inbezug auf die Zukunft ist für einen Christen die Hoffnung auf das Heil. Wer nur an die Kriege, die Übel und die Strafe denkt, tut nicht gut daran.»
>
> «Wenn ihr an das Böse, an Bestrafung und Krieg denkt, seid ihr schon auf dem Weg dorthin. Ihr habt die Pflicht, den Frieden von Gott anzunehmen und zu verbreiten.»

Montag, der 10. September 1984

Zu Jelena:

> «Liebe Kinder, ihr sollt begreifen, daß gebetet werden muß. Das Gebet ist kein Spaß. Das Gebet ist Gespräch

mit Gott. Ihr sollt in jedem Gebet auf Gottes Stimme hören. Ohne Gebet kann man nicht leben. Das Gebet ist das Leben.»

Freitag, der 5. Oktober 1984

Zu Jelena:

«Ich liebe euch. Liebt mich und liebt einander!»

Samstag, der 17. November 1984

Zu Jelena:

«Bete. Frage nicht nach dem Grund, warum ich dich ständig zum Beten auffordere. Vertiefe dein Gebet, so daß es für die anderen zu einem Kanal wird.»

Freitag, der 21. Dezember 1984

Jelena Vasilj gab die folgende Botschaft:

«Ich wünsche, daß ihr wie eine Blume seid, die zu Weihnachten für Jesus blüht, eine Blume, die weiterblüht, wenn Weihnachten schon vorbei ist. Ich wünsche, daß eure Herzen wie die Hirten vor Jesus seien.»

Samstag, der 29. Dezember 1984

Zu Jelena am Jahrestag ihrer ersten Erscheinung:

«Heute ist das Fest der Mutter der Güte, der Barmherzigkeit und der Liebe.»

Die Gottesmutter gibt der Gruppe einen besonderen Segen.

«Bisher habe ich ihn noch niemandem gegeben.»

Die Gruppe war glücklich über den Segen Unserer Lieben Frau.

«Empfangt ihn und laßt ihn nicht beiseite wie früher. Ich kann euch meinen Segen geben, aber wenn ihr nicht wollt, ist es mir unmöglich.»

Zu Jelena:

«Ich wünsche, daß in euch große Liebe und großer Friede aufblühe. Darum, betet!»

— 1985 —

Mittwoch, der 20. Februar 1985, Aschermittwoch
Zu Jelena:

«Ich gebe euch einen Rat: Ich wünschte, ihr würdet versuchen, jeden Tag einen Fehler zu bekämpfen. Wenn ihr den Fehler habt, euch über alles zu ärgern, versucht euch einen Tag lang weniger zu ärgern. Wenn ihr den Fehler habt, nicht lernen zu können, versucht zu lernen. Wenn ihr den Fehler habt, nicht gehorchen zu können oder Leute, die ihr ablehnt, nicht aushalten zu können, versucht einen Tag lang mit ihnen zu reden. Wenn ihr den Fehler habt, einen Hochmütigen nicht aushalten zu können, sollt ihr versuchen, ihm näher zu kommen. Wenn ihr wollt, daß er demütig sei, dann seid es selbst auch. Zeigt, daß Demut mehr wert ist als Hochmut. Versucht auf diese Weise jeden Tag eine Untugend eures Herzens zu überwinden oder zurückzuweisen. Findet heraus, welche Untugenden ihr ablegen müßt. Ihr sollt wirklich versuchen und wünschen, diese Fastenzeit mit Liebe zu erleben. Bemüht euch darum, so sehr ihr könnt.»

Montag, der 25. Februar 1985
Zu Jelena:

«Wißt, daß ich euch liebe. Wißt, daß ihr mein seid. Ich wünsche für niemanden mehr zu tun als für euch. Kommt alle zu mir. Bleibt bei mir, und ich will für immer eure Mutter sein. Kommt, denn ich möchte euch alle für mich.»

Fastenzeit 1985

«Fastet bei Wasser und Brot in der ersten Passionswoche, und in der Karwoche am Mittwoch, Gründonnerstag und Karfreitag.»

Montag, der 25. März 1985
Jelena fragt die Jungfrau Maria, warum sie so schön sei.

«Ich bin schön, weil ich liebe. Liebt auch ihr, wenn ihr schön sein wollt. Es gibt keinen auf Erden, der nicht schön sein möchte.»

Zu Jelena:

> «Gebete, die laut gesprochen werden, treiben Jesus oft weg, weil kein Platz mehr für Gott bleibt, wenn die Menschen aus eigener Kraft siegen wollen. Laut gesprochene Gebete sind gut, wenn sie aus dem Herzen kommen.»

Sonntag, der 19. Mai 1985

> «Liebe Kinder, in diesem Augenblick bitte ich euch besonders, euch mir und meinem Unbefleckten Herzen zu weihen. Liebt, betet und fastet.»

Samstag, der 1. Juni 1985

Zu Jelena:

> «Haltet an der Liebe zu Gott in euch fest; denn ohne diese Liebe könnt ihr euch nicht vollständig bekehren. Möge zur Erinnerung an Jesus der Rosenkranz in euren Händen sein.
> Liebe Kinder, bemüht euch, die Messe so zu vertiefen, wie es sich gehört.»

Mitte Juni 1985

Nachdem Jelena gesehen hatte, wie eine prachtvolle Perle auseinanderbrach, wobei jedes Stück glänzte und dann die Farbe verlor, gab Unsere Liebe Frau ihr die folgende Erklärung:

> «Jelena, das Menschenherz gleicht dieser herrlichen Perle. Wenn es ganz dem Herrn gehört, glänzt es selbst im dunkeln. Wenn es aber geteilt ist und ein Stückchen dem Satan, ein anderes der Sünde und das nächste allem gehört, dann geht es zugrunde und wird wertlos.»

Samstag, der 22. Juni 1985

Unsere Liebe Frau gab Jelena ein, das folgende Gebet aufzuschreiben und in ihrer Gebetsgruppe vorzulesen:

Bittgebet an Gott:

O, Gott, unser Herz ist tief im dunkeln
obwohl wir mit Deinem Herzen verbunden sind;
unser Herz ist hin- und hergerissen
zwischen Dir und Satan,
hilf, daß sich das ändert!
Immer wenn das Herz

zwischen Gut und Böse schwankt,
möge es von Deinem Licht erleuchtet werden
und mit sich eins werden.
Lasse niemals zu,
daß zweierlei Liebe in uns wäre,
daß wir jemals zweierlei Glauben hätten
und daß in uns beieinander wären:
Lüge und Aufrichtigkeit,
Liebe und Haß,
Ehrlichkeit und Unehrlichkeit,
Demut und Stolz.
Hilf uns vielmehr,
daß unser Herz sich nach Dir ausstreckt wie ein Kind.
Gib, daß unser Herz sich für den Frieden begeistert
und sich immerfort danach sehnt.
Gib, daß Dein heiliger Wille und Deine Liebe
in uns eine Bleibe finden
und daß wir wenigstens manchmal wirklich Deine
Kinder sein wollen.
Und wenn wir, lieber Herr,
Deine Kinder sein wollen,
erinnere uns an unsere frühere Sehnsucht
und hilf uns, Dich von neuem zu empfangen.
Wir öffnen Dir unser Herz,
damit Deine heilige Liebe in uns bleibt.
Wir öffnen Dir unsere Seele,
damit sie berührt werde
von Deiner heiligen Barmherzigkeit,
die uns unsere Sünden klar zu sehen hilft
und uns begreifen läßt,
daß es die Sünde ist, die uns unrein macht.
Gott, wir wollen Deine Kinder sein,
demütig und ergeben,
so daß wir Deine geliebten, aufrichtigen Kinder werden,
wie nur der Vater sie sich wünschen mag.
Hilf uns, Jesus, unser Bruder,
Gottes Güte für uns zu erlangen
und ihm gut zu sein.
Hilf uns, Jesus,
richtig zu verstehen, was Gott uns schenkt,
denn manchmal lehnen wir ab, etwas Gutes zu tun,
als ob es für uns etwas Böses wäre.

Ein weiteres, von Unserer Lieben Frau eingegebenes Gebet. Die Gospa sagte, das sei das schönste Gebet, das man für einen Kranken sprechen könne:

> O, mein Gott,
> sieh diesen Kranken vor Dir.
> Er ist gekommen, um von Dir zu erbitten,
> was er sich wünscht
> und als das Wichtigste ansieht. Du aber, o, mein Gott,
> laß ihm die Worte zu Herzen gehen:
> «Wichtig ist die Gesundheit der Seele!»
> Herr, möge ihm alles geschehen,
> Dein Wille in allem;
> wenn Du willst, daß er gesund wird,
> so werde ihm Gesundheit geschenkt.
> Wenn Dein Wille ein anderer ist,
> möge er sein Kreuz weiter tragen.
> Ich bitte Dich auch für uns, die für ihn bitten:
> Reinige unsere Herzen,
> damit wir würdig werden,
> Deine heilige Barmherzigkeit weiterzugeben.
> Behüte ihn und erleichtere seine Not.
> Dein heiliger Wille geschehe an ihm,
> so daß sich durch ihn Dein heiliger Name offenbart.
> Hilf ihm, sein Kreuz tapfer zu tragen.

«Sprecht vor diesem und dem vorangehenden Gebet dreimal das "Ehre sei Gott".»

Zu Jelena:

«Ein Herz, das Jesus gehört, ist prächtig, auch wenn es Schwierigkeiten und Prüfungen erleidet. Wenn ein Herz in Schwierigkeiten sich dagegen von Gott entfernt, verliert es seinen Glanz.»

Juni 1985

Zu Jelena:

«Liebe Kinder, wenn jemand vor euch steht und um etwas bittet, gebt es ihm. Auch ich stehe vor vielen Herzen, und sie öffnen sich nicht. Betet, daß die Welt meine Liebe annimmt.»

Juli 1985

Zu Jelenas Gruppe:

«Ich kann nicht zu euch sprechen, eure Herzen sind verschlossen. Ihr habt nicht getan, worum ich euch gebeten habe. Ich kann nicht zu euch sprechen. Solange ihr verschlossen bleibt, kann ich euch keine Gnaden schenken.»

Zu Jelenas Gruppe:

«Jeder von euch besitzt ein besonderes Geschenk, das ihm gehört, und das könnt ihr nur innerlich verstehen.»

Zu Jelenas Gebetsgruppe:

«Wenn ihr meine Botschaften überbringt, seid wachsam, daß sie nicht verloren gehen. Bringt meine Botschaften in Demut, so daß man euch das Glück ansehen kann und die Menschen gern so sein möchten wie ihr. Bringt meine Botschaften nicht, um sie den anderen einfach zuzuwerfen.»

28. Juli bis 4. August 1985

«Ich will, daß ihr in diesen Tagen denkt: "Schon so lange bin ich meinen Freund Jesus nicht mehr begegnet. Schon so lange bin ich meiner Mutter Maria nicht mehr begegnet. In diesen Tagen wünsche ich ihnen zu begegnen."»

August 1985

«Fürchtet euch nicht vor Satan. Das lohnt sich nicht, weil man ihn mit einem demütigen kleinen Gebet und glühender Liebe entwaffnen kann.»

September 1985

Ein Gebet für Jelenas Gruppe:

«Meine Seele ist voller Liebe wie das Meer.
Mein Herz ist voller Frieden wie ein Bach.
Ich bin kein Heiliger, aber aufgefordert, einer zu werden.»

Oktober 1985

Die Gospa sagt drei Tage hintereinander zu Jelena:

«Wenn ihr meine Liebe annehmen wollt, sollt ihr nie sündigen.»

Am vierten Abend antwortet die Gospa auf Jelenas Frage, warum sie mehrmals dieselbe Botschaft gebe:

«**Ich habe euch doch nichts anderes zu sagen.**»

Weinend fügt unsere Mutter hinzu:

«**So viele beenden ihr Gebet, ohne mit dem Herzen dabeigewesen zu sein.**»

Oktober 1985

Als Antwort auf die Frage einer Mailänder Pilgergruppe, wann Unsere Liebe Frau in ihre Stadt komme:

«**Wenn ihr mir eure Herzen öffnet.**»

Samstag, der 7. Dezember 1985

Zu Jelena:

«**Ich habe für das morgige Fest nur den einen Wunsch: Ich bitte euch, wenigstens eine Viertelstunde Zeit zu finden, um vor mir zu stehen und mir eure Schwierigkeiten anzuvertrauen. Niemand wird euch so gut verstehen wie ich.**»

Dienstag, der 31. Dezember 1985

«**Das kommende Jahr ist das Jahr des Friedens, aber nicht weil die Menschen es so genannt hätten, sondern weil Gott es so eingerichtet hat.
Den Frieden bekommt ihr nicht von den Staatspräsidenten, sondern durch das Gebet.**»

Am selben Abend sagt Jesus durch eine kleine Seherin der Gruppe:

«**Wenn ihr die Glocken hört, kniet ihr nieder und beugt den Kopf auf den Boden, damit der König des Friedens kommt. Ich werde in diesem Jahr der Welt meinen Frieden anbieten, aber danach werde ich euch fragen, wo ihr wart, als ich euch meinen Frieden anbot.**»

Dezember 1985

«**Wenn ihr nicht auf meine Botschaften gehört habt, wird der Freudentag ein Trauertag für mich sein.**»

— 1986 —

Dienstag, der 21. Januar 1986

Am zweiten Tag einer Einkehr der Gebetsgruppe:

«Ruht euch heute abend aus.»

Mittwoch, der 22. Januar 1986

Zu derselben Gebetsgruppe:

«Ich weiß, daß ihr müde seid, aber ich kann euch nicht auffordern, euch auszuruhen. Heute sage ich euch: Betet und geht nicht schlafen, bevor ihr nicht wenigstens eine Viertelstunde für die Gruppe gebetet habt. Morgen ist es wieder besser.»

Montag, der 27. Januar 1986

Zu Jelenas Gebetsgruppe:

«Jede Sekunde des Gebets ist wie ein Tautropfen, der morgens jeden Grashalm und die Erde vollkommen erfrischt. So erfrischt das Gebet den Menschen. Wenn der Mensch müde ist, entspannt er sich. Wenn er aufgeregt ist, findet er wieder Frieden. Der Mensch erholt sich und kann wiederum auf Gottes Wort hören.
Wie schön ist das Land, wenn man die Natur morgens in ihrer ganzen Frische betrachtet. Es ist aber noch schöner, einen Menschen zu sehen, der den anderen Frieden, Liebe und Glück bringt. Wenn ihr herausfinden könntet, Kinder, was das Gebet den Menschenwesen bringt! Vor allem das Gebet des einzelnen. So kann der Mensch für Gott zu einer richtigen Blume werden. Ihr seht, wie die Tautropfen sich bis zu den ersten Sonnenstrahlen auf den Blumen halten!
Auf diese Weise wird die Natur erneuert und belebt. Für ihre Schönheit muß die Natur sich täglich erneuern und erfrischen lassen. Auf dieselbe Weise wird der Mensch durch Gebete erfrischt, damit er wieder neu und kräftig wird. Die Versuchungen, die immer wieder auf ihn einstürmen, machen ihn schwach, und er ist darauf angewiesen, durch das Gebet immer neue Liebesfähigkeit und Lebendigkeit zu erhalten. Darum solltet ihr beten und

euch über die Lebendigkeit freuen, die Gott euch schenkt.»

21. Februar 1986

Nach dem Gebet, vor dem Segen:

>**«Meine lieben Kinder, ihr werdet erst dann fähig, die göttliche Liebe zu empfangen, wenn ihr begreift, daß Gott euch seine unendliche Liebe am Kreuz anbietet.»**

Februar 1986

Zu Jelena und Marijana:

>**«Begreift, daß ihr nichts seid, unfähig, wirklich nichts. Es ist der Vater, der alles vollbringt.»**

11. August 1986

>**«Liebe Kinder, öffnet eurer Herz und laßt euch von Jesus führen. Das erscheint vielen hart, ist in Wirklichkeit aber so leicht. Ihr habt nichts zu befürchten, denn ihr wißt, daß Jesus euch nie verläßt, ihr wißt, daß er euch zum Heil führt.»**

1986

Zu Jelenas Gebetsgruppe nach Gebet und Fasten:

>**«Ich habe euer Gebet gehört; doch ihr werdet trotzdem nicht bekommen, was ihr euch gewünscht habt. Ihr bekommt dafür etwas anders; denn nicht euch steht es zu, euch zu verherrlichen, sondern mir, damit ich in euch verherrlicht werde.»**
>**«Fürchtet euch nicht. Vertraut euch dem Vater an. Betet, bis ihr gewiß seid, daß er alles führt.**
>**Singt, wenn ihr in Schwierigkeiten seid, wenn ihr ein Kreuz tragt. Seid voller Freude.»**

1986

>**«Wenn die Menschen euch nach den Erscheinungen fragen, so antwortet: "Laßt uns zusammen beten, um die Erscheinungen der Gospa zu verstehen."»**

1986

Zu Jelenas Gruppe:

«Ich bitte euch, reißt das Kartenhaus nieder, das ihr euch aus euren Wünschen gebaut habt. Dann kann ich für euch wirken.»

1986

Für Jelenas Gruppe:

«Ich wünsche euch nur, daß ihr glücklich seid, daß ihr voller Freude und Frieden seid und diese Freude verkündet.»

Zur Gebetsgruppe:

«Wenn ihr euch mir hingebt, werdet ihr den Übergang von diesem in das andere Leben nicht bemerken. Dann fangt ihr auf Erden das Leben des Himmels an.»

September 1986

«Heute zählen weder Worte noch Taten. Das einzig wichtige ist, in Gott zu bleiben.»

Oktober 1986

Diese Botschaft ist von Jesus für Jelena:

«Ich bin glücklich, aber meine Freude ist nicht vollkommen, so lange ihr nicht voller Freude seid. Ihr seid noch nicht von Freude erfüllt, weil ihr noch nicht imstande seid, meine unendliche Liebe zu begreifen.»

Ohne Zeitangabe:

Im Hinblick auf die Ähnlichkeit zwischen dem dritten Geheimnis von Fatima und den in Medjugorje angekündigten Zeichen:

«Fürchtet nichts. Was ihr hinter euch habt, sollt ihr vergessen. Ich will nur, daß ihr von jetzt an neue Menschen seid. Fürchtet nichts, wenn ich bei euch bin. Ich liebe euch.»

Bezüglich einer Diskussion zwischen Pater Ljubicic und Pater Bonifacio:

«Es genügt nicht, zu beten. Ihr müßt euer Leben ändern. Liebt die anderen, bringt ihnen Liebe entgegen. Liebt eure Tätigkeit und denkt immer an Jesus, dann begreift ihr, was gut und was böse ist.»

Ohne Zeitangabe:

«Ich bete für euch, weil ich euch liebe. Wenn ihr lieben wollt, betet für eure Brüder und Schwestern. Heute brauchen viele Leute viele Gebete. Betet und seid für die anderen ein Vorbild, weil ich die Menschen durch euch zum Licht führen möchte.»

— 1987 —

1. März 1987

«Liebe Kinder, euer Herz ist manchmal wegen bestimmter Dinge bedrückt, und das ist nicht nötig. Manchmal fürchtet ihr euch aus dem einen oder anderen Grund. Warum denn? Wer mit Jesus ist, braucht sich nicht zu fürchten. Habt keine Angst vor dem, was morgen oder in ein paar Jahren geschieht. Gebt euch Jesus hin, und nur dann könnt ihr wie ein Schaf sein, das dem Hirten folgt.»

12. April 1987

«Wenn ihr von Herzen liebt, empfangt ihr viel. Wenn ihr haßt, verliert ihr viel. Liebe Kinder, die Liebe vollbringt Schönes. Je mehr Liebe ihr in euch habt, desto mehr könnt ihr die Menschen um euch herum lieben. Darum bittet Jesus immerzu, daß er euer Herz mit Liebe erfüllt.»

16. Mai 1987

«O, Kinder! Denkt daran, daß ihr nur dann immer mit mir sein könnt und den Willen des Vaters erfahrt, wenn ihr betet. Darum rufe ich euch heute erneut. Laßt mein Rufen nicht unbeantwortet. Betet trotz allem weiter, dann begreift ihr den Willen des Vaters und seine Liebe. Liebe Kinder, es ist wirklich etwas Großes, wenn Gott die Menschen ruft. Denkt nur, wie traurig es wäre, wenn ihr die Gelegenheiten, die Gott euch bietet, ungenutzt vorbeigehen ließet!
So wartet nicht bis morgen oder übermorgen. Sagt jetzt "Ja" zu Jesus. Und zwar ein "Ja" für immer.»

16. Juni 1987

«Liebe Kinder! Mein Herz ist voller Gnade und Liebe. Mein Herz ist mein Geschenk an euch.
Seid einmütig. Betet miteinander. Liebt einander.»

11. Juli 1987

«O, Kinder, ich will, daß ihr an jedem neuen Tag in der Liebe und im Frieden lebt. Ich will, daß ihr Liebe und Frieden bringt. Die Menschen haben diese Gnaden des Friedens und der Liebe so nötig, doch sie haben sie verloren, weil sie nicht beten. Schafft in eurem Herz ein unaufhörliches Gebet, weil ihr nur auf diese Weise vorbereitete Gefäße sein könnt.

Durch das Gebet wird euer Vater euch zu Gefäßen nach seinem Wunsch formen. Darum gebt euch ihm vollkommen hin.»

30. Juli 1987

«Liebe Kinder, heute lade ich euch besonders ein, dafür zu beten, daß Gottes Pläne sich erfüllen: zunächst inbezug auf euch selbst, dann auf diese Pfarrei, die Gott selbst erwählt hat.

Liebe Kinder, es ist wirklich etwas Großes, von Gott auserwählt zu sein! Es ist aber auch eine Verpflichtung, die euch zu mehr Gebet anspornen soll, damit ihr, die ihr erwählt seid, die anderen ermutigen könnt und Licht für die seid, die in der Finsternis sind.

Kinder, die Finsternis herrscht auf der ganzen Erde. Die Menschen werden von vielen Dingen angezogen, vergessen aber das Wesentliche.

Das Licht kann auf der Erde nicht herrschen, solange die Menschen Jesus nicht annehmen, solange sie nicht nach seinen Worten, das heißt nach den Worten des Evangeliums, leben.

Liebe Kinder, das ist der Grund, warum ich schon so lange unter euch bin: Ich will euch auf den Weg Jesu führen!

Ich will euch retten, und durch euch die ganze Welt.

Viele leben heute ohne Glauben. Einige mögen nicht einmal von Jesus reden hören, wollen aber trotzdem Frieden und Zufriedenheit!

Kinder, dies ist der Grund, warum ich euer Gebet brauche: Das Gebet ist das einzige Mittel zur Rettung der Menschheit!»

Schluß
«Der Anfang des Tages»

«Das Verbot offizieller Wallfahrten bedeutet keineswegs, daß Gebetsgruppen und Privatpersonen nicht als Pilger hinfahren dürften.»
Kardinal Joseph Ratzinger

«Die Gottesmutter wird es schaffen. — Sie wird ihr Ziel erreichen.»

Das sagte Ivan uns bei einem Gespräch im März 1990. Mit dieser Aussage machte er jede Form von furchtsamem Zweifel oder zweifelnder Furcht im Hinblick auf die Früchte von Medjugorje zunichte.

Tatsächlich konnten manche Leser nicht umhin, sich zu sagen, diese Ereignisse, diese Botschaften seien ja ganz schön. Aber die Gottesmutter wolle viel erreichen und verlange viel. Wie man derartigen Ansprüchen wohl gerecht werden könne?

«Sie wird es schaffen», das ist unsere Antwort. Sie wird es schaffen, und ihr Sieg wird der unsere sein, die wir sie lieben und in ihre Schule gehen. Schon leuchtet Medjugorje mitten in der Welt wie ein strahlendes Licht. Wie ein Ölteppich breitet sich das Leitmotiv der Millionen von Pilgern, die hier ihrer Mutter begegnen wollten, weiter aus: «In Medjugorje habe ich Hoffnung gefunden.»

Angesichts der schwarzen Flut der Werke der Finsternis, die das Herz, ja sogar den Leib unserer Kinder erledigen, ist Maria am Werk. Sie stellt eine Streitmacht des Lichts auf: mächtig und begeistert wie der kleine David mit seiner Schleuder und den fünf Kieselsteinen, nicht zu umgehen. Alle Länder der Erde sind erfaßt. Millionen und Abermillionen von Männern, Frauen und Jugendlichen aller Rassen und Sprachen haben angefangen, mit dem Herzen zu beten und bei Wasser und Brot zu fasten. In ihrer Liebe zur «Gospa» höchst erfinderisch, arbeiten sie mit ihr zusammen. Auf diese Weise bringen sie eine Kette von Zeichen und Wundern zustande, die nicht mehr zu zählen sind. Wer könnte einer solchen Woge von Zeugen und Aposteln noch widerstehen, die in ihren Kinderhänden die einzigen Waffen tragen, deren Sieg so gewiß ist wie das Morgenrot? Das können weder die jämmerlichen Verirrungen des New Age, noch die Netze der Freimaurerlogen, die machiavellistischen Pläne der — heute gar nicht mehr so geheimen — Geheimgesellschaften, der Zynismus der gewerbsmäßigen Verderber oder sonst etwas!

Sie wird es schaffen. Denn sie ist die Frau mit der größten Liebe der Welt. Aus Liebe aber erreicht man sogar das Unmögliche — hier einige Beispiele:

— Sie hatte in ihre «Friedensoase» Ärzte eingeladen, die Tausende von Abtreibungen für sich zu verbuchen hatten. Wir wissen nicht genau, wie die Botschaft lautete. Aber nach ihrer Rückkehr gaben sie dieses Geschäft auf und richteten stattdessen Zentren zum Schutz des Lebens ein. Tausende von Leben gerettet, und Mütter voller Dank für das Angesicht ihres Kindes!

— Ein in Amerika sehr bekannter, vollkommen ungläubiger Hardrock-Sänger kommt nach Medjugorje, um «mal zu sehen». Seine Band geht zu Vicka. Inzwischen langweilt er sich hinter einem Pfeiler im Hof, den Haarschopf anständig wild aufgestylt. Eine Hand streckt sich ihm entgegen: «Da, diese Botschaft hat Vicka mir für dich gegeben.» Der Zettel wandert ungelesen zu einigen Joints in die Tasche. Am Abend räumt er die Taschen aus und findet das Papier: «Die Gospa hat zu mir über dich gesprochen. Sie möchte, daß du jetzt für sie arbeitest.» Sein Herz klopft wild, die Augen trüben sich mit Tränen... Ich? Sie? Sein Leben kippt um. Er lernt, was Gebet ist, fasten bei Wasser und Brot, die Barmherzigkeit... mit einem Wort, alles was die Gospa ihm beibringt. Seine neuen Musikkassetten? Ein wunderbares, inspiriertes Liebeslied, eine Musik, die, statt zum Selbstmord zu treiben, Liebe zum Leben weckt.

— Ein Drogensüchtiger wird von Freunden der Gospa gebracht. Sorgfältig hatte er seine kleinen täglichen Mengen Stoff in der Jacke versteckt und zog sie weder tags noch nachts aus. Kaum in Medjugorje angekommen, wollte er die erste Dosis zu sich nehmen, aber der ganze Stoff war wie weggezaubert. Blitzartig begreift er: Mit den Drogen ist es bei mir aus. Die Jungfrau Maria hat ihm wieder Geschmack am Leben gegeben.

— Ein Gemeindepfarrer schrieb an Cyrille Auboyneau, nachdem er die Botschaften gehört und danach zu leben begonnen hatte: «Ich danke Ihnen; dadurch habe ich den Sinn meiner Priesterberufung und die Freude wiedergefunden.»

— Eine von einem schweren Familienschicksal bedrückte Frau: «Ich höre schon seit vier Tagen ununterbrochen Ihre Kassetten und mache damit weiter, so beruhigend und heilend wirken sie auf mich. Ich habe wieder Hoffnung» (Brief an Cyrille Auboyneau).

— Die Geschiedenen, die wieder zueinanderkamen, die Kinder, die sich mit ihren Eltern versöhnten, die Familien, die auf den Knien Freude und Eintracht fanden — sie sind nicht mehr zu zählen. Unter dem Hirtenstab der Königin des Friedens haben sich Tausende von kleinen Gebetsgruppen zum Rosenkranz und zur Anbetung des Allerheiligsten zusammengefunden, die auf diese Weise weltweit das Gemeindeleben erneuern und nähren.

Sie wird es schaffen, weil sie das Leben liebt und ihre bloße Gegenwart uns die Liebe zum Leben einpflanzt. Weil sie sehr intelligent ist, setzt sie auf den hohen Anspruch. Sie weiß, daß unsere Generation alle möglichen und unmöglichen Genüsse durchprobiert hat und daß das Ergebnis niederschmetternd ist. Sie weiß, daß ihre Kinder jetzt nicht eine neue Haarpomade brauchen, um gerettet zu werden. Marija Pavlovic sagte uns kürzlich: «Die Gottesmutter ist anders, als wir denken. Laßt mich nur das eine sagen, daß sie eine starke, sehr entschiedene Frau ist.»

Ich habe schon in den ersten Tagen in Medjugorje begriffen, warum sie auf junge Leute eine so durchschlagende Wirkung hat: Neun Tage vor Weihnachten bekommt Ivan für die Gebetsgruppe und die Pilger die folgende Botschaft: «Liebe Kinder, heute abend bittet eure Mutter euch, diese Novene mitzumachen und dabei Gott aufzuopfern, was euch am liebsten ist.» Welcher Bischof, Gemeindepfarrer oder Gebetsgruppenleiter hätte es wohl gewagt, seinen Gläubigen so etwas vorzuschlagen? Sie hätte ja auch sagen können: «...etwas, das ihr liebt», und nicht: «...was euch am liebsten ist». Aber sie heißt Mutter Gottes. Ja, an jenem Tag habe ich ihre Erziehungskunst und den Grund für ihren Erfolg verstanden. Sie wagt etwas, hat keine Angst. Sie weigert sich, die Gewalttätigkeit der Liebe des Evangeliums mit Süßstoff zu versetzen. Sie glaubt zutiefst, daß wir bis zum Äußersten gehen können; denn schon jetzt sieht sie unsere Schönheit. Sie ist ja die Mutter Gottes. Gott wird es durch sie schaffen!

Wir erhalten in Medjugorje weiterhin jeden Monat Botschaften und jede Minute Gnade, doch das ist erst der Anfang. Der Anfang des *Tages*.

Sr. Emmanuel

1. Anhang: Die Seher

IVAN DRAGICEVIC

Ivan ist am 25. Mai 1965 geboren. Die Muttergottes ercheint ihm täglich seit dem 24. Juni 1981 und er hat bis heute die täglichen Erscheinungen. Ihm hat die Muttergottes neun Geheimnisse anvertraut. Ivan lebt in der Pfarrei von Medjugorje, ist verheiratet und hat eine Tochter.

VICKA IVANKOVIC

Vicka, geboren 3. September 1964, wirkt durch ihre Freude und ihr Entgegenkommen immer besonders beeindruckend auf die Pilger. Sie ist diejenige unter den Sehern, die am bereitwilligsten vor den Pilgern Zeugnis gibt und ihnen nachdrücklich und in aller Einfachheit die Liebe der Gottesmutter übermittelt. Sie scheut sich nicht, Kranken die Hände aufzulegen. Sie selbst hat schwere körperliche Leiden durchgemacht, bevor sie von Maria wunderbar geheilt wurde. Sie hat bis heute die täglichen Erscheinungen. Die Muttergottes hat ihr neun Geheimnisse anvertraut. Vicka lebt in der Pfarrei von Medjugorje in ihrem Elternhaus.

MARIJA PAVLOVIC-LUNETTI

Marija, geboren 1965, ist gesammelt und tief. Großer Friede und viel Liebe gehen von ihr aus. Dadurch kann ihre Umgebung die Gegenwart und Zärtlichkeit der Jungfrau Maria sehr deutlich spüren. Durch sie gibt die Muttergottes die Monatsbotschaft für die Pfarrei und für die Welt, immer am 25. jeden Monats. Die Muttergottes hat ihr neun Geheimnisse anvertraut. Sie ist seit September 1993 verheiratet, hat zwei Söhne und lebt jetzt in Italien.

JAKOV COLO

Jakov ist am 6. März 1971 geboren. Er hat die täglichen Erscheinungen seit dem 25. Juni 1981 bis heute. Die Muttergottes hat ihm neun Geheimnisse anvertraut. Er ist seit Ostern 1993 verheiratet und lebt jetzt in Medjugorje mit seiner Frau Analisa und seiner Tochter. Ein zweites Kind ist für September 1996 erwartet.

MIRJANA DRAGICEVIC-SOLDO

Mirjana, geboren 18. März 1965, ist die einzige der Sehergruppe, die in der Stadt, in Sarajewo, gelebt hat, und ist daher in ihrem Denken ein wenig anders. Sie hat studiert und ist seit September 1989 verheiratet. Inzwischen ist sie Mutter von zwei Kindern. Seit 1982 hat sie alle ihre zehn Geheimnisse erhalten und sieht die Jungfrau Maria nicht mehr jeden Tag. Am 2. jedes Monats kommt die Jungfrau Maria jedoch, um ausführlich mit ihr für die Ungläubigen zu beten. Heute lebt sie mit ihrer Familie in der Pfarrei von Medjugorje.

IVANKA IVANKOVIC-ELEZ

Ivanka, geboren 21. Juni 1966, ist verheiratet und Mutter von drei Kindern. Sie lebt in der Pfarrei von Medjugorje. Im Mai 1985 bekam sie ihr zehntes Geheimnis und sieht die Jungfrau Maria nur noch einmal jährlich, am 25. Juni.

PATER JOZO ZOVKO

Pater Jozo Zovko, geboren 1943, ist der Held der ersten Tage der Erscheinungen. Er war der Pfarrer der Seher und hatte zunächst seine Zweifel, da er kommunistische Machenschaften zur Verspottung der Religion befürchtete. Dank einer Erscheinung der Jungfrau Maria wurde er dann selbst zum glühenden Verteidiger von Medjugorje. Seine Festigkeit und sein Mut brachten ihn ins Gefängnis. Er ist zweifellos der beste Zeuge der Erscheinungen und empfängt täglich Hunderte von Pilgern in Siroki-Brieg. Seine feurige Rede und seine Charismen wirken aufwühlend. Pater Jozo ist eine der bedeutendsten geistlichen Größen unserer Zeit.

2. Anhang: Um mehr zu wissen über Medjugorje

Buchempfehlungen
(alle sind beim Parvis-Verlag erhältlich):

— *Medjugorje, der Krieg Tag für Tag*, alle Nachrichten über den Krieg, aber auch lebensvolle Berichte, wirklich nirgends veröffentliche «Momentaufnahmen» aus der «heiligen» Geschichte von Medjugorje.
von Sr. Emmanuel, 224 Seiten, Parvis-Verlag, 2. erweiterte Auflage

— *Medjugorje, das Friedensangebot Gottes an die Welt*, Erlebnisse, Berichte, Interviews, Gespräche mit Bekehrten und Geheilten, von P. Zimmermann, 272 Seiten, Parvis-Verlag

— *Gnadengeschenke — Wir wurden in Medjugorje bekehrt, geheilt und berufen*, zweites Buch von P. Zimmermann über den gewaltigen Gnadenschätzen die durch Maria in Medjugorje ausgeteilt werden, 176 Seiten, Parvis-Verlag

— *365 Tage mit Maria, vom 1. Januar bis zum 31. Dezember jeden Tag eine Botschaft von der Jungfrau Maria in Medjugorje*
von R. Lejeune, 128 Seiten, Parvis-Verlag

— *Medjugorje und die Kirche*: in dieser Kleinschrift werden die Äußerungen von Bischöfen und Persönlichkeiten veröffentlicht, die klar darstellen warum sie an Medjugorje glauben.
von Sr. Emmanuel, 32 Seiten, Parvis-Verlag

— *Fatima — Medjugorje, zwei Stationen auf dem Weg der Rettung*, ein Vergleich zwischen den beiden Erscheinungen Marias ergibt klar die vielen gemeinsamen Aspekte der beiden Botschaften.
von P. Bianchi, 160 Seiten, Parvis-Verlag

— *Medjugorje – 14 Jahre Erscheinungen*, alle Ereignisse die zwischen den Jahren 1994 und 1995 abgelaufen sind.
von R. Laurentin, 208 Seiten, Parvis-Verlag

— **Medjugorje in Bild und Text**, sehr schöner Bildband, die Schwerpunkte der Botschaft sind deutlich herausgehoben. von M. Held, 72 Seiten, Miriam-Verlag

— **Medjugorje — der Weg**, A. Sikora hat sich zum Ziel gesetzt, die Botschaften der Gottesmutter in Medjugorje für das tägliche Leben dem Leser darzureichen, 176 S., Miriam-Verlag

Tonkassettenempfehlungen (zu bestellen bei):

für Deutschland: Diakonia-Kassettendienst, St. Michael-Buchladen
Verein zur Förderung des geistlichen Lebens
Aspel 1, D-46459 Rees
Fax: 02850/1587

für Österreich: Diakonia-Kassettendienst,
Kloster Maria Heil der Kranken
Maria Langegg 1, A-3642 Aggsbach-Dorf
Fax: 02753/39312

— **Die 24 Stunden der Gospa**, Sr. Emmanuel. Wie kann man dieselben Gnaden erhalten, wie die Seher während einer Erscheinung? (Kass. Nr. 91)

— **Medjugorje: «Eine Mutter, die von der Leere befreit»**, Sr. Emmanuel. Ein Herz, das nach Liebe hungert, wer kann und wird es mit Glück erfüllen? (Kass. Nr. 93)

— **«Medjugorje» oder «Der Geschmack an Gott»**, Cyrille Auboyneau. Was ist Medjugorje? Was ist dort besonders, daß Millionen von Menschen kommen um hier zu beten? (Kass. Nr. 83)

— **Medjugorje - Die Schule der Liebe**, Cyrille Auboyneau schildert im Gespräch mit Sr. Emmanuel, wie sehr das Anliegen der Mutter Gottes in Medjugorje ein Schrei ihres Herzens ist, um die Menschen in einer Welt zu retten, die vielfach zu einer Wüste geworden ist. (Kass. Nr. 84)

— **Fatima - Medjugorje**, Sr. Emmanuel. Medjugorje ist die Fortsetzung von Fatima. Welche Bedeutung hat die Weihe an das Unbefleckte Herz in unserer heutigen Zeit? (Kass. Nr. 105)

— **Familie, laß dich nicht zerstören**, Sr. Emmanuel. Diese Kassette schenkt wieder Hoffnung, denn der Herr hat für jede Situation, wie dramatisch sie auch sei, einen Siegesplan. Er liebt eure Familien, gebt ihm die Möglichkeit, sie zu segnen und sie wie sein Augapfel zu hüten. Laßt ihn an euren Kindern Wunder wirken! Die Gospa hat eine brennende Botschaft für eure Familien!

Die Monatsbotschaften der Gottesmutter :

Die neusten Monatsbotschaften der Gottesmutter aus Medjugorje jeweils vom 25. können auf deutsch telefonisch abgerufen werden:

Deutschland:

Köln	0221/7124586	Solingen	0212/200879
Heinsberg	02452/89705	Berlin	030/8342231
Bingen	06721/2585	Karlsruhe	07083/51623
Ulm	07302/89	Bad Bocklet	09708/60285
Freiburg	07643/8931	Oberaudorf	08033/19700
Passau	0851/71906	München	089/775459

Schweiz:	Habschwanden	041/729372
Österreich:	Wien	0222/1591
Luxemburg:		0352/446193

Weltweiter Telefax-Dienst

Telefax-Botschaftsempfang für alle Erdteile aus Deutschland in verschiedenen Sprachen!
   Bestellung (aus dem Inland): Fax 060/294448
   Bestellung (aus dem Ausland): 004960/294448

Adressen der Häuser der «Gemeinschaft der Seligpreisungen» im deutschsprachigen Raum

In Deutschland:

Haus St. Michael
Aspel 1
D-46459 Rees 3
Telefon 02850/7961

Haus St. Raphael
Königsteiner Str. 22
D-61479 Glashütten-Schloßbom
Telefon 06174/63877

Haus Maria,
Freude aller Freuden
Ordensritterweg 1
D-59581 Warstein
Telefon 02925/9703-0

Haus Karl Leisner
Eucharistinerkloster
Ommerborn 4
D-51688 Wipperfürth
Telefon 02268/90381

Haus Edith Stein
Am Schulberg 12
D-51688 Odenthal-Altenberg
Telefon 02174/49264

In Österreich:
Kloster Maria Heil der Kranken
Mariä Langegg 1
A-3642 Aggsbach Dorf
Telefon 02753/393

In der Schweiz:
Communauté des Béatitudes
Maison St. Joseph
CH-3973 Venthône/Valais
Telefon 027 455 15 54

Wortindex

ernst 24, 35, 79, 86, 95, 119, 134, 169, 176, 182, 184, 186, 187, 190, 191, 195, 198, 232, 243

Erscheinung 6, 16, 17, 18, 21, 24, 33, 35, 36, 37, 43, 45, 48, 55, 56, 57, 58, 60, 62, 64, 67, 72, 75, 76, 78, 81, 82, 83, 86, 95, 96, 97, 102, 106, 112, 114, 117, 125, 126, 127, 128, 129, 130, 131, 132, 133, 134, 142, 144, 152, 207, 247, 264

Erschöpfung 151

ertragen 43, 59, 61, 84, 87, 240

erwählt 18, 19, 22, 120, 137, 145, 258

Eucharistie 40, 42, 47, 48, 49, 106, 120, 217

Evangelium 14, 15, 44, 49, 123, 190, 221, 238, 243

Ewigkeit 50, 178, 186, 207

F

Familie 25, 44, 115, 124, 130, 143, 146, 148, 162, 165, 180, 193, 209, 210, 218, 220, 233, 238

fasten 36, 37, 40, 41, 42, 43, 45, 57, 65, 69, 71, 78, 82, 89, 90, 91, 93, 95, 96, 97, 104, 106, 109, 121, 125, 134, 138, 148, 155, 160, 161, 167, 171, 191, 195, 216, 221, 222, 224, 225, 229, 232, 234, 236, 243, 244, 248, 255, 260, 261

Fegefeuer 89, 93, 98, 99, 105

Fernsehen 6, 78, 121, 216, 217

Feuer 73, 106

Finsternis 14, 25, 39, 43, 49, 149, 164, 200, 206, 258, 260

Freiheit 50, 166, 176, 180, 184, 210

Freude 16, 22, 25, 28, 29, 30, 31, 32, 50, 51, 63, 67, 74, 75, 77, 109, 111, 118, 122, 123, 133, 134, 145, 146, 147, 149, 150, 151, 152, 155, 161, 164, 166, 167, 169, 171, 173, 178, 179, 180, 182, 183, 184, 185, 186, 188, 190, 191, 193, 195, 196, 201, 202, 205, 208, 218, 228, 237, 241, 242, 245, 255, 256, 261, 262, 263

Freund 98, 194, 201, 208, 227, 252

Friede 6, 24, 36, 37, 38, 49, 57, 78, 88, 187, 188, 189, 191, 196, 201, 202, 205, 206, 207, 209, 218, 219, 231, 235, 242, 247, 263

Furcht 65, 108, 120, 227, 260

G

Gabe 18, 31, 51, 87, 90, 100, 111, 119, 121, 126, 180, 183, 196, 204, 214, 242, 243

Gebet 13, 19, 20, 22, 23, 24, 25, 26, 27, 28, 29, 30, 31, 32, 33, 35, 37, 39, 40, 41, 42, 48, 51, 63, 67, 69, 70, 72, 74, 76, 78, 79, 82, 83, 84, 88, 89, 92, 93, 94, 95, 96, 97, 102, 103, 104, 105, 108, 109, 110, 112, 113, 115, 116, 118, 122, 123, 125, 129, 131, 132, 133, 134, 141,

Mutter 6, 11, 12, 13, 14, 15, 17, 18, 19, 21, 33, 34, 36, 38, 39, 48, 52, 53, 56, 70, 73, 88, 92, 96, 97, 103, 105, 113, 117, 118, 120, 125, 126, 128, 130, 131, 134, 139, 140, 145, 147, 150, 156, 157, 164, 174, 179, 181, 195, 200, 201, 205, 227, 237, 238, 240, 241, 242, 247, 248, 252, 253, 260, 262, 264

N
Nachricht 6
Natur 208
Neugier 69, 70
Novene 140, 186, 215, 226, 229, 239, 243, 244, 262

O
Opfer 42, 48, 71, 72, 89, 104, 105, 108, 112, 124, 132, 138, 143, 146, 152, 153, 154, 155, 159, 161, 167, 169, 172, 186, 188, 192, 201, 211
Orthodox 37, 92, 113, 127

P
Papst 87, 92, 94, 104, 219, 233, 246
Paradies 70, 74, 170, 175, 203, 204
Pfarrei 21, 22, 25, 35, 40, 42, 65, 88, 100, 102, 106, 108, 114, 116, 137, 138, 139, 140, 141, 142, 143, 146, 147, 148, 149, 150, 151, 152, 153, 154, 156, 157, 160, 163, 176, 180, 203, 208, 213, 214, 220, 226, 235, 239, 243, 258
Pfingsten 140, 244
Pflicht 15, 62, 112, 246
Plan 14, 18, 19, 20, 33, 36, 40, 82, 86, 89, 102, 110, 114, 138, 141, 148, 154, 155, 173, 174, 191
Priester 45, 46, 48, 62, 78, 88, 89, 90, 94, 100, 102, 104, 105, 109, 113, 116, 118, 129, 131, 152, 220, 241, 243, 244
Prüfung 144, 242

R
rauchen 106
Reinheit 111, 124
reinigt 26, 33, 41, 47, 62, 130, 156, 170, 231, 234, 235, 236, 239, 251
Religion 69, 264
retten 14, 16, 18, 29, 30, 35, 71, 95, 101, 174, 185, 191, 196, 203, 204, 225, 237, 258
Rosenkranz 25, 27, 30, 31, 40, 110, 116, 118, 123, 127, 130, 134, 143, 144, 152, 154, 164, 177, 189, 234, 244, 246, 249, 262

Inhaltsverzeichnis

Gnadengeschenke
Wir wurden in Medjugorje bekehrt, geheilt und berufen

Obgleich es zur Zeit mehr als 50 Bücher in deutscher Sprache über Medjugorje gibt, ist dieses zweite Buch des Autors etwas Besonderes. Peter Zimmermann konzentrierte sich in erster Linie auf Bekehrungen, Heilungen und Berufungen. Der Leser erfährt durch die Berichte und Erlebnisse der Interviewpartner von den gewaltigen Gnadenschätzen, die durch die Gospa (Madonna) in Medjugorje ausgeteilt werden. In manchen Berichten geht es um Leben und Tod.
176 Seiten, 13x20 cm **SFR 18.– DM 22.– öS 160.–**

Medjugorje: 14 Jahre Erscheinungen
Letzte Nachrichten aus Medjugorje

Dieses Buch erzählt von allen wichtigen Ereignisse, die zwischen den Jahren 1994 und 1995 abgelaufen sind. Es liefert Nachrichten von den Sehern und ihren Familien. Man findet in diesem Buch alle Botschaften des vergangenen Jahres, bezeichnende Dokumente, eine genaue Chronologie.
Um alle letzten Nachrichten über Medjugorje kennenzulernen!
von Pater René Laurentin, 208 Seiten, 13x20 cm
SFR 22.– DM 27.– öS 195.–

Medjugorje und die Kirche

Hier werden Äußerungen von Bischöfen und Persönlichkeiten veröffentlicht, die klar darstellen warum sie an Medjugorje glauben. Man findet auch eine Liste der Bischöfe, die Medjugorje unterstützen. Ein Büchlein für alle Medjugorje-Pilger, die dieses Erscheinungsort unter Verwandten und Freunden bekannt machen wollen.   von Sr. Emmanuel, 32 Seiten, 15x21 cm
SFR 4.– DM 5.– öS 35.–

Der Krieg Tag für Tag

Außer den Nachrichten über den Krieg finden wir lebensvolle Berichte, wirkliche, nirgends veröffentliche «Momentaufnahmen» aus der «heiligen» Geschichte von Medjugorje.
von Sr. Emmanuel, 224 Seiten, 14,5x22 cm
2. Auflage **SFR 22.– DM 27.– öS 195.–**

Das Friedensangebot Gottes an die Welt

Intensive Untersuchungen, zahlreiche Interviews mit den Sehern, mit kroatischen Bischöfen, Gespräche mit Bekehrten und Geheilten.
von P. Zimmermann, 272 Seiten
SFR 22.– DM 27.– öS 195.–

Fatima – Medjugorje
Zwei Stationen auf dem Weg der Rettung

Ein Vergleich zwischen den beiden wichtigen Erscheinungen Marias ergibt klar die vielen gemeinsamen Aspekte der beiden Botschaften. von P. Bianchi, 160 Seiten
SFR 16.– DM 19.– öS 140.–

365 Tage mit MARIA
Jeden Tag eine Botschaft
von der Jungfrau Maria in MEDJUGORJE

Dieses Buch bietet für jeden Tag einen kurzen Rat entnommen der Botschaften Marias. Ein ganzes Jahr mit der Mutter Gottes!
vorbereitet von R. Lejeune, 2. Auflage, 128 S.
SFR 10.– DM 12.– öS 90.–

Emiliano Tardif
Steh auf und geh!

Seit Jahren durcheilt dieser kanadische Priester die Welt und ruft jedesmal das gleiche Interesse hervor. Bei seinem Besuch in Paray-le-Monial (Frankreich) im August 1995 sind 30000 Menschen dorthin gekommen. Er wehrt sich jedoch dagegen, als Phänomen betrachtet zu werden. Angesichts der Heilungen, die seine Schritte begleiten, will er nicht, daß man von Wundern spricht: die Heilung ist ausschließlich Gottes Werk.

Marie-Sylvie Buisson hat Emiliano Tardif während seines letzten Aufenthaltes im Libanon begleitet; das ganze Volk strömte zu ihm hin. Sie ist Männern, Frauen und Kindern begegnet, die geheilt wurden, als Pater Tardif bei ihnen war. Sie ist ihren Leidenswegen nachgegangen, sie hat Worte voller Glück gehört, und sie hat mit den behandelnden Ärzten gesprochen. Dieses Buch ist also ein Bericht, der auf Beweisen beruht, eine peinlich genaue Wiedergabe der Geschehnisse, und so haben wir nun hier eine Botschaft der Hoffnung für all die vielen, die in ihrem Fleische leiden. Wirklich spannend zu lesen!

256 Seiten, 14,5x22 cm
SFR 24.– DM 29.– öS 215.–

Im Feuer der Liebe
Pater Emiliano Tardif ohne Koffer rund um die Welt

Wie der kleine Esel, der Jesus nach Jerusalem trug, so trägt auch Pater Emiliano Tardif das Evangelium durch alle fünf Erdteile. Auf seine Weise läßt er das Wort Christi lebendig werden: «Ihr werdet die Kraft des Heiligen Geistes empfangen...; und ihr werdet meine Zeugen sein... bis an die Grenzen der Erde» (Apg 1,8-9). Diese Kraft des Heiligen Geistes bekundet sich bei Pater Tardif durch ein erstaunliches Charisma des Gebetes für die Kranken. Das Buch berichtet, wie überall, wo er predigt, die Volksmenge zusammenströmt, um zu beten und den Herrn zu loben. Und Jesus handelt, und manchmal heilt er auch. Ein spannendes Buch!
von Emiliano Tardif und Jose Prado Flores
208 Seiten, 14,5x22 cm **SFR 22.– DM 27.– öS 195.–**

Der Teufel
Mythos oder Realität?

Abbé Laurentin, ein alter Konzilsexperte und Mitglied der Päpstlichen theologischen Akademie in Rom, bietet hier Antworten, die aus guten Quellen geschöpft sind; es sind überraschende Antworten, die jedoch auf der Heiligen Schrift, der Tradition und der zweitausendjährigen Erfahrung der Kirche gründen.
Des weiteren findet man Antworten auf konkrete Fragen: Was ist Besessenheit? Wer ist besessen und warum? Was sind Exorzismen? In welcher Hinsicht werden sie reformiert? Wie kann man dem machtvollen Einfluß des Herrschers dieser Welt entrinnen.
Abbé Laurentin steht mit mehr als fünfzig Exorzisten aus verschiedenen Ländern, sowie deren ärztlichen Mitarbeitern in Verbindung. Er war als Theologe bei ihren internationalen Versammlungen und fungierte dort als Chairman. Er hat an zahlreichen Exorzismen teilgenommen und versteht es, über dieses Thema aus eigener Erfahrung zu sprechen und es auf eine Weise zu behandeln, die jenseits von Ideologien und Mythen liegt.
von René Laurentin, 400 Seiten **SFR 32.– DM 39.– öS 290.–**

Bleibt in Mir
Ein Weg zum inneren Gebet

Dieses Buch öffnet uns den schmalen Weg zum inneren Gebet. Wir lernen in vielen Zitaten die Erfahrungen von Gottesfreunde kennen, die aus dem inneren Gebet Inspiration und Kraft geschöpft haben.
Sr. Marie-Pascale teilt uns eigene Erfahrungen mit. Seine Lehre ist dicht, aber einfach, leicht faßlich für alle und von allen nachvollziehbar.
192 Seiten, 13x20 cm **SFR 18.– DM 22.– öS 160.–**

In der Schule des Heiligen Geistes

Für uns, die wir so schwach und so vielen Kämpfen ausgesetzt sind, muß der Beistand des Heiligen Geistes ein wesentliches Element unseres christlichen Lebens werden. Wie aber sollen wir es machen, um es dem Heiligen Geist zu ermöglichen, uns zu leiten und uns beizustehen? In allgemeinverständlicher Sprache zeigt uns dieses Buch die praktischen Gegebenheiten auf, welche diese Fügsamkeit gegenüber dem Wirken des Heiligen Geistes ermöglichen. von Pater J. Philippe, 128 Seiten
SFR 11.– DM 13.– öS 95.–

Suche den Frieden und jage ihm nach

Was sollen wir tun, wenn wir Zeiten der Verwirrung und der Beängstigung zu durchschreiten haben und dennoch im Vertrauen und in der Hingabe an Gott zu verbleiben verlangen? Darüber belehrt uns diese kleine Abhandlung über den Frieden des Herzens.
An Hand ganz konkreter Situationen unseres täglichen Lebens lädt uns der Autor ein, dem Evangelium entsprechend zu handeln. von Pater J. Philippe, 128 Seiten
SFR 11.– DM 13.– öS 95.–

Zeit für Gott
Führer für das innere Gebet
Für wen ist das innere Gebet? Und wo, wann und wie kann man es praktizieren? Eben diese Fragen finden ihre Antwort in diesem vortrefflichen kleinen Buch, reich an Beispielen und konkretem Rat.
von Pater J. Philippe, 128 Seiten, 13x20 cm
SFR 12.– DM 14.– öS 100.–

Es wagen, die Liebe zu leben

In einer Zeit, wo so viele Menschen sich fragen, an welches Vorbild sich das Ehepaar und die Familie halten können, weist die Autorin auf das Wort Gottes hin, wie es in der Tradition der Kirche überliefert wird, um uns den Weg aufzuzeigen, der es ermöglicht, heute in der Ehe die Liebe leben zu können.
In klaren und allgemeinverständlichen Worten spricht sie zu uns von der Schönheit, Größe und Einzigartigkeit der christlichen Ehe. Ein wunderschönes und erholsames Geschenk für jedes Ehepaar
von Georgette Blaquière, 208 Seiten
SFR 20.– DM 24.– öS 180.–

Jesus und dein Leib
Die Sexualmoral, für Jugendliche erklärt

Diese Broschüre richtet sich an alle Christen, die sich mit den Fragen der Sexualmoral beschäftigen, vor allem aber an die Jugendlichen. Alle präzisen Probleme des sexuellen Lebens werden behandelt. Der Verfasser hat versucht, auf all die ganz konkreten Fragen einzugehen, und schließlich befaßt er sich mit der täglichen Übung der christlichen Keuschheit.

von Mgr. Léonard, Bischof von Namür
98 Seiten, 14,5x21 cm **SFR 11.– DM 13.– öS 95.–**

Verlobung - warum?
Antwort an zwei Verliebte

Die Verfasser gehen darin auf rund fünfzig Fragen ein, die sich zwei Verliebten stellen können. Gestützt auf das Wort Gottes gehen sie klar und unverblümt an die Fragen heran und flechten zahlreiche Zeugnisse von Jugendlichen ein.
Ebenso richtet sich das Buch an Verlobte, die sich am besten auf die Ehe vorbereiten wollen.

von Philippe und Catherine Timmel
96 Seiten, 13x20 cm **SFR 12.– DM 14.– öS 100.–**

Die priesterliche Frau
oder das Priestertum des Herzens

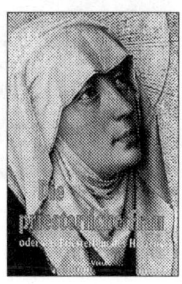

Hier richtet eine Frau, Jo Croissant, schlicht, warm und demütig das Wort an die Frauen. Dadurch wurden viele Frauen aufgeklärt; sie leben nun auf ganz neue, erfüllte Weise gemäß der Besonderheit und Schönheit ihres eigenen Wesens. Ein Buch für jede Frau in jedem Stand!

von Jo Croissant, 208 Seiten, 13x20 cm
2. Auflage, 10. Tausend SFR 20.– DM 24.– öS 180.–

Wir beten zum Heiligen Geist

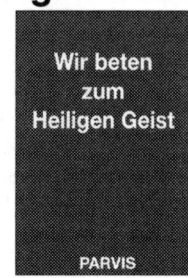

Eine sehr schöne Gebetssammlung zum Heiligen Geist mit Heilig-Geist-Lieder, Novenen, Rosenkränze, einen Heilig-Geist-Monat und verschiedene Gebete zum Heiligen Geist. Wirklich ein wertvolles Gebetbuch zur Ehre des Heiligen Geistes! Als Geschenk sehr geeignet!

Mit kirchlicher Druckerlaubnis
304 Seiten, 10x16 cm, Bibeldruckpapier, Plastikumschlag
von M.-Th. Isenegger
SFR 22.– DM 27.– öS 195.–

Eucharistische Zwiegespräche

Einem Bischof des Ostens gelingt es, die Flamme der Anbetung lebendig zu bewahren. Drei Anbetungsstunden werden dem Leser vorgeführt. Jede Anbetungsstunde umfaßt die Abschnitte: Einführung, die Danksagung, die Liebe, die Sühne, die Bitte.
98 Seiten
SFR 8.– DM 10.– öS 75.–

Hingabe an die Vorsehung

Gott will sich um uns kümmern und stellt seine Vorsehung in den Dienst des Menschen...
Wie können wir unser Leben auf ein solches Vertrauen zur göttlichen Vorsehung aufbauen? Dazu gibt Evelyne Madre uns in ihrer Abhandlung einfache, wertvolle Ratschläge und greift dabei auf zahlreiche Beispiele und Anekdoten zurück.
64 Seiten, 11x17 cm
SFR 6.– DM 7.– öS 50.–

SELIGGESPROCHEN AM 18. APRIL 1993

TAGEBUCH
der Schwester Faustyna Kowalska

Schwester Faustyna (1905-1938) ist vom Heiland zur besonderen Botschafterin seiner Barmherzigkeit berufen worden. Sein Tagebuch enthüllt uns ausdrucksvoll und überzeugend die Unendlichkeit der Barmherzigkeit Gottes. Es lehrt nicht nur vom Barmherzigsten Erlöser, sondern muntert auch auf, ihn zu verehren.
Vorwort von Bischof J. Stimpfle.
598 S. + 16 S., Farbfotos, 14,5x21 cm, geb.
SFR 46.– DM 56.– öS 400.–

Jesus spricht zur Welt
Botschaft des Herzens Jesu an Schwester
Consolata Betrone

Diese wundervollen Seiten berichten über das Leben der Sr. Consolata Betrone (1903-1946) und machen die Liebesbotschaft des Herzens Jesu anschaulich. Sie beinhalten eine eindringliche Mahnung an das Gebot der Gottesliebe, die nicht nur eine Anstrengung, sondern die Vollendung der Liebe zu Gott und zum Nächsten erfordert.

von P. Lorenzo Sales, 192 Seiten, 13x20 cm
SFR 16.– DM 19.– öS 140.–

Pater Pio aus Pietrelcina
Erinnerungen an einen bevorzugten Zeugen Christi

In dieser ausgezeichneten Biographie beschreibt uns Bruder Arni Decorte besonders Pater Pios geistliche Ausstrahlung. Dieses Buch handelt von wenig bekannten Dingen. Der Leser entdeckt so die Persönlichkeit Paters Pio aus Pietrelcina, und auch die zahllosen Bekehrungen und Heilungen, die auf seine Fürbitte zurückgehen. von A. Decorte, 320 Seiten, 13x20 cm
SFR 25.– DM 30.– öS 220.–

Pater Pio
Freund Gottes – Wohltäter der Menschen

Ein spannendes Buch: Bekehrungen, Heilungen, Wunder, Seelenschau, Bilokation... sind in kurzen Erzählungen vorgestellt.
von P. Cataneo, 176 Seiten, 2. Auflage 10. Tausend
SFR 15.– DM 18.– öS 135.–

FASTEN
als Heilung und Feier für Leib und Seele

Fasten, ohne dies als Buße aufzufassen, ist eine der außerordentlichen Wohltaten des Lebens. Das ist Genesung und Festfeier zugleich. Durch das Fasten kann man ohne Arznei viele Krankheiten heilen. Der Körper verliert an Gewicht, die Organe verjüngen sich und funktionieren wieder normal. Geist und Denken werden klarer, die Intuition schärfer!
von R. Lejeune, Vorwort von Prof. Dr. Joyeux, 200 Seiten, 13x20 cm
SFR 18– DM 22.– öS 160.–

PRACHTVOLLER VIDEO-FILM
Erscheinungen in Fatima

Im Jahre 1917 inmitten des Ersten Weltkrieges erscheint die Mutter Gottes drei jungen Hirten aus Portugal. Sehr rasch erschüttern die Botschaften von Fatima die ganze Welt. 70 Tausend Personen stehen dem großen Wunder der Sonne bei.
Dieser Spielfilm ist eine großartige Rekonstruktion, bei der hunderte Darsteller mitgewirkt haben.
Der talentierte Filmmacher Daniel Costelle drehte ihn unmittelbar am Ort der Erscheinungen. Die ganze Geschichte von Fatima ist in diesem Film dargestellt. Wirklich wunderschön!
Farbiger Videofilm, 90 Min.
SFR 52.– DM 65.– öS 490.–

Die Botin des Herzens Jesu
Heilige Margareta Maria Alacoque (1647-1690)

Jesus offenbarte vor drei Jahrhunderten seine übergroße Liebe der hl. Margareta Maria. Gott wollte die Herz-Jesu-Andacht in die ganze Welt verbreiten, um in der Kirche die erkaltete Liebe wieder neu zu entfachen.

von P.-H. Schmidt, 128 Seiten

SFR 12.50   DM 15.–   öS 110.–

Die Botin des Herzens Jesu
Heilige Margareta Maria Alacoque

Franziskus von Assisi
Leben und geistige Gestalt

Dieses Buch ist eine Einladung, dem Heiligen auf dem Weg der Liebe entgegenzugehen und seine Ideale der Armut, der Einfachheit, der geistigen Freude und des Friedens immer tiefer zu erfassen. Ein vertieftes Bild des Heiligen von Assisi.

von Pater F. Ritzel, OFM, 264 Seiten

SFR 18.–   DM 22.–   öS 160.–

Der hl. Gerhard Majella (1726-1755)

Der heilige Gerhard Majella

Er war ganz von Gott ergriffen, und seine Liebe zu Christus wirkte so ansteckend, daß ganze Scharen von Töchtern ins Kloster gingen, und dabei ist er der Schutzpatron der Wöchnerinnen. Die Wunder entschlüpften sozusagen seinen Händen. Sein leuchtendes Leben ist hier packend erzählt.

von T. Rey-Mermet, C. Ss. R., 128 Seiten, 13x20 cm

SFR 15.–   DM 18.–   öS 135.–

Der Schlüssel zu den Schätzen Gottes

Eine der schönsten Sammlungen von Rosenkränze, Litaneien, Novenen und Kreuzwegandachten. Damit können Sie Gebetsstunden im eigenen Heim oder bei Gebetsgruppen vortrefflich und abwechslungsreich gestalten.

478 Seiten, 10x15 cm, Bibeldruckpapier, mit Imprimatur
von Pater Dr. F. Holböck und M.-Th. Isenegger

SFR 20.–   DM 24.–   öS 180.–

Klopft an!
Es wird euch aufgetan!

Ein einzigartiges Gebetbuch, diese Novenensammlung. Sie ist von besonderem Wert sowohl für den Gläubigen wie auch für den Pfarrklerus, denn Novenen werden ebenso von Einzelnen wie in Gemeinschaft verrichtet.   312 Seiten, gebunden

Mit kirchlicher Druckerlaubnis, hergestellt
von Pater F. Holböck und M.-Th. Isenegger

SFR 21.–   DM 26.–   öS 185.–